平川祐弘決定版著作集◎第6巻

平和の海と戦いの海

二・二六事件から「人間宣言」まで

平川祐弘

勉誠出版

まえがき

本書の第一部は、昭和十一年二月二十五日、二・二六事件の前夜、駐日米国大使ジョーゼフ・グルーの夕食会に集った齋藤實《まこと》夫妻と鈴木貫太郎大将、それにグルー自身を中心にして、これらの人々が第二次大戦中に行った平和への貴重な努力を、日米双方の史料の裏づけによって跡づけようとした作品である。内大臣齋藤實は、その翌朝、叛乱軍《はんらんぐん》に射殺されて第二次大戦中には在世しなかったが、その見識と人格はグルーの心にいつまでも生きつづけ、知日少数派の一人であるグルーの対日和平策を支えた。筆者は、太平洋の両側にわかれて交戦する日米両国指導者層のなかに存在した彼我《ひが》の人間と文化への深い理解をなるべく平静に描き出そうとつとめた。

第二部は、ポツダム宣言受諾に際して日本が条件として示したいわゆる天皇制の護持が、昭和二十一年一月一日、天皇の詔書渙発《しょうしょかんぱつ》によってよりリベラルな形で維持されるにいたる、その過程の裏面を同じく史料によって明らかにしたものである。筆者は本書を通じて関係した人物、齋藤實、夫人春子、グルー、鈴木貫太郎、ブライス、山梨勝之進らの人間を描こうとつとめた。歴史の中に人間の心が通ってこそ、はじめて真実を真実と思わせるものだからである。

戦前、戦中、戦後にわたる本書の執筆に際して筆者が覚えた感想を一つここで述べておきたい。私たち日本人は普通、昭和二十年八月十五日以前と以後とを截然《せつぜん》と区別するが、広い視野に立ってつとに敗戦を見越していた山梨提督は、逆にその時期に歴史の継続性に着目していたからこそ、戦後も迅速果敢に行動することを得たのだ、ということである。――それにつけても思い出されるのはイギリス海軍が山梨大将に対して、その死去にいたるまで、払い続けた敬意のほどである。日本海軍はイギリス東洋艦隊を撃滅した憎むべき敵のはずであった。イギリスはまた連合国の一員として勝者として日本に臨んだ。それにもかかわらずイギリス海軍は昭和四十二年にいたるまで毎年七月二十六日、山梨大将の誕生日に軍令部長《ファースト・スイ・ロード》の名で祝電を打って寄越した。人間の価値は国籍や勝敗を超越するものである。本物と贋物を区別するのは誰であるのか。常に公平を旨とし、贔屓《ひいき》の力士の名前すらも言われぬ昭和天皇が、内輪《うちわ》の会合であったからとはいえ洩らされたお言葉（二二一ページ参照）はその点まことに意味ふかい。もっとも山梨さんは、長與善郎が『我が心の遍歴』で打明けたその話を人がすると、全く他人事のような顔をして、話が終った途端さっと話題を変えてしまったそうである。

筆者は平和のために身命を賭《と》した人々を忘れたくないと思った。軍縮のために職を賭した日本軍人を「忘れられた大将」にしたくないと思った。歴史の中には後世に語るべきでないという真実もあるいはあるのかもしれない。しかし事実の半面のみが世に知られ、しかも歪められて世間で語られている時、歴史家はその全面の真実を明らかにするべく努力すべきだと思う。「天皇の『人間宣言』の内と外」の部では、昭和天皇の御心事《ごしんじ》の推測をはじめ、現存関係者にふれた条りで、あるいは失礼の段もあろうかと思うが、なにとぞ御《ご》寛恕《かんじょ》くださるようお願い申しあげる。

私は前著『小泉八雲――西洋脱出の夢』（新潮社、『平川祐弘著作集』第十巻）で日本の庶民《しょみん》の心を我が心とした西洋人ラフカディオ・ハーンを扱った。民衆レベルでの異民族間の理解はもちろん大切なことである。しかし指導層の動向は、非常時に際して、格別の意味をもつ。私は民主主義を尊ぶ者だが、そのことは指導者の研究をないがしろにして良いということではない。しかも前の研究と今度の研究の間にはつながる一つの筋があった。このたび私にとって意想外の発見は「天皇に関する覚書」を一九四五年十月二日、マッカーサー総司令官に提出した元帥の高級副官ボナー・フェラーズ代将が、ハーンの書物に影響され感化されていたという事実であった。私は前著『小泉八雲』の口絵にハーンが描いた水彩画を掲げたが、私がその画の複製を初めて見たハーンの豪華本 ***RE - ECHO*** こそ実にフェラーズ家の人の手によって第二次大戦後、編纂された書物だったのである。フェラーズ家の人々のハーンへの傾倒はそれほど深かったのである。私はその奇縁を有難いことに感ずる。ハーンが日本民衆の心に深い愛情と理解を示してくれたからこそ、フェラーズもまた日本の伝統的制度にたいして理解のある、熱のこもった弁明を書き得たことは本文中にもふれたが、この一事をもってしても私の前回の仕事と今回の仕事が有形無形につながっていることが読者諸賢におわかり願えるかと思う。

私はその因縁を有難いことに思い、前著『小泉八雲——西洋脱出の夢』に寄せられた恩師市原豊太先生の短歌一首を引いて『平和の海と戦いの海』のまえがきを結ばせていただく。

我一人思ふ心はたゞ獨り思ふに非ず祖先《みおや》の心

平和のために尽した数々の先人の記録に接し、それを語部《かたりべ》の一人として語りつぐ時、私は自分の心が遠く祖先の心に重なる思いを禁じ得ないのである。

齋藤實内大臣とお孫さん

グルー駐日アメリカ大使

齋藤實夫人

鈴木貫太郎首相（昭和 20 年 4 月組閣当日）

海軍大佐時代の山梨勝之進（大正 5 年 12 月）

講演中のブライス教授（昭和 29 年）

目次

平和の海と戦いの海――二・二六事件から「人間宣言」まで――

まえがき……1
第一部 平和の海と戦いの海――二・二六事件から八月十五日まで――……17
第一章 グルー大使と齋藤實夫人……19
辰野隆の伝聞……19
伸べる手と支える手……24
グルーの『滞日十年』……27
アメリカ大使館の最後の宴……32
Japanese Womanhood……36
鈴木貫太郎の『自伝』……41
ある『朝日新聞』の記事……44
第二章 鈴木貫太郎の平和演説……50
アメリカ人の鈴木像……51
極東国際軍事法廷の「真実」……57

日本のいちばん長い日……63
深甚なる弔意……67
戦時宰相の外国認識……71
鈴木貫太郎のアメリカ観……78
帝国議会の演説……83
受信機のまわりに集った人々……88
和平の条件……90

第三章　昭和二十年初夏の日米交渉……94
三つの動詞……94
「日本の、下劣な騙し討ち」……99
米国左翼のグルー評……103
ポツダム宣言から消された条り……107
三方原の戦略……114
トーマス・マンのラジオ放送……119
あとがき（一九七八年八月）……124

第二部　「人間宣言」の内と外——ブライス教授と山梨提督をめぐって——……129

第一章　ブライス教授……131
北星堂が出した奇書……131
西洋人俳句研究者……132
生い立ち……134
ロンドン大学から京城大学へ……141
ブライスさんの会話……146
ブライスさんの指導……153
日本研究者への道……161
女性論……166

第二章　山梨提督……173
軍縮のために尽した軍人……173
山本五十六の先輩……177
邦人記者の態度……180
学習院の君等に……184
鈴木大拙の推薦……187

第三章　人間宣言

第三章　人間宣言……192
野火焼ケドモ尽キズ……192
「天皇に関する覚書」……194
ハーンの愛読者……197
「旧知」の人ヘンダーソン……201
進駐軍の策略か……203
石渡宮相の名において……206
黄色い紙に書いた示唆……212
前田多門氏の執筆……216
国体の護持……221
「架空ナル観念」……224
などてすめろぎは……228

第四章　ヴァイニング夫人

第四章　ヴァイニング夫人……232
天皇の発意……232
ヴァイニング夫人を教育する……235
ヴァイニング夫人とアンナ夫人……237
皇室外交……244

第五章　君子交淡如水

第五章　君子交淡如水……246
「禅と俳句」の増補の一節……246
大磯の家、鶴見の家……253
不來子古道照心居士……258

付　録……262
原本あとがき（一九八二年十月）……266
講談社学術文庫版へのあとがき（一九九三年二月）……277
解　題……五百旗頭真 281
戦後の通俗史観を覆す人間ドキュメント
――平川祐弘著『平和の海と戦いの海
二・二六事件から「人間宣言」まで』――……岡崎久彦 289
判断意見　戦前のタブーと戦後のタブー……平川祐弘 293
著作集第六巻に寄せて――開幕と閉幕の構図――……平川祐弘 296

凡例

一、本著作集は平川祐弘の全著作から、著者本人が精選し、構成したものである。
一、本文校訂にあたっては原則として底本通りとしたが、年代については明確化し、明かな誤記、誤植は訂正した。
一、数字表記等は各底本の通りとし、巻全体での統一は行っていない。
一、各巻末に著者自身による書き下ろしの解説ないしは回想を付した。
一、各巻末には本著作集のために書き下ろした諸家の新たな解説を付すか、当時の書評や雑誌・新聞記事等を転載した。

底本

『平和の海と戦いの海――二・二六事件から「人間宣言」まで――』は『新潮』昭和五十三年十一月号に掲載した『平和の海と戦いの海』と『新潮』昭和五十七年十一月号に掲載した『「人間宣言」の内と外』が初出である。本著作集の底本は講談社学術文庫、一九九三年刊である。

平和の海と戦いの海

——二・二六事件から「人間宣言」まで——

第一部　平和の海と戦いの海

――二・二六事件から八月十五日まで――

第一章　グルー大使と齋藤實夫人

辰野隆の伝聞

一周忌の冬も、次の冬も、またその翌くる年の冬も、二月二十六日になると、花束が齋藤實《まこと》未亡人の家に届けられた。送り主はジョーゼフ・グルーと妻アリスであった。

昭和十一年二月二十六日に起ったいわゆる二・二六事件が、昭和七年の五・一五事件とともに日本を震撼《しんかん》させ、日本に暗い翳《かげ》を投げ、やがて日本を戦争の悲惨へ追いこんだ事件であることは周知の通りであろう。もちろん世の中にはさまざまな見方をする人がおり、叛乱軍《はんらんぐん》の将士の心情や動機を肯定しようとする論は右翼にも左翼にもないわけではない。またある種の主観的陶酔《とうすい》と浄化を通して、蹶起《けっき》した将校を栄光化する文芸作品もないわけではない。しかしここでは視角を変えて、二・二六事件が当時の駐日アメリカ大使ジョーゼフ・グルーにどのような消しがたい感銘を与えたか、ひいてはそれが昭和二十年の日本の和平工作にどのように感応するにいたったか、その間の経緯を、外交史的興味とともに人間的興味から、いま一度ふり返ってみたい。ここで取りあげる人物、ジョーゼフ・グルーはアメリカ合衆国の古参の外交官であり、辰野隆《ゆたか》は仏文学者である。齋藤實と鈴木貫太郎は日本海軍出身の首相であり、トーマス・マンはドイツの文学者である。エドマンド・ウィルソンはアメリカの文芸評論家である。この公人と私人の間に波動する感情は、国益もからみあった政治の世界の心の動きであるが、同時に文学以上に文学的といえる起伏《きふく》に富める感動であろう。

私は戦後の日本史を皮相的に「民主化」の歴史として捉えるよりも「敗戦史」として見ることに、より多くの真実を見いだす者の一人だが、その時まず念頭に浮ぶのは、第二次世界大戦におけるドイツの無条件降伏と日本の降伏の違いざまである。ヒトラー暗殺に失敗した一九四四年の七月二十日事件以後、ドイツは自国民の力で平和を回復する力をついに持ち得なかった。それに対して日本は、その政府部内の自主的努力によって、和平を回復するにいたるのである。

もちろん米英人の大多数にとって、軍国主義日本はナチス・ドイツと同等の悪であった。聯合国側は日本をドイツとの類推によって理解した。またそれだからこそ、市ヶ谷台には極東国際軍事法廷というニュールンベルク裁判の東京版が開かれたのである。もっとも東京裁判の冒頭でキーナン首席検事が「共同謀議《コンスピラシー》」と言い出した時、昭和二十一年の日本人は、法廷の被告に限らず、世間一般にいたるまで、その「共同謀議」なるものの正体が納得できなかった。ましてや極東国際軍事法廷で明らかにされた「真実」がそのまま昭和日本の歴史であるとは、多くの日本人が思わなかったところであろう。昭和二十三年十一月十二日、判決が下されて文官の廣田弘毅も絞首刑の宣告を受けた時、多くの人々は納得のいかぬなにかを感じた。その感情が底流にあったからこそ、昭和四十九年、城山三郎氏の廣田弘毅を描いた『落日燃ゆ』が出た時、世間は広くこの小説を迎えたのであろう。東京裁判の判決直後、廣田の死刑判決を不当としてグルー元大使がアメリカで助命運動を起した、というのが、ジョーゼフ・グルーの名前が日本の新聞に大きく報ぜられた最後であった。

そのグルーにとって二・二六事件とはなにであったのか。幸い仏文学者であり随筆家であった辰野隆が、昭和二十一年五月号の『新生』に発表したエッセイに『グルウ大使と齋藤夫人』という一文がある。いまその文章を話のきっかけに引かせていただく。グルー大使についてはまた後でふれるが、昭和七年、五・一五事件の直後にアメリカの駐日大使として来日し滞日十年、日米交渉にあたり、太平洋戦争勃発後、交換船で帰米した人である。グルーについて辰野氏は外務省のT氏から、昭和十七年の晩春、次のような一挿話を聞いた。

……第三次近衛内閣の末期であつた。日米間の雲ゆきは愈々険悪になつて来て、もし、そのまま勢ひの赴くところに委せたら、もはや決裂の他はないといふ迄に緊張してゐた。この危機は絶対に避け得られぬものであらうか。何とかして、迫り来る大波瀾を躱《かは》すてだては見出せぬものであらうか。日米もし戦はば、未曾有の不幸は啻《ただ》に両国民の上にとどまらず、世界人類の禍《わざはひ》であることを心から憂へた識者は必しも稀ではなかつた。グルウ大使も此処に心を砕いた一人であつたことは言ふまでもない。……幸ひ外相（豊田海軍中将）も大使の意を諒として、ある夕霞ヶ関の官邸に於いて、両代表は会談する運びとなつた。然るに、その夕、外相は閣議の都合か何かで、予定の時刻よりも一時間ばかり遅れることとなつたのでその間、T氏が大使の話相手となつて、閑談を交へながら時間を埋める役をつとめた。その時、談偶々《たまたま》二・二六事件中の或る出来事に及んだのであつた。

＊

大使が語る。かの記憶すべき二月二十六日の前夜のことであつた。雪が降つてゐた。自分はかねて親交のあつた齋藤實大将を我が大使館に招待して、晩餐《ばんさん》を倶《とも》にしたのであつた、何等政治上の会談でもなく、洵《まこと》に和気に充ちた夜であつた、恰も当時、本国から着色トオキイの新フィルムが到着したので、食後の余興として映写して、客人の興に資したのであつた。齋藤氏はいたく悦ばれて、近頃面白いものを観せていただいた、と心から謝して、その夜は上機嫌で帰宅された。而もその翌朝こそ二・二六事件の第一日であつたのだ。自分は愕然《がくぜん》とした。もしやと気づかひながら情報を求めてゐるうちに、暗殺された高官や名士の中に齋藤大将の名を見出した時の、自分の悲痛な心持をお察し願ひたい。あの温厚な武人にして而も誠心誠意の紳士でもあつた齋藤大人が、如何に思想険悪な時代とは云へ何故に暗殺されなければならぬのか。斯《かく》の如き野蛮極まる行動が真に尚武の精神に養はれた日本軍人に容《ゆる》されるものか。わが愛する日本の武士道地に墜ちたりと感じ、自分は外国の使臣たる地位を忘れ一個の人間として心からなる憤りさへ抱いた。自分は直ちに決意して、自家用車に米国国旗を立て大雪を侵して、既に市中に張りめぐらされた戒厳線を通り抜けて齋藤邸に趣いた。（グルウ氏よ、貴下は元禄の四十七名のロオニンの討入も雪の朝、井伊直弼が桜田門で討たれたのも雪の朝であつたことを思ひ出されなかつたであらうか）自分は出来ることなら、親しく齋藤夫人に見《まみ》えて、お悔みの辞も述べ、慰藉《ゐしや》の詞《ことば》も呈して、夫人と悲しみを分ちたく思つたからであつた。途中、何の事故もなく、戒厳線も無事に通過して、齋藤邸に着いた。案内を乞うて、一間に通され、齋藤夫人にお目にかかることが出来た。齋藤氏御夫妻は日頃、よそ目にも羨まれるほど仲のよい一対であつた。特にお子さんが無かつた為めか、妻と夫との愛情は一しほ相倚《よ》る親和を増したかと推せらるるものがあつた。自分は夫人の今の悲歎を察して先づ胸がふさがつた。蒼白な顔にもしるき、限りない悲しみは、一目見て直ちに肯《うべな》はれたが、その言辞《げんじ》のつつましやかにして床しく、その挙措《きよそ》のしとやかにして品位のあるのに自分は先づ打たれた。自分の弔辞に対して夫人は物静かに答へるのであつた。「昨夜は誠に御鄭重なお招きにあづかつて、主人も近頃になく楽しいソワレであつたと沁々《しみじみ》悦んで居りました。又、美しい映画さへ観せていただいたことを心から感謝いたして居りました。それが主人には最後の喜びとなつたのでございます。その最後の喜びこそ正にあなた様がお与へ下さいましたもの故、此処に主人に代つて妾《わたくし》から厚く御礼申し上げます」と。自分は、かねて、物の本で武士の妻に就いて幾度か読んだこともあつた。而して竊《ひそ》かに世の婦人の鑑《かがみ》となるやうな気高い女性の力、その精神美、教養美に憧憬の念を禁じ得なかつたのであるが、今、目前に斯《か》かる日本女性の一典型が厳《げん》として存するのを此の目で観て、歎美の念を新《あらた》にしたのであつた。伝統は見事に生きて、続いてゐたのであつた。自分は感に堪《た》へながら、不図《ふと》見ると、夫人の右の手か左の手であつたか、白く繃帯が巻かれてゐた。何故《なにゆゑ》の繃帯かは後で判つたのであるが、その朝、叛軍《はんぐん》の将士が闖入《ちんにふ》の際夫人が身を以て夫君を庇《かば》つた時に受けた傷であつたのだ。……

夫人は更らに語を継いで、主人は次の部屋に休んで居りますが（再び起たぬ休息なのだ）最後のお別れをしていただけませうか、と言ふ。自分も亦、出来ることなら、在りし日の心友に今生の別れの礼をささげたく思つてゐたので、夫人の導くがままに、次の部屋に赴いて、故大将の枕頭に佇立《ちよりつ》した。夫人は静かに死者の顔を覆うた白布を取り除けた。見ると大将の眉間には、数時間前に受けた致命の一発が撃ち込まれてゐたのであつた。

＊

T氏は此処まで話して来ると、官邸の夕べを想ひ起したのか、忘れ得ぬ感慨に暫し言葉をとぎらせたが、やがて「語り了つたグルウ大使の双眼には涙が溢れ、それが双の頰を伝はつて流れた。僕もその涙に深く動かされて、自分の瞼《まぶた》にも涙が溜つて来た。それを抑へようと、僕は廊下に出て、早く豊田外相が来ればいいと念じてゐた、恰《あたか》もその時に、一時間後《おく》れた外相が急ぎ足で近づいて来たのであつた。」

＊

もうゴルフどころではなかつた。クラブを小脇に抱へて、一語も漏らすまじと耳を傾けてゐた僕は感激して「洵《まこと》に今日は佳《よ》い話を承はつた」とT氏に感謝せずにはゐられなかつた。加之《しかのみならず》、僕はその話を独りで聴くのは如何にも惜しい。書き誌《しる》して一般の人士にも伝へたらと言ふと、T氏は「やめ給へ。もう戦争になつてしまつた以上、取り返しのつかぬことだ。而も敵国の大使などを褒めるのは此の国では大禁物で、反戦主義ともスパイとも言はれますよ」と頗《すこぶ》る穏かな忠言を与へた。……

しかし辰野氏は独りでこの話を胸に秘めておくことができず、帰宅すると家人にも子供にも語り、次いで友人にも伝え、二三の講演でも述べ、そして敗戦の翌春、随筆に書いて発表したのだった。辰野氏はこの話を深くいとおしんだのであろう、昭和二十八年、創元社から「現代随想全集」が出た時、その五の『辰野隆集』の中にもこの話を選んで入れている。

伸べる手と支える手

ここで『子爵齋藤實伝』などに依拠して、齋藤實《まこと》と夫人春子の略歴にふれよう。齋藤實は安政五年（一八五八年）当時は留守氏の領地であった岩手県の水沢で生れた。父は佐幕派の留守氏に仕えて目付・小姓頭となり、維新の役に際しては白河口に出征した。奥羽諸藩は会津に同盟して王師に抗したので、明治二年には、水沢に置かれた胆沢《いざわ》県庁に西南雄藩の「学者及ビ書生」が県官としてはいって来た。父はその年帰農し、寺子屋の師匠として子にも素読を授け、後明治五年には岩手県警察官となった。

幼名を富五郎といった齋藤實は明治二年、肥後《ひご》の人少参事野田豁通（大造）の書生となった。そして三年県庁へ給仕として勤務した。その時同じく給仕を勤めたのが同じく水沢出身で一つ年上の後藤新平であった。齋藤富五郎と後藤新平は水沢の小川でよく一緒に泳いだ仲間である。当時は男の子でも髪を結《ゆ》っていたので、泳ぐと髪の形が崩れてしまうのであったが、そういう時新平少年は器用に結い直して何喰わぬ顔で帰った。しかし富五郎少年はうまく結えず、家へ帰るとたちまち泳いだことを見破られて母から叱られたという。後藤新平はいつも餓鬼大将で、多くの仲間を集めて喧嘩をふっかけたり闘争を挑んだりしたが、齋藤富五郎は相撲遊びの際も、強い癖に、いつも行司ばかりして自分では相撲は取らなかったそうである。

この齋藤富五郎、後藤新平、それに山崎周作は三人とも県庁へ給仕として勤めたが、三秀才と呼ばれた。ちょうど当時の警察官の地位が旧士族を意味するために社会的に高かったのと同様、県庁の給仕のイメージもまた今日とは異ったのである。そして満十二歳の少年富五郎は明治三年、県庁に火災が起った時、機敏に立ち働き、県知事から褒賞も与えられた。三秀才は相前後して上京するが、熊本洋学校を卒業した山崎周作は、キリスト教の影響下に、人生へのヴィジョンが変ったのであろう、東京で帝国大学へ進むはずであったが、そうした進路にあきたらず、開成学校を中退して同志社へ去った。彼は後、山崎為徳といい、新島校長の下に同志社で教鞭を執ったが、明治十四年に亡くなった。そのようなキリスト教徒の友人がいたことが、齋藤實の視野をひろめ、後に彼がミッション・スクールの意味を理解する上でなにがしかの感化を及ぼしたにちがいない。なお齋藤少年を拾いあげてくれた熊本出身の野田少参事は後に陸軍主計総監となった人で、野田が育てた人材の中には他に会津出身の陸軍大将柴五郎などもいた。明治は藩閥の世の中ではあったが、それ以外の人間関係もまた結ばれなかったわけではないのである。

齋藤富五郎は明治五年上京、翌六年海軍兵学寮予科に入学し、築地《つきぢ》で教育を受けた。その年イギリスの海軍少佐ダグラス以下三十四名が来日し、学内に居住して教授・訓練に関する一切の責任を負うこととなった。地方出身の齋藤は入学試験に際しては漢文を選んで受験したが、英語の片言隻句《へんげんせっく》も聞きもらすまいと勤勉努力を重ねたらしく、上級に進むにつれて成績も上った。明治十二年海軍学術卒業証書が十六人中三番で授与されているが、その時の兵学校長海軍大佐仁禮景範《にれかげのり》は後に齋藤の岳父となる人である。六年近い寄宿寮の生活は、海軍生徒百十人がイギリス人三十四人とともに暮したのだから、行住坐臥《ぎょうじゅうざが》すべて英国の風俗習慣になずみ、考え方もおのずから英国流の紳士風となって、それが武士的伝統ともども齋藤實の生涯を律することとなったのだろう。齋藤を教えた文官教師の中にはバジル・ホール・チェンバレンもいたのである。

明治十七年にアメリカへ留学したが、日記も——英語の勉強ということもあってだろう——英語で記した。五月十二日にサンフランシスコに着き、二日後渡船《フェリー》で湾をよぎってオークランド鉄道停車場に行き、寝台車に乗ったが、それが甚だ奇異に思われたことが、

〈The sleeping car appeared to us something very strange.〉

などと出ている。ちなみにこの一八八四年は内村鑑三がアメリカへ、森鷗外がドイツへ、それぞれ留学し

た年でもある。内村は齋藤より三つ年下で一八六一年生れ、森は四つ年下で一八六二年生れであった。

齋藤は滞米中、西郷従道海軍大臣に随伴して欧州諸国も巡遊し、その才能を認められ、一八八八年（明治二十一年）帰朝した。日清戦争中は侍従武官を勤め、イギリスから戦艦富士を受領して回航に当った。その間ロンドンのジャパン・ソサイアティの晩餐会に招かれてその切抜を留守宅に送ったのを春子夫人がスクラップ・ブックに貼ったのが残ったが、英人の手がはいっているのかもしれないが、短いながら気の利いたスピーチとなっている。挨拶の文句は決り文句だからそれに従えばよいともいえるが、適当に「アリガトウ」を挿入して、お国の色も出している。人の長たるものの勤めに、食事の前後のスピーチや、挨拶の言葉を交す役目があるが、――そしてそれを外国語でするのはなにかと気骨《きぼね》の折れるものだが、齋藤實は外国人とのつき合いが長いだけに、そうした挨拶はそつなくこなせる人だったのだろう。

ここで同じく岩手県出身で、後に首相を勤めた米内光政《よないみつまさ》大将の挿話を引くと、米内は練習艦隊を率いてオーストラリアへ行った時、小学校に案内され、日曜日というのに生徒が校庭に集合して校長が、

「今からキャプテン米内が皆さんにお話をして下さるからよく聞くように」

と歓迎の挨拶をした。日本の将校たちは内心ひやひやしていると、このとき米内は少しも騒がず、校長の「どうぞ」という会釈《えしやく》に壇上に身を運び、やおら児童の方に向い落着いた口調で "I am very glad to see you." と歯ぎれよく言って一息《ひといき》休止符、さてその次にどんな名文句が飛出すかと待っているとポツリ "Thank you !" と投げてにやりと微笑、校長にこれで終りという会釈をした上、日本流にお辞儀をしてさっさと降壇した。一瞬児童たちは呆気《あつけ》にとられたが、急に緊張が解けるとどっと一時《いちじ》に歓声があがったという。――しかしこの米内流は一度は使えても二度と使えるものではない。ふだんはいたって寡黙《かもく》だがきちんと英語で挨拶できる齋藤實は、部下から見てもいかにも頼もしい団長格であったにちがいない。

齋藤はアメリカ通というので、米西戦争の時は秋津洲《あきつしま》艦長としてマニラへ赴いた。そしてその後は、軍令系統ではなく、もっぱら軍政系統で仕事をした。明治三十一年、四十歳の時、大佐で抜擢《ばってき》されて山本權兵衛大臣の下で海軍次官を勤め、明治三十九年海軍大臣となり、歴代内閣の海相を十年勤め、大正三年海軍を去った。大正八年朝鮮総督として西園寺公望がいうところの「文明の政治」を行おうと努力し、昭和二年にはジュネーヴにおける海軍軍縮会議の全権を勤め、昭和五年ロンドン会議の際も軍縮を成功させるべく側面で働いた。昭和七年五・一五事件で犬養首相が殺されたあと、その年の五月二十六日から昭和九年七月三日まで首相をつとめた。齋藤内閣のあとに岡田啓介の内閣が続き、その岡田内閣が、昭和十一年の二・二六事件まで続くのである。その時、齋藤實は内大臣で、享年七十七歳であった。

齋藤夫人春子は夫君より十五歳年下で明治六年（一八七三年）薩摩出身の海軍軍人仁禮景範の長女として生れた。東洋英和女学校に学び、明治二十五年、山本權兵衛大佐の肝煎《きもい》りで当時大尉の齋藤實と結婚した。昭和五十年、水沢に齋藤實記念館が落成した時、記念出版として『齋藤實夫妻を偲ぶ』というパンフレットが出たが、それに転載された齋藤春子談によると、春子の父君が横須賀鎮守府司令長官から東京の海軍大学長に転任の際、娘の春子も軍艦橋立《はしだて》に便乗し、品川で振袖姿《ふりそですがた》で上陸した。その時出迎えた海軍参謀の齋藤大尉が、アメリカ仕込みの心づくしでさっと手を伸べて春子嬢をタラップから陸に上げたが、その時の伸べる手と支える手とがはからずも結婚にまで発展した由で、そのころ花の話題として語られたとのことである。

グルーの『滞日十年』

ここでふたたび二・二六事件に話を戻そう。三島由紀夫の文芸作品については、歴史的事実をはなれて、自己の情念を純粋に結晶化させるために、二・二六事件という状況を利用した感もあった。しかしそれならば辰野隆の随筆についても、辰野氏好みの理想化や潤色《じゅんしょく》がどこかで行われているといえるかもしれない。とくに右の随筆は、グルー大使が昭和十一年二月二十六日当時に見聞したことを日本の外交官T氏に昭和十六年の夏に語り、そのT氏が辰野氏に昭和十七年六月ごろに繰返し、そのまた聞きを辰野氏が昭和二十一年春、筆にしたのである。間に複数の人物を介し、十年の時を置いているから、間違いも紛《まぎ》れこめば、美化作用も働いているだろう。それに取捨選択《しゆしやせんたく》にも日本人の好みが不知不識の間に出ているかもしれない。

ところが辰野氏の『グルウ大使と齋藤夫人』については、その信憑性《しんぴようせい》を検証することのできるドキュメントがある。その第一はほかならぬグルー大使の著書『滞日十年』(一九四四年 Simon and Schuster 社から出た **Joseph C. Grew** : *Ten Years in Japan*) で、アメリカ大使館から見た二・二六事件がなまなましく報告されている。外国人が見た日本史の一齣《ひとこま》としてははなはだ貴重であるから、拙訳を掲げさせていただく。

一九三六年二月二十七日

恐ろしい時代だ。私はいま、辛い、胸の裂けるような体験をして、大使館へ戻ってきた——齋藤家を弔問《ちようもん》してきたのである。昨日齋藤子爵が殺されたその家を訪ねたのだ。二階の小さな一間《ひとま》に案内されたが、遺体は白布をかけて床《ゆか》の上に安置されていた。おそらく殺されたその当の部屋なのであろう。ひざまづいて焼香し、それから遺族の方をむくと、親愛な齋藤子爵夫人と私は面《めん》と向いあった。昨日夫人は病院で、自分が受けた傷の手当を受けていたが、愛する夫の遺骸《いがい》とともにいるために、腕を三角巾《さんかくきん》でつって、医師の制止もきかず、病院から無理に出て来たのにちがいない。

夫人は私に齋藤の顔を見たいかどうかをたずね、白い布を取りのけた。弾の傷が一つありありと見えたが(それは三十六の弾の傷の一つでしかない)、齋藤大将の顔はいかにも安らかにおだやかに見えた。実際どれほど私たちは齋藤子爵を愛し、尊敬し、すばらしい人と感嘆してきたことだろう。齋藤子爵は、いつも、人の心をとらえずにはおかぬ微笑を絶やしたことがなく、その白髪《はくはつ》の風采《ふうさい》はいかにも立派だった。

それは大将が数々の高い地位や有用有為《ゆうようゆうい》の生涯で得た名誉や栄誉といった立派さとはまた別の立派さであった。殺害されるほんの数時間前、齋藤子爵は私たちの食卓で妻のアリスの横に坐り、陽気でにこやかにしていた。そして齋藤夫人は私の横にいたし、鈴木貫太郎提督は私の真向《まむか》いにいた。その鈴木大将は重傷を負い、いま瀕死《ひんし》の状態にある。

今日、私が弔問した際、齋藤夫人は私たちがまだ遺骸のそばでたがいに向いあって正坐していた時、私に向ってこう挨拶した。「夫はいままでトーキー映画を見たことはございませんでした。アメリカ大使館での映画がたいへん楽しかったようでございます。あのような楽しい最後の一夜を主人に与えてくださいましたことを主人は必ずや主人に代って私に礼をいうよう望んでいることと存じます。」私はもう本当に心を動かされて声がつまり、わずかに妻アリスのお悔みの言葉を伝えることしかできなかった。いったい誰が予見し得ただろうか、あの夜齋藤大将がアメリカ大使館を立去った時、大将が、そしておそらく鈴木提督も、あの平和な小さな日本の家へ帰り、そのまままっすぐ銃弾や銃剣による死を迎えようとは。

グルー大使の日記には人間的な感動がしみじみとにじみ出ている。深刻な事件であった。しかもその事件はグルーの身近に起った。齋藤實子爵夫妻も鈴木貫太郎大将も事件の前夜をグルーの客人としてアメリカ大使館で過した人たちだったが、それもただの客人ではなかった。グルーの文章には齋藤實にたいする敬愛の情が溢れんばかりに記されている。そして健気《けなげ》な、武士の妻の齋藤夫人にたいする驚嘆にも似た親愛の念も。――立派な日本人たちがそこにいた、という感動はアメリカ大使の日記を通して鮮やかに私たちにもよみがえるのである。

グルー大使はその感慨を、二・二六事件が叛乱軍の鎮圧で落着《らくちゃく》した後、三月一日付でさらに、次のように回想的に書き加えた。

一九三六年三月一日

叛乱の前に起きたことは、過去四日間の出来事に比較するといかにも取るに足らぬことに思われてそれ以前の日記は書こうとする気にもならない。二月二十六日と二十九日の間にいったい何が起ったのか、その全貌《ぜんぼう》を少しずつつなぎあわせて私は再構成しなければならない。この事件の最終的な大団円《だいだんえん》は、私たちだけでなく世間の誰もが殺害されたものとばかり思っていた岡田総理大臣が、無傷《むきず》で無事に突然現れたことだった。それはさながら強烈な一篇のドラマの感を与えたが、同時に叛乱軍の将兵を、世界中のとはいえずとも、日本中の笑い物と化した。そして叛乱軍の将兵が大馬鹿三太郎の見本にされたというのはたいへん健全なことである。だがそれでもって笑うには、悲哀の情と怒りの情が私の心中にあまりにも深すぎる。

話を始めるには二月二十五日夜の齋藤夫妻招待のアメリカ大使館の晩餐会に戻らねばならない。私たちは総数三十六人で、二つのテーブルに分れて着席した。そして齋藤さんや他の来賓《らいひん》にふだんとは違うもてなしをしようと思って私はあらかじめその前の数日、メトロ・ゴールドウィン・メイヤーの映画試写室へ通って映画を何本か見た。そして前日の午後、同社の東京支配人のシェイシンが、ジャネット・マクドナルドとネルソン・エディが主演する『浮かれ姫君』を見せてくれた。その時私は「まことにうってつけの映画が見つかった」と思い、即座にそれに決めた。というのも『浮かれ姫君』は甘美で古風なヴィクター・ハーバートの音楽をふんだんに使い、美しい場面がたくさん出てくる、愛すべきロマンティックな筋で、下卑《げび》たところはおよそなく、『愛の一夜』にも匹敵する好映画だからである。

晩餐後すぐ映画は始った。齋藤子爵には安楽な肘掛椅子に坐っていただいた。映画に退屈した時気楽に居眠りできるよう私たちが気をつかったので、それというのも齋藤大将は前に参事官のネヴィルに自分は海軍時代にいついかなる場所でも眠ろうと思えば眠れる習慣を身につけた、と話したことがあったからだ。

しかし映画をたいへん楽しんで御覧だったので眠るどころではなかったと思う。映画の途中で一休みして茶菓を出し、また続けた。計二時間近くの映画だった。ネヴィル夫人の話では、映画が終った時、日本の婦人たちははっきりと眼を赤くしていたというから、このロマンティックな物語に必ずや心動かされたのに相違ない。その後で夜食が出され、齋藤夫妻は十一時半ごろ大使館を去った。ふだんはいつもきちんと十時には辞去する老夫妻にしてはかなり遅かったわけだ。私は齋藤さんを玄関でお見送りしたが、それが友情にみちたおつきあいの終りとなった。考えてみると齋藤さんとのおつきあいは一九三二年（昭和七年）六月、私が駐日大使として首相兼外相代理であった齋藤氏をはじめて訪問した時に始ったのだが。

齋藤さんのあの立派なキャリヤーがアメリカ人とともに始り――シュレイ提督のもとでアナポリスの海軍兵学校で学んだ――アメリカ大使館で終った、というのは考えてみると意味深い。氏は愛すべき性格の、穏やかな、魅力的な、礼儀正しい人だが、この国粋主義の荒れ狂う時代でも、幅の広いリベラルな見解を持ち続け、深い知恵を蔵《ぞう》した人だった。私は、朝鮮における日本官憲のつまらぬ要求――ミッション・スクールでも生徒も教師も神道の神社に参拝するようにという要求に端《たん》を発し、その要求がしつこく続くならアメリカ系ミッション・スクールはすべて閉鎖しなければならぬかもしれぬという学校危機の解決に齋藤さんが影響力を行使してくれるのではないか、と期待していた。というのは齋藤さんはいつもアメリカ人宣教師の肩を持ってくれたからである。しかしいまとなっては齋藤さんの思慮深い影響力も消えてしまった。いったい将来どうなることだろうか。

徐々に、友人知人の報告から、暗殺がどのように行われたか、その実状を再構成できるようになった。そして私たちが耳にした話は、ただ単に襲われた日本の男たちの名誉を高めるだけでなく、日本の女たちの真価《しんか》を示すものだった。齋藤子爵夫人は夫の身をかばって「わたしを代りに殺しなさい。主人はお国にとってかけがえのない人です」といったばかりか、事実、機関銃の銃口を手でふさぎ、傷を負って倒れるまで離れなかったという。また渡邊錠太郎夫人は夫の体を両手で抱えて伏せたので、暗殺者たちは銃口を夫人の体の下へ突込んで撃ったという。

鈴木貫太郎提督の話は歴史に残るべきものである。安藤大尉が拳銃を突きつけて十分間ほど議論し、話が途絶えた時、鈴木大将は、「まだ何か言うことがありますか?」とたずねた。安藤が「ありません、閣下」というと「それなら撃て」と鈴木がいい、安藤は三発撃った。一発は頭蓋骨をかすったが脳は貫通せず、一発は胸と肺を貫き、三発目は脚の内部にはいった。胸の傷は重傷で、鈴木提督は多量の血を失い、輸血で辛うじて一命をとりとめた。いまではどうやら最悪の危機は脱した模様である。

アメリカ大使館の最後の宴

昭和十一年二月二十六日、陸軍の一部将校が現状打破、国家改造を要求して挙兵し、内大臣齋藤實、大蔵大臣高橋是清、教育総監渡邊錠太郎を殺害し、侍従長鈴木貫太郎に重傷を負わせた時、総理大臣岡田啓介も即死と発表された。しかし首相官邸では岡田の義弟の松尾傳蔵が撃たれ、叛乱軍が年ごろの同じ松尾の死体を首相と誤認したために岡田は奇跡的に助かり、女中部屋の押入れに隠れ、二十七日夜、弔問客を装って官邸を脱出することに成功した。死んだと思った岡田さんが生きていた、というので国民はほっとしたのである。叛乱軍も、

下士官兵ニ告グ
一　今カラデモ遅クナイカラ原隊へ帰レ
二　抵抗スル者ハ全部逆賊デアルカラ射殺スル
三　オ前達ノ父母兄弟ハ国賊トナルノデ皆泣イテオルゾ

二月二十九日　戒厳司令部

というビラが飛行機からまかれ、「兵に告ぐ」が放送され、スピーカーでくりかえし帰順《きじゅん》が勧告されると、下士官や兵はもともと直接の上司である将校の命令を拒否できず、いわば扇動され、ひきずられるままに事件に参加したまでであるから、動揺をきたし、みな次々と戦闘意欲を失っていった。それに蹶起《けっき》した将校たちも、「先破後立《せんぱこうりゅう》」の先破をまずやったまでであるから、事態が自分たちの側に有利に展開しなくなると混乱し、叛乱は二月二十九日午後には鎮圧されてしまったのである。

もっともこの事件が無言の威圧《いあつ》となり、それに乗じたようにして軍部の政治支配力が著《いちじる》しく強化され、それがやがて日本を日支事変、大東亜戦争の泥沼へと引きずりこんだことは否定できない。その意味ではなんといっても二・二六事件は、五・一五事件とともに、昭和史の決定的な曲り角でもあった。そしてグルー大使も事の重大性を直覚したように「二十五日夜に齋藤・鈴木両夫妻を招いたあの楽しい一夜から三月一日までの間に一時代が終ったように覚えた」と『滞日十年』の別の一節で述べている。そして事件が落着した時、齋藤子爵にとっては最後の夜となったあの晩餐会のことどもをそぞろ追懐《ついかい》して故人を偲《しの》んだのである。

いまそのパーティーの模様を、グルーの日記に即して、改めて振返ってみよう。私たちはグルー大使が齋藤子爵らを迎えるにあたって、その応接の準備のいかにも懇《ねんご》ろなことに感銘を覚える。外交官としては当然の務めという人もいるかもしれないが、グルーは自分で映画の下見にまで出かけた。日米関係がいまだ緊張しておらず、比較的ひまな時期だったから数日間メトロ・ゴールドウィン・メイヤーの試写室へ通うこともできたのだろう。それから千九百三十年代のアメリカにとって対外的に誇れる自国の文化はベーブ・ルースの野球か映画だ、という気持もあったのかもしれない。しかしそれにしても齋藤大将が居睡りできるよう上等のアームチェアを用意する心配りなど、本心から齋藤大将を尊敬していなければできることではない。また海軍の現役時代にいついかなる場合でも眠ろうと思えば眠れる習慣を身につけた、とネヴィル参事官に打明けた齋藤大将もいかにも悠容《ゆうよう》迫らぬ大人《たいじん》という印象を与える。グルーの『滞日十年』英文原著の巻頭には、二・二六事件当時、大使館の門前に日本陸軍の手で築かれたバリケードや土嚢《どのう》や、雪の残る道を進む戦車などの写真とともに、セーラー服のお孫さんのブランコをこいでいる和服姿のにこやかな齋藤さんの写真が載っているが、その一枚の写真からうける品位のあるおだやかな温容《おんよう》という印象は忘れがたい。

そのような写真を掲げ、齋藤子爵の人物識見に讃辞を惜しまないこの『滞日十年』は、実は昭和十九年すなわち日米海軍が太平洋で死闘を続けていた一九四四年にニューヨークで公刊されたのである。その当時の日本は、辰野隆の文章にもあったように、「敵国の大使などを褒めるのはこの国では大禁物」になっていたことを思えば、日米両国の言論自由の幅の違いや、国民の気持の上でのゆとりの違いに感慨なきを得ない。もっともアメリカには、

「死んだ日本人野郎《ジャップ》だけが善良な日本人野郎《ジャップ》だ」

という露骨な悪感情も強かった。グルーはその種の人種的敵愾心《てきがいしん》が熾烈《しれつ》な戦時下といえども——いや、戦時下であるがゆえにかえって、日本には齋藤子爵のような、リベラルな人もいたのだ、ということをアメリカ人読者に説きたかったのだ。アメリカの識者を啓発して、対日戦の継続と戦後処理への適切な展望を与えるために、公文書、電報、日記、手紙、投書の類まで織りまぜて、読物としても工夫をこらして『滞日十年』を公刊したのだ。それに、齋藤夫妻とグルー夫妻の心のつながりは真に深いものがあったから、グルーは戦時下といえども故人にたいする自分の率直な感情を隠そうとはしなかったのにちがいない。そのような感情が根底にあってこそはじめて国と国との交りも血が通うのであろうが、『滞日十年』がヒューマン・ドキュメントとして読者の心を打つのも、著者のそのようなフランクな人柄に負うところが多いのである。

Honesty is the best policy.という諺は、俗なようでいて、どうして外交官にとっても俗ではない。

グルーは齋藤實より二十二歳年下で、一八八〇年ボストンに生れ、ハーヴァード大学を卒業、職業外交官として要職を歴任し、一九三二年フーバー大統領から駐日大使に任命された。日本へ赴任《ふにん》する汽車の途中、シカゴ駅で犬養首相暗殺（五・一五事件）を報ずる新聞に驚いた。サンフランシスコで乗船、昭和七年六月六日、横浜に着き、その日のうちに首相兼外相代行の齋藤子爵に面会した。七十三歳の齋藤首相は「老《ふ》けて、疲れている。話は途切れがちで、頭の中には問題が山積していて注意を集中できかねているらしい。しかし実に品がある」とグルー大使の目に映じた。齋藤首相が外国人に与えた第一印象は必ずしもいつも良いものではなかったらしい。バーナード・ショーは翌昭和八年来日した際、齋藤首相と会っているが、

「どうも見たところ、害にもならない、名前ばかりの人のように思うが、それ以上の人物なのかね」

とイギリス大使館で感想を洩して、館員のジョージ・サンソムに、

「いや、行政手腕は秀れていますし、国民からも尊敬されています。その全キャリヤーを通しての特色は、きわめて健全な常識です」

とたしなめられたことがサンソム夫人の回想に出ている。グルーは勘違いして齋藤實がアナポリスのアメリカ海軍兵学校で学んだような書き方をしているが――そこで学んだのは義弟の仁禮景一――、イギリス大使館の側では sound common sense の持主の齋藤は、築地兵学寮で英国海軍のダグラス少佐以下の薫陶《くんとう》を受けた日本海軍の草分けの一人という親愛感を抱いていたことであろう。

ところで齋藤實自身の最後の月の日記を見ると、アメリカ人宣教師ウェルチ氏や朝鮮人諸氏に会った記述がいくつかあるが、これはやはり朝鮮におけるミッション・スクールのことが話題となっていたからだろう。齋藤實は大正八年、原敬の懇請《こんせい》を受けて朝鮮総督となるや、従来の憲兵警察を廃し、開明的統治を行い、在鮮外人の誤解をとくため、つとめて外国人宣教師に面接し、朝鮮の文人墨客とも広く接した。独立後の朝鮮側にはもちろんすべての日本人朝鮮総督は憎むべき者である、という断定的な論もあるが、植民地支配にた

いしてきわめて批判的な朝鮮人の中にも齋藤實については別様の評価を下す向きもあるようである。死ぬ直前まで、あるいは私宅で、あるいは内大臣官邸で、あるいは帝国ホテルで、あるいは青山学院で、齋藤はウェルチ監督と会っているが、そのような好意と努力にたいして、米人宣教師の側から深い感謝とその死を悼《いた》む声が出たのはいうまでもない。グルー大使は、

「しかしいまとなっては齋藤さんの思慮深い影響力も消えてしまった。いったい朝鮮におけるミッション・スクールの将来はどうなることだろうか」

と自問自答したが、しかし当時の日本の庶民の多くは、

「齋藤さんや高橋さんの思慮深い影響力も消えてしまった。いったい日本の将来はどうなることだろうか」

と不安げに心の奥で呟いていたのである。

敗戦後、日本国民がいちはやく軍部を悪とする意見に同調した背景には、二・二六事件などをしでかした軍の無軌道《むきどう》ぶりに対する反感が底流にあったことは否めないように思われる。

Japanese Womanhood

グルーの文章の中で報ぜられた日本の男たちの態度も立派だったが、しかしいちばん鮮やかな印象をもって浮んでくる人は齋藤夫人春子である。辰野隆の随筆は、グルーが齋藤夫人から受けた感動の余波にのって筆を取ったものともいえる。

辰野隆は、二月二十六日前夜のアメリカ大使館の晩餐へ齋藤夫人も行った、とは書かなかった。日本の古いタイプの男として宴会へ出て行くのは男だけと辰野教授は頭から決めていたのかもしれない。しかし齋藤子爵は夫人同伴で行ったのである。若い時に外国で学ぶ機会には恵まれなかったが、夫にすすめられて英語を学んだ春子夫人は会話も上手だった。在米体験の長い齋藤實は、妻が内を治めるとともによく人と交わる

ことを良しとしたのだろう。海軍次官の当時から、公式の宴席に夫人を伴わぬ山本海相に代って、齋藤夫妻が外人をもてなし、その機嫌を取り結ぶ大役を果していたという。そして女性尊重のアメリカ人グルーであったからこそ、事件の際の日本婦人の態度に人一倍感銘を受けた、ともいえるのである。

辰野隆の随筆は伝聞《でんぶん》にしては驚くほど正確だが、それでもあちらこちらに潤色がまじっていた。黒白の映画『浮かれ姫君』を「着色トオキイ」としたのもその一つだし、二月二十六日の事件当日齋藤邸へ弔問に赴いた、というのもドラマタイズしたい気持がどこかで働いて弔問を一日繰上げさせたのだろう。「自分は外国の使臣たる地位を忘れ一個の人間として心からなる憤りさへ抱いた」というグルーの心境についての言葉は「一個の人間としての憤り」を強調するため前半の句を辰野隆が足したように思える。グルーはもとより二・二六事件の政治的意味の重大性を感得して行動しているので、あるいは国務長官に電報を打ち、あるいは情報を集め、機敏に、大使館員全員が結束して立ち働いているのである。齋藤家弔問も、もとより人間的な情に打たれての弔問であり、大胆な振舞いであったが、しかしその行為の外交的な意味合いを度外視したわけではあるまいと思う。

大使が二階の部屋でひざまづいて焼香した後――それはものの礼儀の順として当然その後にいうべきことだが――齋藤夫人は、

「昨夜は誠に御鄭重なお招きにあづかつて、主人も近頃になく楽しいソワレであつたと沁々悦んで居りました。又、美しい映画さへ観せていただいたことを心から感謝いたして居りました。それが主人には最後の喜びとなつたのでございます。その最後の喜びこそ正にあなた様がお与へ下さいましたもの故、此処に主人に代つて妾《わたくし》から厚く御礼申し上げます」

という趣旨を英語で述べた。その挨拶を聞いた時、グルー大使は感動に声が詰ってしまうのである。昭和十六年の晩夏、外相官邸でT氏にその時の模様を語り了えた時、グルー大使の双眼には涙が溢れ、それが双の類を伝わって流れた、という辰野隆の文中の情景もやはり真実を伝えたものであろう。

ところで二月二十五日夜のパーティーについて――辰野教授は専門柄フランス語を使ってソワレ（夜会）としゃれたのだ――晩年の齋藤夫人が次のように思い出をなつかしく語っている。昭和三十八年水沢で出た『齋藤實追想録』に収められた「刀自からの真相聞書」によると、

その晩はまた、米国大使グルーさんから、御招待を受けて大使館に参り、大変なおもてなしを頂きました上、余興として当時はまだ珍しかったトオキーを見せて貰いました。はじめは会話がよく判りませんでしたが、段々聞きとれるようにもなり、とても面白うございました。齋藤も非常に喜びましてツイ永居いたして、いつもよりも帰宅がおそくなったくらいでした。十一時頃でしたか知らん。帰りましても、珍しいものを見せて貰った、といってトオキーの話をくり返して申し、今夜はほんとうに愉快だったと、上機嫌で、寝床に就いたのでした。外は大雪がボタボタ降り出していました。寝室は二階の奥にございました。

はじめは映画中の英語会話が耳に慣れずよくわからなかったが、だんだん聞きとれるようになり、「とても面白うございました」などという感想は、いかにも率直で真実を伝えるものだと思う。四時ごろいったん眼を醒ましたら、

いつも私の寝床の方にもぐり込んでいる猫が、その晩に限って齋藤の方に寝ていたのを（齋藤は）見つけまして、「ミイが珍らしくおれのところに来て寝ているよ」と、さも可愛げに呟くので私ものぞいて見たりして、またふせりました。五時少し前、外のただならぬ音響に夢を破られ、引きつづいての異様な騒がしさに、わたくしベッドから躰を起しました。がまだ、恐ろしいものがそこまで迫っているとは気がつ

きませんで、不審げな顔でいる齋藤に「なあにまた戸袋のうちに鳩が巣を作りでもして、戸が明かず、それで騒いででもいるんでしょう」と、わたくし申しましたんです。以前そういうことがありまして、早朝から女中や書生たちが騒いでいたことがありましたものですから――。でも一体、下に何が起ったというのだろうと、わたくし寝台から立ったのでございました。

寝室のある二階は南北に連なる各十二畳敷二間で、二つとも板の間だった。前後二部屋の中仕切りは四枚だての唐紙で仕切られ、前部屋には箪笥などの調度が片寄せてあり、そこを通って外仕切りの板戸を開けて廊下へ出るようになっていた。板戸二枚が出入口となっていた。寒い朝だったので真綿入りの厚い寝巻の襟元をかきあわせながら中仕切りの唐紙を開け、夫人がその出入口に近づいた時、階段をあがってきた乱暴な靴音を聞いたのである。ひょいと戸を開けると、四人の将兵がつったっていた。将校は抜身のサーベルを構え、一人は軽機関銃を突きつけ、後の二人は各々ピストルをかざしていた。その時、

「なにしにいらしたんですか」

と叫んで、春子が力をこめて板戸を閉めたので、将校が柱と戸の間にさしこんだサーベルの鞘の先が二十センチほど千切れて飛んだ。（この鞘は軍法会議の時、証拠品として提示された。）がたちまち室内に乱入してきた将兵は夫人を押しのけ、銃を発射し、齋藤實は床《ゆか》の上にあおむけに倒れたのである。押しのけられた時背中をピストルで撃たれた夫人が駈け寄って齋藤に取りすがった時、夫はもうこと切れていた。その齋藤の遺体にまたもや機銃を構えて撃ち出したので、春子は、

「そんなことをなすってはいけないじゃありませんか」

とその銃身を摑んで叫んだ。その前後に夫人は横合からピストルで右肘《みぎひじ》を撃たれ、

「射つならこの私を射ってください」

と左右に大きく手をひろげた時、その左手めがけて第三弾が飛び、手首のあたりに血が噴き散ったのだった。夫人自身晩年、自分の負傷の順序については「いささか正確を欠く点がありますのは、こちらも逆上気味でしたし、なにぶん刹那の出来事でございますから、御諒承くださいませ」と語っている。グルー大使の報告も、細部においては違うが、大筋においては事実なのである。水沢の碑にある、

夫人名ハ春子、温良貞淑ニシテ克《よ》ク内ヲ治メ又善ク人ト交リ、子爵ノ在ル所形影《けいえい》必ズ伴フ。夫君ノ凶手ニ襲ハレシ時、身ヲ挺《てい》シテ之ヲ庇《かば》ヒ為ニ三凶弾ヲ受ケタリ、以テ平生其志ノ存スルトコロヲ知ルベシ

という言葉はやはり真実なのである。

二・二六事件当時、アメリカ大使館ではもし大使館の宴会の最中に殺人者たちが乱入して食卓で齋藤子爵を刺殺したのであれば、いったいどういう事になるのか。しかも、叛乱軍の将兵にはそうした国際的顧慮《こりょ》などなにもないのだ、という危惧《きぐ》の念が去らなかった。二月二十六日の夜、グルーの妻アリスは、アメリカ大使館も叛乱軍の攻撃目標に含まれているのではないか、と神経質になって、いつもと違う部屋で、もっと赤ん坊に近いところで寝ようと言い張った。グルーは、

「いまのような事態に際して叛乱軍がいちばん望まないことはアメリカと面倒を起すようなことさ」

と言ってきかせたが、アリスはよく眠れなかった。たしかにグルーも滞日十年の間には暗殺をおそれたこともあった。このアメリカ大使はただでは死ねない、と枕の下にピストルを入れて寝たこともあった男である。そのようなグルーは、アメリカ女性との比較もあって、齋藤夫人らの振舞《ふるまい》に「武士の妻」を感じ、これらの一連の出来事は日本の女たちの真価 the true stuff of Japanese womanhood を示すものだ、と感銘したのであろう。

鈴木貫太郎の『自伝』

巷間《こうかん》の噂が、事件の四日後の三月一日にアメリカ大使館に伝わるまでに神話化するのは、この種の情報伝播に際しては不可避的な過程であろう。それにしてもグルーの報告が正確なことは驚くほどである。鈴木貫太郎大将が襲撃された時の模様については大将自身が『鈴木貫太郎自伝』（時事通信社）で次のように淡々と語っている。

二十六日の朝四時頃、熟睡中に女中が私を起して、「今兵隊さんが来ました、後ろの塀を乗り越えて入つて来ました」と告げたから、直覚的に「愈々やつたな」と思つて、すぐ跳ね起きて、何か防禦《ぼうぎょ》になるものはないかと、床の間にあつた白鞘の剣をとらうとした。それを取つて中を改めると槍の穂先であつて物の用に立たうとも思はれなかつたから、それはやめて兼て納戸に長刀のあることを記憶して居つたから、一と部屋隔てた納戸に入つて捜索するけれども一向に見当らない。その中に、もう廊下、或は次の部屋あたりに大勢闖入《ちんにふ》した気配が感ぜられた。そこで納戸などで殺されるといふのは恥辱であるから、次の八畳の部屋に出て電燈をつけた。すると周囲から一つ時に二三十人の兵が入つて来て皆銃剣をつけたままで吾々のまはりを、構への姿勢でとりまいた。その中に一人進んで出で簡単に「閣下ですか」と向ふから丁寧な言葉で言ふ。それで、「さうだ」と答へた。

そこで私は双手を拡げて、「まあ静かになさい」と先づさう言ふと、皆私の顔を注視した。そこで、「何か斯ういふ事があるに就いては、理由があるだらうから、どういふ事か其理由を聞かせて貰ひたい」と言つた。けれども誰もただ私の顔を見てゐるばかりで、返事する者が一人もない。重ねて又、「何か理由があるだらう、それを話して貰ひたい」と言つたが、それでも皆だまつてゐる。それから三度目に「理由のない筈はないから其理由を聞かして貰ひたい」と言ふと、其中の下士官らしいのが帯剣でピストルをさげ、「もう時間がありませんから撃ちます」と、かう言ふから、そこで甚だ不審な話で、理由を聞いても言はない撃つと云ふのだから、其処にゐるものは理由が明瞭でなく只上官の旨を受けて行動するだけの者だと考へられたから、「それなら止むを得ません、お撃ちなさい」と言ふて、一間ばかり隔つた距離に直立不動で立つた。その背後の欄間には両親の額《がく》が丁度私の頭上に掲つてゐた。

するると、其とたん、最初の一発を放つた。ピストルを向けたのは二人の下士官であつたが、向ふも多少心に動揺を来してゐたものと見えて、その弾丸は左の方を掠めて後方の唐紙を打ち身体にあたらなかつた。次の弾丸が丁度股のところを撃つた。それから三番目が胸の左乳の五分ばかり内側の心臓部に命中してそこで倒れた。

倒れる時左の眼を下にして倒れたが、その瞬間、頭と肩に一発づつ弾丸が当つた。連続撃つてゐるんだから、どちらが先かわからなかつた。

それで倒れるのを見て、向ふは射撃を止めた。すると大勢の中から、「トドメ〳〵」と連呼する者がある。そこで下士官が私の前に座つた。その時に妻は、私の倒れた処から一間もはなれてをらん処に、これも亦数人の兵に銃剣とピストルを突き付けられてゐたが、止どめの声を聞いて、「とどめはどうかやめていただきたい」と云ふ事を言つた。

するとその時、指揮官の大尉がはいって来、「止どめはやめろ」と命令し、倒れている鈴木大将に全員敬礼し、夫人に行動理由を手短かに述べ、鈴木夫人が、

「誠に残念なことを致しました。貴方はどなたですか」

と言うと、指揮官は形を改めて、安藤輝三とはっきり答え、兵員を集合して引揚げた。グルーはこの安藤

自身が拳銃を三発打ったように書いているが、口から口へ話が伝わるうちに、そのような細かい経緯については一種の簡略化が行われるのは不可避であろう。しかし日本婦人の「武士の妻」としての振舞いについていうなら、銃剣とピストルを擬《ぎ》せられながらも、「とどめはどうかやめていただきたい」と言った夫人の一言が鈴木提督の命を救ったともいえるのである。襲撃者の側としては倒れている鈴木大将の出血が甚しく、惨憺《さんたん》たる情景を呈していたから、もはや蘇生する気遣いがないと思って、安藤大尉の命ずるままに止どめをやめたのであろうが、そうした際にも相手を制し、指揮官の名前を問い質《ただ》した鈴木夫人の沈着な振舞いには感嘆を覚える。その夫人のてきぱきした処置について『鈴木貫太郎自伝』にはさらに次のように出ている。

襲撃隊が引き揚げると同時に、妻は私を抱き起して出血する個所、殊に頭と胸に手をあてて血止めに努めた。それから電話で負傷した事を侍従職に告げ侍医の来診をお願ひした。処が丁度その時の当直の侍従は黒田子爵であつたが、すぐ御自分のお知りあひの塩田廣重博士に電話をもつて診察を頼んで下さいました。それから間もなく真先に湯浅宮内大臣が変を聞いて見舞に来て下すつた。私はその好意を感謝して、「私は大丈夫でありますから御安心して戴く様どうか陛下に申上げて下さい」とお願ひした。血がドク〳〵流れ出たので、「もう口をきいちやいけません」と妻より忠告された。つづいて廣幡太夫が見舞に来て下すつた時は只目礼して謝意を表した。それまで未だ三十分から一時間とたたぬうちに、急を聞いた塩田博士は非常に早く、御自分の自動車を待つ間ももどかしく円タクを拾ひ、馳せつけて下すつた。妻に、「私が来たから大丈夫だ、安心なさい」と博士は言葉をかけて、部屋へ入ると、一面の血にすべつてころばれた。

塩田博士の方が、気はともかく体は転倒してしまった。その直後、鈴木は意識を失い、脈も止った。塩田博士は雪の中をタクシーを拾ってまた外へ出た。鈴木夫人が、これは駄目かと心配しながら懸命に霊気術をかけていると、塩田博士が日本医大から手術の用意を整え、助手を連れて引返し、リンゲル注射、輸血で一命をとりとめたのである。『自伝』によれば、「心臓部の弾丸は背中に留つて今でも残つてゐる」

ある『朝日新聞』の記事

ところで、二・二六事件を前述のように西洋人グルーの目を通して見る時、日本武人の真の勇気とは何か、日本婦人の真の美徳とは何か、という点が、鏡に映されたように私たちの目にもはっきり浮んでくる。そして武人の妻の美点といわれるなにかは、必ずしも封建的な伝統ばかりではなくて、実は大和撫子《やまとなでしこ》が外国人との交際裡《こうさいり》に洗練されて得たなにかであったかもしれない。

齋藤夫人春子は、夫の故郷水沢で、昭和四十六年九月十四日に九十八歳で亡くなった。その眼の角膜は十五日、春子夫人の遺志により盛岡市の岩手医大眼科教室の手で和賀郡の角膜潰瘍の十六歳の少年に移植されたという。

私は、鈴木大将がピストルで撃たれた時、「その背後の欄間には両親の額《がく》が丁度私の頭の上に掲つてゐた」と語る一節に、一種の信心を感じる者であるが、数え年九十九歳で亡くなられた春子刀自の最後の善行にも一種の信仰心に似た心配りを感じる。周囲の人々の心づかいに対して「お世話様になりました」と礼を述べてこの世を去った人の面影をかいま見るのである。

ここでかつて日本人が終戦後に小学校や中学校で体験した事件——アメリカ占領軍が私たちの歴史教科書を没収したり、あるいはところどころを墨で黒く塗らせた件についてふれたい。グルーの『滞日十年』は『フォーチュン』誌の日本特輯号やルース・ベネディクトの『菊と刀』とならんで、敵国日本の知的理解に貢献することの多かった書物である。グルーは、二・二六事件が起った背景には日本の歴史教科書にも責の一半があるとした。主君のために命を投げ出して仇討をした、とか腹を切った、という話が多過ぎる、というのである。しかし暗殺多発の背景はグルーが言ったほど単純なものではない。がとにかくグルーのこの指摘があったから、マッカーサー元帥は吉田茂外相に、昭和二十年九月二十日の会見で「日本ノ教育ニ付論シ、特ニ教科書悪シ」と述べ、アメリカ占領軍は昭和二十年、二十一年に日本の国民学校の歴史教科書に墨を塗らせたのだ。言論の自由、出版の自由を標榜《ひょうぼう》するアメリカ占領軍が奇妙な真似をする、という印象は子供心にも残っている。

鈴木貫太郎は日本の国政の枢機《すうき》に参画《さんかく》した人として、二・二六事件の発生の原因は五・一五事件の処理の悪さにある、とはっきり次のように『自伝』の最後の章に書いている。

私共の其時（五・一五事件後）の感想から云へば、如何なる理由があるにしても、あの暴徒を愛国者と認め、而も一国の宰相を暗殺した者に対して、減刑の処分をして、一人の死刑に処せらるる者がなかつたと云ふ事は、如何にも国家の綱紀から見て許すべからざる失態であつたと思ふ。その為めに政治の大綱が断ち切られた様な気持ちがした。もしあの場合に真実に政治に明るい者であつたなら、もつと厳格に処分しなければならなかつただらう。それが緩やかであつた為めに遂に二・二六事件を引起した。二・二六の起る温床は五・一五の跡始末の不結果に依るところが大なりと思ふ。真に遺憾に堪へない次第である。

それでは海軍の軍法会議で五・一五事件の軍関係者をなぜ極刑に処することができなかったのかといえば、その犯人たちのために、三十五万通にのぼる減刑嘆願書が裁判長の手許に送られてきたからである。当時の日本の新聞論調も手伝って、国民の同情が「純粋な」青年将校の側に集ったからである。五・一五事件の海軍側公判で、高須裁判長（後に大将）は判決理由で、

「その罪責まことに重大なりといへども憂国の至情諒とすべきものある」を認めた。この裁判長の心事について、阿川弘之氏は『軍艦長門の生涯』（新潮社）で同情的解釈を書いているが、晩年の高須大将のアポロギアを額面通り受取ってよいものか、どうか。昭和八年九月十二日の『朝日新聞』社説は「かくすればかくなるものと知りながらやむにやまれぬ大和魂」という吉田松陰の歌を引いて、犬養首相を暗殺した被告の心情に「理解」を示しているが、被告たちをまるで英雄でもあるかのごとくに扱ってよかったものか、どうか。私は当時の新聞雑誌を読む時――その青年将校礼讃の論調はその後の造反学生礼讃の論調と奇妙に似ているのだが――日本を戦争の悲惨へ追いこんだものは軍部とともに新聞雑誌でもある、という暗い感想を抱かずにはいられない。

新聞が不正の味方であった、というのではない。一面における正義の味方であり、政治悪を憤慨する世論が強大であったからこそ、五・一五事件の首相殺害の軍人の純粋な動機に世間の同情が集ったのである。竹山道雄氏は伯父の枢密顧問官岡田良平と次のような会話をまじえた、という（『昭和の精神史』）。

あの裁判がすすんでいるとき、私は老人にこういった。

「青年将校たちは死刑になるべきでしょう」

老人は答えた。

「わしらも情としては忍びない気もしないではないが、あれはどうしても死刑にしなくてはならぬ」

私はいった。

「しかし、もしそうと決ったら、仲間が機関銃をもちだして救けにくるから、死刑にはできないだろうといいますが」

「そうかもしれぬ」と老人はうなずいて、しばらく黙った。そして、顔をあげて身をのりだして、目に口悔しそうな光をうかべて語気あらくいった。「もしそんなことになったら、日本は亡びる」
　そのとき私は「亡びるというのは大袈裟だなぁ——」と思った。しかし、後になって空襲のころにはよくこれを思い出した——「やっぱりあれは大袈裟ではなかった」

　しかし一国の政治も新聞も大学も、所詮《しょせん》その国民の水準を反映するものである。漫罵《まんば》したからとてそれでよくなる新聞ではあるまい。言論の自由がよもや悪ではない以上、私たちが望むのは新聞の質の向上であるべきはずである。読者は悪質の記事を批判するとともに良質の記事をいまよりもっと賞讃すべきではあるまいか。そのようなことをいうのは、齋藤春子夫人についても、真情のこもった記事が、無名の一記者によって書かれているからである。無名の、と書くといかにも失礼に当るが、朝日新聞社に問合せても、執筆記者の名前は「わからない」というすげない返事であった。
　昭和四十五年二月二十六日は、事件犠牲者の三十五周忌に当るが、その日の『朝日新聞』に「雪はいやです——故齋藤内大臣の未亡人に聞く」という記事が出た。心あたたまる記事なので、執筆記者のお許しも得ぬまま以下に抄して引かせていただく。

　水沢の町には、粉雪が舞っていた。その粉雪に、春子さんは、あの日、目の前で演じられた惨劇を、あらためて思い起すかのように涙ぐんだ。「雪はいやです。」何十回、何百回、夫人はこのつぶやきを繰返してきたことか。
　あの日の出来事を、夫人はきのうのことのように、はっきりした口調で語った。「物音に目をさますと、四人の将校が寝室の鏡の前に立ち、寝台の横に立ちあがった齋藤に、無言で銃をむけていました。私は思わず、その銃にとびつきましたが、その時はやく銃声が響き、齋藤はうずくまるようにゆっくりと床にくずれました。……銃弾は齋藤のみけんを打ちぬいたのでございます。」目をつぶって、これだけをひと息で語った夫人の、深いしわの手に、この時受けた傷跡がそで口からのぞいた。

「四谷の私邸でした。庭に降りつもった雪の上をたくさんの兵隊が黒々と動いていました。」その情景が、いまも、ありありと目に浮かんでいるようだった。それを思いだすだけで苦痛に耐えている表情。そして、夫人はまたつぶやいた。「雪はいやです。」

春子さんは、あの日からの日々を、ひたすら夫の思い出の中にだけ生きてきたようだ。はっきりした東京の山の手弁で、十九歳で結婚したときのこと、朝鮮総督として赴任した馬車に爆弾が投げられたときも泰然として動じることのなかった亡夫のこと、外国高官との数々のはなやかだったパーティーのことなど、雪の日の記憶を語るのとはうってかわって、意外に若やいだ声で、当時まじわった人たちの名前をいちいち思い出しながら、いきいきと語った。……

齋藤夫妻には実子はなく、東京空襲の激しくなった昭和二十年春、夫人は水沢市に身を寄せた。この三月三十日で九十七歳になる高齢とは、とても思えない元気さだという。

古い城下町、水沢の町には、武家屋敷などがそのまま残っているが、郷土出身の偉人を敬愛する気風もまだなくなっていない。齋藤實、後藤新平、高野長英とならべて、水沢の人々は、いまも誇らしげに「郷土の三傑」と呼ぶ。そして春子夫人もまた、かつて親交のあったアメリカのグルー大使が「最後の武人の妻」と呼んだ形容をそのままに、持参した土産を右手で受け、そっと左手をそえる仕ぐさの中にも、むかしの「たしなみ」を感じさせた。

訪問した記者によれば、齋藤夫人はお手伝いさんと四匹の猫といっしょにおだやかな晩年の日々を過していたという。私は昭和五十年春、水沢の町を訪れて、いまは主なき齋藤家の、日当りのよい縁側に坐って、そこにもと絨毯が敷いてあったからであろう、猫がそれにじゃれて廊下に爪で掻いた痕《あと》がざらざら白く残っているのを見つけた。そしてそのざらざらした痕に指で触れて、しばし故人を偲んだことであった。

第二章　鈴木貫太郎の平和演説

二・二六事件は、叛乱軍将校の処刑で落着《らくちゃく》した。しかし事件は、根の浅い日本の自由主義の終焉《しゅうえん》でもあった。軍部の発言力はその後圧倒的に強くなり、「皇軍相討ツ」ことはなかったけれども、代りにその膨張する軍事力は国外へ向けて溢れ出した。すなわち日本政府はその翌昭和十二年七月、軍部主動のままシナ事変にまきこまれ、そのシナ大陸の問題も解決できぬままに、やがて大東亜戦争へと突入していった。昭和十一年の二・二六事件から昭和二十年八月十五日にいたる十年足らずの歳月は、時代区分としても、そこに登場する運命的な人物の組合せという点からも、一つの明瞭な輪郭《りんかく》を持つ時代であった。その暗い谷間の時代は、先に二・二六事件を身をもって体験した人々の苦心と努力とによって、十年後に終結を迎えるからである。すなわち、二・二六事件で死生の間をさまよったかつての侍従長鈴木貫太郎はいまや日本の首相として、またグルー大使はいまやトルーマン政府の国務次官として、それぞれ相似た条件での戦争終結を意図して、一九四五年初夏、一人は東京で、いま一人はワシントンで、一身の危険を賭《と》し、世間の非難をおそれず、共通の目標を目指して、努力を重ねることとなるのである。英語のそれほど上手でなかった鈴木貫太郎は、戦前グルーと親交を重ねた、とはいえないかもしれない。しかしそれでも、鈴木とグルーは共通する、敬愛する友人、故齋藤實の思い出によって結ばれていた。齋藤實はすでに日露戦争の直後、シオドア・ルーズヴェルト大統領の時代から、海相として日米緊張緩和のために意を尽してきた人であったが、その故人の志は、鈴木貫太郎もまた受け継ぎ、グルーもまたわが使命とみなしたところであった。第二章では主として鈴木貫太郎にふれ、第三章では日本の終戦にいたる過程での、グルーの働きを中心に述べてみたい。

アメリカ人の鈴木像

太平洋戦争にまつわる日米交渉といえば、私たちが思い起すのは野村吉三郎大使とハル国務長官の交渉であるとか、グルー大使と日本政府の交渉であるとか、開戦前夜の一連の日米間の折衝《せっしょう》であろう。しかし日本人とアメリカ人と、直接面《めん》と向いあってテーブルを囲んだわけではないが、開戦前夜の交渉以上に重大な交渉は、一九四五年（昭和二十年）、終戦直前の日米交渉だったのではあるまいか。いま、日本の降伏決定にいたる両国の折衝の中で、グルーや鈴木貫太郎が果した役割について、従来知られることの少かった資料等も用いて、日米双方の動きを再考してみよう。

昭和二十年四月五日、旧知の鈴木貫太郎が八十近い老軀《ろうく》をおして首相となった時、前年末より国務次官として国務省にカム・バックしていたグルーは、そこに和平回復の好機会をただちに認めたに相違ない。また鈴木貫太郎も、日本の軍部にさとられることのないよう苦心しつつ、アメリカに向けて戦争終結の意のあるところを示唆した時に、その合図の受け手としてグルー国務次官の顔を思い浮べていたに相違ない。しかしグルーとその側近を除いて米国内に真に鈴木を知る人がいたかといえば、いないにひとしかった。それは終戦の年でもそうであり、実はいまに至るもそうである。英語文献の中に出てくる鈴木貫太郎のイメージは、筆者に義憤の念を覚えさせるほど、低い。アメリカ人が彼を貶《おと》しめただけではない。日本の一外交官（加瀬俊一氏）が英語で書いた終戦への道程の記録でも、鈴木は歎かわしい存在として描かれている。

鈴木貫太郎の名前を載せている類稀なアメリカの人名辞典の一冊は、一九四五年の末に出た『時事人名辞典』（*Current Biography 1945*）だが、そこには次のような一項があった。いま参考までに抄訳する。

鈴木貫太郎、男爵。日本の政治家。

日本の敗北にいたる運命的な最後の月日に日本の首相の職にあった人が男爵鈴木貫太郎提督である。……鈴木は一八六七年十二月二十四日に生れた。大日本帝国は当時封建的な大名を世襲的に独裁支配してきた徳川将軍家の支配の下にあった。……鈴木の誕生十日後に明治維新が起った。かくして鈴木は、厳格に規制され、神権政治に基礎を置いた、本質的に封建的な社会で成長した。しかしながらその社会は、産業化と物質面での西洋化の過程の途上にあった。日本人は、自己の文化的優越と本来的な神国的特質について疑問を抱かぬ国民であったが、西洋諸国が日本を後進劣等とみなす事実を知るに及んで衝撃《ショツク》を受けたのである。鈴木はかくして、領土拡張によって自己の偉大を示そうとする国で成長したのであった。鈴木自身は、その意見が重きをなすに及んだ時、穏健派であった。しかしニューヨーク『ヘラルド・トリビューン』がその論説欄に書いたように「日本で穏健派といわれている人物も、世界征服の野望にとりつかれている点では日本帝国の国民一般となんら変るところはない。穏健派と極右との違いは、狂信的な右翼は全世界を一、二年で隷属《れいぞく》支配できると考えているのに反して、穏健派はもしかすると数十年かかるかもしれない、と考えているだけがせいぜいの違いである」

モーリス・クレーンの著書『世界の支配者』によれば日本の海軍将校は士族と豊かな商人階級の出身者から成るという。鈴木貫太郎は十七歳で海軍兵学校に入学し、一八八七年、四十年に及ぶ現役生活にはいった。一八九四—九五年の清帝国との戦役に際して鈴木は目覚ましい活躍をした士官の一人であった。この日清戦争は朝鮮を解放するという麗々しい目的のために戦われた。……鈴木はついで帝政ロシヤとの戦役に参加したが、この日露戦争（一九〇四—〇五年）は日本海軍の勝利に終り、日本はただ単に南満洲における権益を確保し、五年後に朝鮮を併合したのみならず、日本帝国をして世界の一強国たることをはじめて列国に承認させたのである。

一九一七年九月、鈴木は重要な陸上勤務を離れて練習艦隊司令官に補された。一九一八年、練習艦隊が北米に回航した途次、鈴木中将はサンフランシスコの一歓迎会の席上演説したが、鈴木の言うところによると、「太平洋は名の如く平和の海にして、日米交易の為に天の与へたる恩恵なり。若し之を軍隊輸送の為に用ふるが如きことあらば、必ずや日米両国共に天罰を受くべし」と述べたという。

一九二九年、初老の提督は高名な東郷元帥の後を継いで侍従長に任ぜられ枢密顧問官《すうみつこもんかん》を兼ねた。天子、若き天皇裕仁《ひろひと》の文字通り近くに仕える宮中の人となったのである。『タイム』誌によれば鈴木侍従長は「公的な機会には天皇の数歩後からうやうやしく従い、皇太子の誕生に際しては命名の議にあずかった。しかしもっとも重要なことは、鈴木侍従長は軍閥の首脳が天皇に近づく出入口の役割を果したことである。」……鈴木の「穏健」な意見は一九三一年満洲を一気に征服しようと企んだ関東軍の「青年将校」グループを憤激させた。そして一九三六年二月二十六日、鈴木は彼等が起した「昭和維新」の叛乱の一犠牲者となった。『タイム』誌の報ずるところによれば、「侍従長は米国大使館における晩餐と映画会から東京の雪の道をちょうど帰って来たところであった。『楽しい一夜だった』とグルー大使は日記に書いたという。青年将校たちは兵舎から剣と軽機関銃を持ってやって来たところであった。（青年将校たちは二十四名の要人高官と首相の義弟を殺すことに成功した。義弟は首相と誤認されて殺害されたのである。）鈴木侍従長は狂暴な眼付をした百余名の兵士と対面するや、十分間議論した。議論が果てた時、鈴木は直立不動の姿勢をして、『それなら射て』と命令した。兵士らは発砲し、鈴木は倒れ、あたり一面は血の海となった。叛乱軍の将兵は彼の遺体の上で焼香し、敬礼し、急いで立去った。遺体と思い、焼香し敬礼したのは早過ぎた。」天皇の命令で叛乱は鎮圧された。というかジョン・ガンサーが『アジアの内幕』で報じたように、蹶起《けっき》した将兵は革命の展望や先の見通しがあって事を起したわけではなかったから、結局無血のまま帰順、降伏してしまったのである。

一九四五年四月、小磯國昭大将を首相とする内閣が総辞職するや、七十七歳の老いた鈴木男爵に組閣の大命が下った。鈴木が直面したのは急激に悪化する戦局であったが、しかもそれに加えてその当日、ソ連邦は日ソ中立条約の破棄を通告してきた。日本帝国の軍事情勢はただ単に危機的であるのみか、あらゆる徴候からして悪化の一路をたどっていた。しかも一連の破局に加うるにアメリカ軍の沖縄侵入が開始されたのである。沖縄は日本本土から隔たることわずかに五百数十キロ、爆撃機ならば二時間足らずの距離だが、この琉球列島の島はアメリカ合衆国から隔たること一万一千キロの距離にある。しかもその日本本土はすでに中国ならびにマリアナ諸島に基地を置くアメリカの「空の要塞」B29爆撃機の猛爆下にあった。『タイム』誌の報ずるところによれば、鈴木は内閣組閣の最中も一時間にわたる空襲のため防空壕に待避することを余儀なくされたという。

鈴木内閣は、前の小磯内閣に比べて陸軍関係者は少かったが、外国の観測筋のある者が予測したような「平和内閣」では決してなかった。鈴木内閣には数名の「過激なる反米主義者」が含まれていた。『ニューヨーク・タイムズ』紙の論評によれば「新内閣は思慮分別を欠いた無能な軍国主義者たちを背後に追いやりはしたが、この内閣の実体は戦争継続をより活潑に行うための挙国一致内閣であり、重臣、満洲ギャング、海軍、大企業、戦前からの政党、それに新しいより活動的と目される大政翼賛会、それになによりも宮中関係者」を含んでいる、といわれた。四月中旬、アメリカ大統領フランクリン・D・ルーズヴェルトの死去に際して鈴木は「ルーズヴェルト大統領の死去がアメリカ国民にとって大いなる損失であることを思い、深甚《しんじん》なる弔意《ちょうい》」を表した。しかし鈴木は彼の同盟国ドイツ帝国の総統アドルフ・ヒトラーの五十六歳誕生日には別に挨拶を送ろうとしなかった。五月になると、独伊降伏の結果として鈴木内閣は欧州諸国とのすべての条約を廃棄し、六月には議会に対し独裁的権限を要求し、その承認を得た。それから二ヵ月後、一九四五年八月十四日、米英空軍の反復爆撃とソ連軍の満洲進攻、広島、長崎の二発の原子爆弾投下というクライマックスによって、危機に瀕《ひん》した日本はついに無条件降伏したのである。……

男爵鈴木貫太郎提督は白髪の、眉毛の濃い高齢の廷臣で、鼻下《びか》に髭を蓄えている。写真を見ると胸にたくさんの勲章をつけているが、しかし東條英機大将ほど数多くはつけていないようだ。鈴木は天皇に対して強い影響力を持つといわれてきた。日本の高位高官にふさわしく鈴木は日本の国家宗教である神道の熱心な信者である。総理大臣在任当時、鈴木はすばらしい首相公邸に住んでいた。ジョン・ガンサーの『アジアの内幕』の記述によると、「日本の首相公邸は地震の衝撃に耐えるよう一種の浮動する基礎の上に築かれており、迷路に似た通路や家の中の橋、部屋の中にある部屋などの不思議な装置がいっぱいある。暗殺者の侵入を妨げる種々様々の工夫が仕掛けられており、秘密の出口や爆弾でもこわれない扉もついている。一説によると——日本人は馬鹿々々しいといって笑うが、その笑い方にはあまり自信がないようだ——総理大臣は、夜、就寝中身に危険を覚えるとボタンを押す。すると総理大臣は寝台ごと鋼鉄製の穴倉の中へ消えるがごとくはいってしまう由だ。」こうした細心周到の注意はいささか滑稽なほどであるが、日本の首相の身辺には常に職業的に危険がつきまとい、一九一八年から三六年にいたる間、日本の首相の四分の一以上が殺害されたことを思い出すと、笑うに笑えなくなるのである。……

この記事は日本がポツダム宣言を受諾して四ヵ月以上後になって書かれた。しかし人名辞典『カレント・バイオグラフィー』の執筆者を動かしている感情は、日本に対する反感であり敵意である。執筆者は戦時中にでき上った日本人のイメージを、日本の終戦決定に重要な役割を果した鈴木貫太郎の項目について書く時も、そのまま投入しているのだ。

もちろん昭和二十年この方、アメリカの日本理解は長足の進歩を遂げたから、無知な執筆者が無識のアメリカ人読者に向けて書いたこの記事は、アメリカの日本専門家の目には幾多の点で滑稽《こっけい》に見えるだろう。「鈴木の遺体の上で焼香し、敬礼し、急いで立去った。遺体と思い、焼香し敬礼したのは早過ぎた」“The incense and the salute were premature.”などという文章は、アメリカ人好みかもしれないが、いやしい悪ふざけである。永田町の総理官邸が迷路のごとく出来ているかに報ぜられたのは、岡田首相の奇蹟的な生存と脱出の結果だが、右の記述が事実と相反することは一度官邸に出入りしたことのある人のひとしく認めるところにちがいなかろう。むしろ一九六三年のジョン・F・ケネディ暗殺以来の米国大統領の身辺には、今日の日本の首相以上に職業的危険がつきまとっていることを思えば、この記事は米国人にとってかえって笑うに笑えなくなる記事である。

人名辞典の「鈴木貫太郎」の項目は、明らかに寄せ集めのつぎはぎ細工だが、執筆者がどこから材料を集めたか、その出典は容易に見当がつく。『ニューヨーク・タイムズ』紙、雑誌『タイム』などのほか、執筆者が直接、間接に利用したのはグルーの『滞日十年』やジョン・ガンサーの『アジアの内幕』、それにニューヨーク『ヘラルド・トリビューン』紙、AP電の報告などである。しかしここで一番歎かわしいことは、右の「鈴木貫太郎」の項目の質の悪さが、戦時下のアメリカの日本関係のニュース――それもしかるべき新聞雑誌のニュースの質の悪さをそのまま反映している、という事実だろう。一九四五年四月十六日の『ニューズウィーク』誌は、東京における政変が終戦工作への道を開くのではないかと予測しながらも、そのページに掲げた鈴木の写真は、鈴木貫太郎でなくて政友会の領袖《りょうしゅう》鈴木喜三郎のそれであった。政党政治に関係しなかった鈴木貫太郎は海外で知られることの薄い人であった。それでも一九四五年四月六日の『ニューヨーク・タイムズ』は鈴木首相が戦前、軍閥の征服政策に反対した人として、その新内閣がアメリカならびに聯合国に対して平和工作の接触をするであろう、と予測したのであった。

そこで問題は、鈴木貫太郎首相はアメリカ側へどのような合図を送ったか、そしてアメリカ側はその合図をキャッチするほど、大きく眼をみひらいていたか、ということになる。

極東国際軍事法廷の「真実」

昭和二十年以来この方、日米の多くの学者は日本の終戦努力の舞台裏の歴史に多大の関心を寄せてきた。「終戦」は言葉の誤魔化しで実体は日本の「降伏」であった。この主題に関するアメリカ側の研究ではロバート・ビュートウ『日本の降伏決定』(Robert Butow : *Japan's Decision to Surrender*, Stanford University Press, 1954) がスタンダード・ワークであり、ジョン・トーランドなどのより通俗的な戦史家が、さらに新しい資料も使って日本の平和回復への努力を描いた(『昇る太陽——日本帝国衰亡史、一九三六年—一九四五年』、John Toland : *The Rising Sun —— The Decline and Fall of the Japanese Empire 1936—1945*)。ところで邦訳もあるこれらの著書の中で、鈴木貫太郎のイメージはけっして輝かしいものではない。敗戦の国の首相が輝かしいはずはない、という一般論に即して光彩を失っているだけではない。迫水久常氏が繰返し述べたように「戦後の東京裁判の関係や、その他いろいろの関係からと思われるが……鈴木大将の立場を歪めるような結果になるものが、甚だ多いことは遺憾に堪えない」(『鈴木貫太郎伝』「あとがき」)。

極東国際軍事法廷には「勝者の裁判」という面があり、その政治裁判の性格が当然歴史に対する歪曲《わいきょく》を生んだ。それと同時に文化的背景を異にする米欧と日本では、人間の振舞いに対する判断に当然のことながら、ずれが生じた。その一つに鈴木首相の腹芸《はらげい》といわれるものがある。鈴木貫太郎は組閣を了えて内閣総理大臣談を発表した時は、日本国民に対して、

「諸君も亦、私の屍を踏み越えて起つの勇猛心を以て」

と「光輝ある国体防衛の御楯《みたて》」となることを強調した。阿南惟幾《あなみこれちか》の陸相入閣に際して陸軍がつけた「あくまでこの戦争目的を完遂すること」という条件も呑んだ。鈴木内閣は本土決戦に臨む一億玉砕の内閣として出発したような印象を国民に与えた。鈴木は外務大臣に就任方を要請した東郷茂徳《しげのり》に対しても平和の意図を

述べず、早期戦争終結を可とする東郷は、

「総理が自分と同意見ならば、自分とだけの内話だから、これを口に出すことが出来ないはずはなく、また、かかる水臭いようなことならこの難局に協力するのは難しい」

と思い、外相就任を一時はためらったほどであった。鈴木貫太郎首相が腹の中でなにを考えていたのか、はたの者にはわからなかったのである。また終戦の意のあることなど、側近の者にも明らさまに言わぬところに、鈴木の智恵があった、といえるのかもしれない。

しかしアメリカ人の研究者ビュートウ教授は以心伝心《いしんでんしん》であるとか腹芸であるとかに信を置かない。腹芸はむしろ誤解をもたらすものと考える。単純な証拠主義に立つビュートウ教授は、極東国際軍事法廷に提出された証拠書類を渉猟《しょうりょう》して論を進めたが、その中に木戸幸一被告人宣誓供述書《せんせいきょうじゅつしょ》の次の条りに言及した箇所がある。すなわち昭和二十年六月十三日、木戸内大臣は、戦局の前途を見透すに最早一刻も猶予《ゆうよ》はできない、と時局収拾の必要を米内海軍大臣に力説した。いま木戸宣誓供述書の二九一、二九二から引用する。

……米内海相の心境に就いては予《かね》てより廣瀬久忠氏より聞いて居りましたから、反対の意見を有たないことは略《ほぼ》予見して居りましたが、米内海相は私の考へに全然同感の意を表されました。然し米内海相は、今以つて首相の考へが判明せず従つて閣内にあつて平和工作に踏出すことも出来ないとのことでありました。

……同日午後三時半に鈴木首相は私の部屋に来られましたので、先づ戦争の見透《みとほし》に付き話し合ひ一体我国の戦力は何時頃まで続く見込があるかに就いて御尋ねした処、首相は八月になつたら落ちになるだらうとのことでありました。そこで私は自分の平和対策を話して、陛下にも言上《ごんじやう》して御許を得たる経緯を話しまして、皇室の安泰と国体護持の為め此際是非共戦争終結に尽力《じんりよく》せられ度いと誠意を披瀝《ひれき》しました処、首相は私の考へに全的に共鳴せられ、是非やりませうと力強く答へられましたので、私は大いに意を安じたのでありました。其際此直前に米内海相と会見したる模様を話してから、実は海相が首相は未だ中々強気の様子だからと言はれましたと話した処、首相は笑はれまして、「米内が未だ中々強いと思つて居りましたが、さうですか。」と言ふ様な訳で図らずも此両者の考への一致して居ることが判つたのでありました。之は仕事の遂行《すいかう》上非常に仕合せのことでありました。昭和二十年六月十三日附私の日記には次の如く書き留めてあります。

昭和二十年六月十三日

「米内海相ト御文庫ニテ会談。時局拾収《しふしう》対策ヲ話ス。

三時半鈴木首相来室、時局拾収対策ヲ話ス。

憂ヲ同フセラルル心境ヲ聴キ安心ス。」

A級戦犯として起訴された重光葵《しげみつまもる》は、木戸宣誓供述書を通して鈴木内閣の実体を見る思いがした。重光は巣鴨刑務所の中で『昭和の動乱』を著わしたが、下巻二八〇ページ以下の記述は、見てきたように書いてあるけれども、実は右に引いた木戸宣誓供述書を書きなおしたものに過ぎない。

戦争は、「自分等が今まで思つたよりも遥かに悪いやうだ」と鈴木総理も洩らすやうになつたが、日本本土と眼と鼻の間にあつて、激しく戦はれた沖縄の玉砕戦の後においては、戦争の結末について疑惑を残す余地はなかつた。

木戸内大臣は、六月十三日に至つて、米内海軍大臣に会見した時に、もはや終戦のことを考ふべき時機ではないかと云ひ出したら、米内海相は「何分鈴木総理の意見が強くて」と云ふことであつたので、木戸内府は、更に鈴木総理に会見して、同様の質問を発し、「何か平和恢復のために工夫せられたか」と尋ねた。然るに、鈴木総理の返事は「何分米内海相の意見が強硬でどうにもならぬ」と云ふことであつた。それはをかしいと云ふので、両者の忌憚《きたん》なき意見の交換を促した。

木戸供述書を読み重光葵の『昭和の動乱』に目を通したビュートウ教授は、そこから論を進めて、次のように記述する（『日本の降伏決定』、原書、七二ページ）。

……ソ連邦の仲介で平和を交渉しようという案を議していた時、米内海軍大臣は木戸侯爵に対してしかし鈴木首相の意図がわからないという疑念を述べた。終戦派に属する米内は、鈴木が全面的に戦争継続を意図していると感じたのである。木戸が後でその件を鈴木首相に質すと、鈴木は笑って「私も米内について同じようなことを感じていた」と答えた。木戸によれば、鈴木と米内が同じ考えであること、すなわち二人とも戦争終結を欲していたことがわかったのはこうした次第だという。木戸はこれはこれから先の仕事を遂行する上で非常に仕合せなことだと思った。そのお蔭で鈴木と米内が互いに相手に対して抱いていた疑念を解消することができたからである。

そしてビュートウ教授は次のように評する。

これが二人とも腹芸を用いる時に生じ得る結果の一例である。首相と海相の間に生じた誤解を説明する理由としてはこれ以外にはまず考えられない。

トーランドはビュートウの著書を敷衍《ふえん》して『昇る太陽』の中で、右の場面を次のようにドラマタイズして書いている。

その間に木戸は米内提督に〔時局拾収策を〕話した。陸海両大臣、陸軍参謀総長、海軍軍令部長の四人の軍首脳の中で、この平和対策を絶対よそに洩らさないと木戸が信頼できたのは米内一人であった。木戸は米内海相にその平和対策を見せた。米内はいつものごとく用心深く応じた。「いかにも結構な案ですが」と米内は言った、「しかし一体鈴木首相が戦争について本当に何を考えているのか、そこがわからない」

それは木戸にもわからなかった。

……

（後で木戸の部屋で、木戸の時局拾収策に目を通した鈴木首相は）その早期終戦を実現するためにあらゆる努力を惜しまない、と約束した。しかし鈴木首相はまだどこか引っ掛かる節があるように見受けられた、「しかし一体米内海相はこうしたことについて本当に何を考えているのか、そこがわからない」

「米内さんもあなたについて同じ事を言っていました」

と木戸が言った。鈴木首相はそれを聞いておかしそうに笑ったが、木戸は内心穏やかでなかった。戦争がかくも危機的な段階にさしかかった今となって、なお総理大臣と海軍大臣が互いに相手が腹の中で考えていることを知らなくてよいものか。

この最後の文章でトーランドは木戸の心中の穏やかならぬ思いにこと寄せて、鈴木の腹芸を非難している。総理大臣と海軍大臣の間にこのような意思の疎通の悪さがあってよいものか、という批判である。ビュートウを読み、トーランドを読むと、鈴木貫太郎の首相としての器量はもとより、人間としての性格まで、なにか怪しいもののように映じてくる。現にビュートウは鈴木貫太郎を「エニグマティック」謎の人、と呼び、時には「二重人格者」「機会主義者」というような呼び名まで紹介している。そして木戸供述書の八月十二日の項目には、ポツダム宣言受諾に対する聯合国の回答をめぐって、

東郷外相が再度来訪せられ、「鈴木首相も（国体論者の）平沼枢相《すうしやう》の意見に賛成したる様子であるから今後果して（戦争）終結に導き得るや頗る疑問なり」との話であり、私も実は非常に驚いたのでありました。

という感想が記されている。そのために、ビュートウ、トーランド等の著書では、鈴木貫太郎の意見はぐらぐらと揺らいだ、高齢の鈴木は迷いの多い、狐疑逡巡《こぎしゆんじゆん》する性格の人のように伝えられたのである。

この種の見方を私は極東国際軍事法廷によって明らかにされた「真実」――カッコ付きの真実と呼びたい。東京裁判の被告の中で東郷茂徳と木戸幸一はそれぞれ強く自己弁護を行った人であった。東郷は東條内閣の外相でもあったが、鈴木内閣の外相として終戦のために多大の努力をした人である。東郷は「勝者の裁判」に対して憤りと怨みを抱いて獄死した人であった。また木戸は東京裁判における唯一の宮廷関係者として、累《るい》を天皇に及ぼすことのないためにも、自己の終戦工作への努力を強く主張した人であった。

アメリカ人の学者にとって、法廷で英訳された東郷、木戸の宣誓供述書はたやすく利用し得る材料であったから、東郷や木戸の言分《いいぶん》は大きく拡大された。その反面、鈴木貫太郎の姿は、あるいはぼやけ、あるいは歪められていったのである。

しかし日本の庶民の多数は、自分たちが今日、平和な暮しを送れるのは、昭和二十年の夏、天皇陛下や鈴木貫太郎首相以下が、非常の措置《そち》を以て日本を終戦に持込んだお蔭であることを肝《きも》に銘じて憶えていた。それだからこそ二十年後の昭和四十年の夏、鈴木首相、阿南陸相を主役とする映画『日本のいちばん長い日』

が公開された時、日本の映画館はふだんの夏とは違い、年輩の男女でもって満員となったのにちがいない。映画化された話はいったいどこまで真実であるのか。それともそれは新しい昭和の天皇神話であるのか。

日本のいちばん長い日

鈴木ははたして動揺したのか。終始《しゆうし》側近にあった迫水《さこみず》書記官長は、

「断じて左様なことはなかった。私自身、岡田啓介の指示もあり、何んとしてでも終戦にと思い込んでいたのだから、若し鈴木首相が少しでも動揺でもしているようなことがあったら、必ず最も敏感に私には響くはずだったと思う。私は……一度もそういう不安を感じたことはない」

と終戦直前の鈴木について語っている（『鈴木貫太郎伝』）。東郷外相が鈴木首相も平沼枢密院議長の意見に賛成した、という訴えを木戸に述べたことを単行本『木戸日記（木戸被告人宣誓供述書）』（昭和二十二年十一月刊）を読んで知った鈴木は、千葉県の関宿《せきやど》の故郷で老後を養っていたが、本の欄外に、

之は玄黙《げんもく》を守り平沼枢相の意見に反対を表せざりし故に誤解したるならん。翌日の閣員懇談会にて初めて意見を発表せり。

と書入れをした。およそ功を誇ることのない鈴木であった。日本海海戦の時は第四駆逐隊司令として敵艦二隻を撃沈したが、一隻は同じ攻撃に参加した他の駆逐隊に功を譲ってしまった。ましてや敗戦の後は、戦争犯罪人として指名された旧知の人々の罪が軽くなることのみを願って、積極的に自己弁明をすることはなかったのである。

六月十三日の挿話についても、さまざまの誤解があるように思えてならない。「玄黙」を守り続けた鈴木

首相の真意を米内海相が正確に忖度《そんたく》し得なかったのは事実であろう。しかし鈴木首相が米内海相の意図を推察しかねたとは到底思えない。鈴木貫太郎は総理大臣として、たとい一面では平和工作に乗り出すことがあろうとも、他面では強く徹底抗戦を国民に訴え続けねばならぬ立場にあった。それに対して米内海相は五月二十一日の六相懇談会でも早期終戦論を述べて、阿南陸相の主戦論と真っ向から対立しているのである。当日、鈴木首相は別段自説を明かさずに散会しているが、鈴木が米内の意図を誤解したはずはない。六月十三日、木戸が、

「実は海相が『首相は未だ中々強気の様子だから』と言はれました」

と話したのに対し、鈴木が笑って、

「米内が未だ中々強いと思つて居りましたが、さうですか」

と答えたというのは、

「米内が未だ中々強いと思つて居りましたか、さうですか」

を木戸が聞き違えたか、さもなければ誤植で濁点《だくてん》が加わったと見るべきであろう。すなわち「強い」の主語は米内ではなくて、鈴木であり、

「米内が未だ（私が）中々強いと思つて居りましたか。さうですか」

と読むべきであろう。鈴木が玄黙を守ったがゆえとはいえ、同じく海軍の出身で、鈴木と志を同じうし、かつて日独伊三国同盟に反対し、日米開戦を非とした米内までが、自分を強硬派かと思っていたかと思うと、鈴木は「おや、そうですか」とおかしみさえ覚えずにはいられなかったのであろう。濁点のあるなしで解釈がわかれ、鈴木の人となりの解釈まで異ることになる。しかし私は「が」が「か」の誤りであると信ずる。また傍証もある。鈴木内閣の国務相として鈴木の側近にいた海南下村宏《しもむらひろし》はその著『終戦秘史』で当然の事として「か」の形で引用しているが、鈴木の人柄を知る人だけに、それ以外の形では読めなかったのであろう。

――それではなぜ鈴木は玄黙を守ったのか。早まって終戦の議を持出せば、「一億玉砕」を唱える人々によって、鈴木は殺され、内閣は倒れたであろう。二・二六事件を体験した鈴木は（そして鈴木の背後で影武者のように働いた岡田啓介も）事を運ぶにすこぶる慎重であった。鈴木が組閣の大命を拝して第一にしたことが、長男であり首相秘書官である鈴木一《はじめ》を連れて自分から市ヶ谷台の陸軍省に軍首脳の杉山元元帥を訪問し、陸相として阿南惟幾《あなみこれちか》の入閣を求めた、というのは、鈴木がいかに陸軍の動きを重要視していたかのあらわれであろう。ビュートウ教授は、アメリカにおける国務長官の地位との類推で、鈴木内閣における東郷外相の地位を最重要のように書いているが――そして終戦工作の具体化と軍部の威信の低下により外務大臣の地位は相対的に高まりはしたが――敗戦前の十年間、日本の内閣で内閣の死命を制した地位は陸軍大臣であった。軍部の意向が内閣のそれと合わず、陸相が辞任すれば内閣は倒れざるを得ない仕組みとなっていたからである。

昭和二十四年に迫水久常氏は、鈴木首相と阿南陸相の関係は、二人とも心の底では相手の気持が実によくわかっている。しかし二人とも自分の本当の考えを口に述べない。もし政治を舞台にたとえるなら二人はまことの名優でありました、と両者の「腹芸」についてビュートウに述べたという。鈴木・阿南の関係が真にヒューマン・ドラマにふさわしい主題であることは、昭和四十年の夏、笠智衆が鈴木首相を、三船敏郎が阿南陸相を演じた映画『日本のいちばん長い日』が空前の大ヒットをしたことによって、はしなくも立証されたといえよう。この映画は縮小されてアメリカの諸大学の日本学科でも日本研究用に上演されたほどである。――迫水久常は当時をほぼ次のように『鈴木貫太郎伝』で回顧している。八月十四日の夜遅く、終戦の詔勅の公布に関する一切の手続きを終わり、総理大臣室で鈴木首相は深く疲れはしたが事を成し了えた、という気持で迫水書記官長と相対座していた。その時戸口を叩いて、阿南大臣が、軍刀をつり、軍帽を小脇にかかえて入って来、総理に対して直立不動の姿勢で言う、

「終戦の議が起りまして以来私はいろいろ申し上げましたが、総理に御迷惑をおかけしたことと思い、ここに謹んでお詫び申し上げます。私の真意は、一にただ国体を護持せんとするにあったのでありまして、敢えて他意あるものではございません。この点は何とぞ御了解くださいますように」

鈴木はうなずきながら、阿南陸相の側近くに寄り、手を肩において、

「そのことはよくわかっております。しかし阿南さん、日本の皇室は必ず御安泰ですよ。何となれば、今上陛下は春と秋の御祖先のお祭りを必ず御自身で熱心になさっておられますから」

阿南はうなずき、一瞬黙った後、新聞紙に包んだ葉巻の箱を鈴木に渡して、南方前線から届いた品だが自分は吸わないから総理大臣でお使いください、と言い、敬礼して立去る。迫水書記官長が玄関まで見送ってから総理室に帰ると、鈴木首相は、

「阿南君は暇乞《いとまご》いに来たのだね」

と静かに言った。

この時に一箱の葉巻の贈物をしたことは、大正元年九月、乃木大将が殉死《じゅんし》に先立ってひそかに形見分けをしたことを思い出させずにはおかない。武人である鈴木首相には阿南大将が何を考えているのかその場でわかったのである。

降伏を認めなかった日本陸軍四百万を代表する陸軍大臣として、平和交渉の議が起って以来、阿南陸相は幾度か心中動揺したこともあったであろう。また軍部の意見に押されて辞職すら考えたこともあったであろう。しかし鈴木内閣を倒閣して日本を救い得るか、という自信は責任ある者として持ち得なかった。阿南には鈴木総理と進退を共にする、という深い決意があったからこそ、聖断に従い、終戦の詔勅に阿南惟幾と副署したのである。そしてかねてから事ここに至るを思い、その際は割腹自決《かっぷくじけつ》する覚悟であった。それだからこそ、鈴木総理に葉巻の贈物をして暇乞いを告げるという心遣いを果たすこともできたのだろう。阿南陸軍

大臣の切腹は終戦を実現させた尊い行為であった。昭和二十年八月十五日午後、日本人に敗戦という事実をはっきり印象づけた報道は、「阿南陸軍大臣ハ割腹自決セリ」の一行であったからである。迫水久常は『機関銃下の首相官邸』で阿南大将について、

「私は時に多磨墓地に大将の墓参をするたびに、大将の生死を超えた勇気を謝し、小さな墓石に抱きついてお礼を申しあげたい衝動にかられるのである」

と述べている。

深甚なる弔意

口には出さずとも、葉巻の贈物で永別の挨拶ができたのは、鈴木や阿南に武人としてのたしなみ（武士道の文化）があったからである。

しかし共通の文化をわかちあわず、当然腹芸の通じるはずのないアメリカ人に向けて、鈴木貫太郎首相はなにか明らかな平和の合図を送ったのであろうか。和戦両様の心構えであった鈴木は、組閣完了後一週間目には、はやくも意味深長な挨拶をアメリカ国民に向けて送っている。フランクリン・ルーズヴェルト大統領は一九四五年四月十二日に急逝《きゅうせい》したが、四月十五日日曜の『ニューヨーク・タイムズ』の読者は、その三ページのいちばん上の見出しに、

JAPANESE PREMIER VOICES "SYMPATHY"

「日本の首相『弔意』を表す」

とあるのを読んでいささか驚いた。アメリカ人編輯者の意外の感は「弔意」が引用符でくくられていることからも察せられる。敵国の総理大臣がこのような機会に「弔意」を表することは只事ではない。いま多少長きにわたるがその記事の主要部分を訳してみよう。

日本の首相「弔意」を表す

鈴木首相の言によれば、故ルーズヴェルト大統領の指導力がアメリカの「優勢」の原因であった、と。

海軍大将男爵鈴木貫太郎首相はフランクリン・D・ルーズヴェルト大統領の死に際してアメリカ国民に対し「深甚なる弔意」を表した、と昨日、日本の同盟通信は打電してきた。

同盟通信の北米向け英語の無線によると、日本の新首相は同盟の一記者に向って次のように語った由である。

「アメリカ側が今日、優勢であるについては、ルーズヴェルト大統領の指導力が非常に有効であって、それが原因であったことは認めなければならない、」そして首相はつけ加えた、

「であるから私は、ルーズヴェルト大統領の逝去がアメリカ国民にとって非常なる損失であることがよく理解できる。ここに私の深甚なる弔意を米国民に表明する次第です。」

しかし鈴木首相は、とフェデラル・コミュニケーションズ・コミッションで傍受した同盟通信は続けて報じた、

「ルーズヴェルト氏の死去によって米国の対日戦の努力が変るとは思わない、と率直に述べた。」首相はさらに、

「日本側としても米英のパワー・ポリティックスと世界支配に反対するすべての国家の共存共栄のために戦争を続行する決意をゆるめることは決してないであろう」と語った。

同盟通信によれば、ルーズヴェルト氏の死去という「世界を震撼《しんかん》させた事件」に対して鈴木首相が「思いも及ばぬ感想」を述べたのを聞いた記者は「不意を打たれてはっとした」という。しかし「記者はすば

やくさとった。鈴木新首相のような大人物の口からすれば、これは別に不思議なことではない。」そして同盟通信の代表は即座に理解した、としてさらに次の通り打電してきた、

「ルーズヴェルト大統領の逝去という米国民の非常なる損失に際し、鈴木総理大臣が深い弔意をアメリカ国民に対して表したということは、とりもなおさず、この日本の国家的危機に際し、難局を乗りきるべく、何故、高齢にもかかわらず、鈴木提督に国政の手綱《たづな》がゆだねられたか、という理由を説明するものである。」

「その弔意の表明はまたとりもなおさず、何故、鈴木提督が自分では政治については全くの素人《しろうと》と言明したにもかかわらず組閣の大命を拝受したか、という理由をも説明するものである。別の言い方をすれば、鈴木提督は日本の戦争目的達成と世界のすべての国の安寧《あんねい》に貢献する努力をなすべく総理大臣の重職に就いたのである。……」

同盟通信のこの報道のことは、前出の *Current Biography 1945* にも出ていた。しかし不幸なことにビュートウ以下の米人研究者によっても、また日本側の『鈴木貫太郎伝』の執筆者、編輯者によっても見落されて今日にいたっている。この通信記事は精密な分析に価する。とにかく鈴木貫太郎は驚くほど率直にルーズヴェルトの指導力の偉大さを認めているのだ。戦時下でも日本の新聞、とくに『朝日新聞』は、

「敵将の死を悼む感懐なきにしもあらず」（『朝日新聞』社説、昭和二十年四月十四日）。

「いろ〳〵批評もあつたが、彼は、この大戦の立役者である」（同、神風賦）。

「……憎んでも余りある敵米国の大統領ではあるが、死んだルーズヴェルトの屍に鞭打つやうなやり方だけは止めたいと思ふ」（同、福井文雄欧米部長）。

と節度ある記事を書いている。もちろん他紙の中には「ルーズヴェルトは急死した。天誅である」（『毎日

新聞』社説）という式の記事は多い。しかし戦時下の日本内地は、いまだに武士道の名残りを多少とどめていた。それだからこそ鈴木貫太郎は「アメリカ国民に対して深甚の弔意を表する」と同盟記者に向って言明し得たのである。公人の地位にある鈴木であったから、ルーズヴェルトの遺族に対してでなく米国民に対して弔意を表したのであろう。

しかし同盟の英文通信には鈴木首相の談話以外に同盟記者による、きわめて示唆的な解説がつけられている。記者は、鈴木首相が「思いも及ばぬ感想」を述べたのを聞いて「不意を打たれてはっとした」（"almost taken aback" by the "unexpected reactions" of Premier Suzuki）。記者が予想したのは敵国の死去した大統領を貶《おとし》める言辞《げんじ》だったのであろう。だが予期に反して、鈴木はいとも鄭重《ていちょう》な言葉でルーズヴェルト大統領の指導力を称揚したのである。これは軍人政治家鈴木の武士道精神の顕《あらわ》れだろうか。それともこの談話にはなんらかの政治的意味が含まれていたのだろうか。あるいは時局の収拾に深い関心を寄せていた同盟通信の記者が、鈴木の談話に記者自身の責任で政治的解釈を付したのだろうか。

当時の同盟通信社長古野伊之助氏も、海外局長であった長谷川才次氏も亡くなったいま、確める術も失せたようだが、鈴木首相の談話に含まれた言外の意味を察した記者が、「深甚の弔意」はただ単なる儀礼の言葉ではない、として解説を繰返したのだろう。

"The Premier's expression of profound sympathy for the Americans in their great loss was the explanation why Admiral Suzuki, despite his advanced age, had been given the reins of the Japanese Government in an effort to pull the country through the current crisis."

"The expression, too, was an explanation why he has accepted the post despite his own avowal that he was inexperienced in politics. In other words, he has assumed the post in an effort to contribute his part to the achievement of Japan's war aims and for the welfare of all nations."……

執筆者が誰であったか、いずれにしても苦心惨憺の英文であった。何故、鈴木に国政の手綱がゆだねられたか、何故、鈴木が組閣の大命を拝受したか。その「何故」に対する記者の答えは、日本の重臣層には終戦の意図がある、という示唆だった。記者は「すべての国の安寧」という言いまわしに「平和」という意味を匂わせたかったに相違ない。もっとも「日本の戦争目的達成」という表現の直後ではそれは多少矛盾した響きを持たずにはおかなかったが。

行間を読もうとしたアメリカ人にとって、この記事は東京からのまことに意味深長なサインに映じたことであろう。しかし別のアメリカ人にとっては、この種の記事はまた別様にも解釈できたのである。戦時中の米国人の多くは、戦時中の日本人と同様、自分達自身の敵愾心昂揚の宣伝の擒《とりこ》となっていた。sly, sneaky, treacherous 陰険で、卑劣で、いつ裏切るかわからない、という形容詞で呼ばれていた日本人の宣伝など信じることは禁物であった。同盟通信の記事は心理戦の例の手練手管《てれんてくだ》かもしれなかったからである。

戦時宰相の外国認識

戦時宰相の必須の資格の一つは、日本と世界の力関係についての客観的な認識であろう。東條英機は、戦時中の米英が宣伝したような独裁者「日本のヒトラー」ではなかった。東條大将は有能な陸軍の官僚であり、ある意味では忠義の臣であったかもしれない。しかし東條に国際社会の中における日本の位置について正確な認識があったとは思われない。では小磯國昭首相についてはどうであろうか。小磯の回顧録『葛山鴻爪《かつざんこうそう》』を読むと、この陸軍で出世した将官がおそるべき記憶力の持主であったことが知られる。しかし小磯の知識は、世界というパースペクティヴの中で、遠近に応じて、位置づけられた知識ではなかった。太平洋戦争中の三人の日本の首相の中では、なんといっても海軍出身の鈴木貫太郎が、世界の中の日本について一番よく見聞きし、一番よく考えていた。いま鈴木の生涯の中からアメリカ体験に関する記録を中心に二、三拾ってみる。

明治二十年海軍兵学校を卒業した鈴木海軍少尉候補生は九月二十四日、軍艦筑波で遠洋航海に出た。筑波艦といっても木造の帆前船で、港の出入りだけ蒸気機関を使った。その速度は六ノットで帆走《はんそう》の方が速かった。鈴木貫太郎がいかに自己を飾ることの少い人物であるかは、彼が自伝の中で、海軍軍人にあるまじい船酔いのことをあけすけ語っている点である。

遠洋航海の印象といへば、私は船に弱かつたので、大いに閉口したくらゐのものだ。一緒に行つたものが四十一人。弱いものが五、六人をつたが、私はその内の一人だつた。筑波は千五百トンの古い船なので、よく揺れたものだつた。それでも二週間たつと、大分慣れました。艦長から、「意気地がないから酔ふんだ」といはれたのには閉口した。いくらふんばつても酔ふのでね。この艦長は越後長岡の豪傑で、河井繼之助と一緒に戦争をした人で、野村貞大佐といはれ、腹の中に弾丸が入つてゐるままでゐられた。長岡といふ所は学問の進んでゐた所と見え、当時の叛軍でも偉才がをられたものでせう。

その当時に見たアメリカ沿岸の、サンフランシスコ、サンディエゴなどは盛んに発展し、発達する頃だつたのですが、実際目にもそんな風に見えた。これに反してメキシコのアカプルコは廃頽《はいたい》の気分がみなぎり、軍艦が入つて行つたので、礼砲をこちらが打つた。向ふも答礼をしなければならぬのだが、一度答礼の音が絶えて、また続いて響いて来た。後で聞くと、久しく使はないので、負傷人が出来たといふ有様で、気の毒なものだつた。アメリカの発展する隆々たる状況と独立国メキシコの有様は、正に反対の風があつた。

ハワイは当時独立国で王様がいた。すでに日本の移民がたくさん行っていたが、今日のハワイのような繁栄はなかった。アメリカ人も大勢来ていて、彼等が練習艦の日本将兵を批判する言葉が面白かった。

バナナ・オフィサーにウォシング・シーメン——バナナ士官に洗濯水兵とでもいふのでせうか。バナナを売りに来る、なかなかうまいから買つて食べましたよ。日本の水兵は、清潔を尊び、船の中ぢや水が大切ですから、洗濯はやれない。だから、川のある所へ行けば洗濯物を山とかついで出掛け、そこで乾かして持つて帰るので、彼等は驚いたのでせう。

遠洋航海はかうして訓練をされながら廻るのですが、なんとなく、海軍士官としての気分を作りますね。世界の大勢が判るし、国情が判り、国の盛衰興廃の跡もわかるし、なかなかぼんやりしてをれんといふしつかりした精神が出来るものです。

鈴木が自伝を口授したのは昭和十四年二月から十九年八月にかけて、鈴木が枢密院の副議長時代であった。当時の枢密顧問官南弘が語ったところによれば、

「鈴木さんて妙な方だ。鈴木さんが腰掛けていると、いつの間にか一人寄り二人寄って来て、話題の中心になる」

戦前の枢密顧問官といえばみな一国一城の主で、容易に人に許さないやかまし屋が揃っていたに相違ない。その中にあって鈴木がいつの間にか座談の中心となっていた、というのだから、鈴木の話には人生の体験と智恵とがにじみ出ていたのだろう。そして『鈴木貫太郎自伝』を読むと、南弘の言葉を裏付けるように、興味津々たる挿話が、実に率直に、巧みな語り口で語られているのである。——『鈴木貫太郎自伝』は話題に取りあげられることの少い書物だが、私は『福翁自伝』以来の、この方面の名著ではないかと考えている。

明治四十二年、鈴木は練習艦隊宗谷《そうや》艦長として、乗組の海軍少尉候補生に奉公十則を示した。それは、

一、窮達を以て節を更《か》ふ可からず

にはじまる教訓である。しかし抽象的な奉公十則よりも鈴木がドイツ留学中、進級問題で憤慨した思い出を自伝中で語る方が、より人間的に訴える内容を持っている。私自身かつてこの話に深く感じいったことがあるので、ここに引用させていただく。

露都から（ベルリンへ）帰つて間もなく進級して中佐になつた。財部《たからべ》、竹下、小栗がわれわれの下級の人です。それが先になつて、その次に私の順が来た。非常に憤慨しましてね、進級しても下級の人々の下につくことはいかにしても理由のないことだ、財部君はわれわれの級にゐた人でわれわれより上にゐるべき人だから宜しいが、竹下、小栗君の下につけるとは何事だ、小栗君などは海軍大学校にゐた頃自分が教へたものだ、いかにも経歴の上から見ても、日清戦争の功績から見ても、自分は金鵄《きんし》勲章を持つてゐるのに彼にはない、すべてが優つてゐるのだ、何も劣つてゐない、まづいのは顔だけだ、どこを標準にしてやるのか。伊藤乙次郎君がゐたから、「海軍でもこんなことをするなら馬鹿げてゐる、国家に尽すことはどこにゐてもかまはん、盲目の下で働くよりほかの方面で働いた方がいい、病気と称して帰国しようと思ふがどうか」と尋ねたら、伊藤君は、「自分もそんな目に逢つてゐるから、おれはいいとか悪いとかはいへない」といつた。

「おれは御免蒙るよ、病気と称して帰らうと思ふ」といつて、そのつもりで別れた。

下宿へ帰つて見ると父の手紙が着いてゐた。無心であるから中佐になつた喜びの手紙で、「日露の国交が切迫したから、この時こそ国家のために尽さねばならぬ」といふのである。その手紙を見てからなんといふか、鉄の棒でなぐられたやうな気がした。進級が遅いなどといつて小さな事をいふことは間違つて

ゐる、自分が海軍に入つたのはかういふ場合に力を尽すべきだと、父の手紙を見ていかにも自分の足りないのに気がついて、自分の不幸は飛んでしまつた。あの時カッとした一時の怒りにかられて帰つて来たら、今日の鈴木貫太郎はゐないことになつたらう。無心に書かれた父の手紙に私は救はれた。

齋藤實もそうだったが、鈴木貫太郎も藩閥とゆかりのない関東の出であった。それに「いつかうに頭を下げないから時に損をすることもある」と自認する性格の持主であったから、海軍部内の立身出世についても、はたから見るほど順調に進んだ人ではなかったのであろう。しかし右の挿話は、近代の日本で個人個人の外国体験が社会的政治的に影響力を持ち得るためには、やはり組織に属している方が有効である場合を示唆している。鈴木貫太郎が明治三十六年、海軍に辞表を叩きつけてしまったならば、昭和二十年の鈴木首相はもちろん有り得ないことであった。

しかし鈴木貫太郎の数多い外国航海の中で、鈴木の終戦工作と関係する重要な航海は、昭和二十年六月の議会演説の中で言及される大正七年のアメリカの遠洋航海であった。鈴木は首相就任の三年ほど前、自伝口述の際、その練習艦隊司令官当時の思い出を次のように語っている。

サンフランシスコでもロスアンゼルスでも、やはり市の案内の歓迎会で数百人の人が集つて、練習艦隊の高等官を招待してくれた。そのたびテーブル・スピーチをやる。われわれにはいつかう判らない。しかし何か司令官はやらなければならぬ。そこでサンフランシスコでは私は、

「その日米戦争といふことと、日本人を好戦国民と外国人のいふことと、これは二つながら非常に誤つてゐることだ。これは日本の歴史に無知なことから起るのだ、日本の歴史を調べてみれば判ることだ。日本人ほど平和を愛好する人間はほかに世界にあるまい。日本は三百年の間一兵も動かさずに天下が治つて

ゐる、これは平和を愛好する証拠である。しかし日本人が近来の外国との戦争に勇敢に闘つたことは確かなことである。この勇敢さを好戦国といふならばわれわれは甘んじて好戦国民といはれてもいつかう差しつかへがない。日本人は平和を愛好する国民だから外国から仕掛けられてもなかなかやらない。敵から挑戦されて止むを得ずやるといふことであつた。世界を席捲したジンギスカンの後裔の元のクブライに対してすら彼の挑戦に応じてやつたのだ。ヨーロッパを席捲したあの兵力をもつて向つて来た、十万の敵と戦つて生きて帰るもの三人といふまでやつつけた」

と言ってさらに例をあげ——もっともその中には秀吉の朝鮮出兵は元が日本を侵した復讐戦だ、などという手前勝手な解釈も混っていた——次いで今日（一九一八年）の問題に言及した。

「この日米戦争はアメリカでも日本でもしばしば耳にする、しかしこれはやつてはならぬ。いくら戦つても日本の艦隊は敗れたとしても日本人は降伏しない。なほ陸上であくまで闘ふ。もしこれを占領するとしたらアメリカで六千万の人を持つて行つて日本の六千万と戦争するよりほかにない。アメリカは六千万人を失つて日本一国をとつたとしても、それがカリフォルニア一州のインテレストがあるかどうか。日本の艦隊が勝つたとしても、アメリカにはアメリカ魂があるから降伏はしないだらう。ロッキー山までは占領できるかしれんが、これを越えてワシントン、ニューヨークまで行けるかといふに日本の微力では考へられない。さうすると日米戦は考へられないことで、兵力の消耗で日米両国はなんの益もなく、ただ第三国を益するばかりで、こんな馬鹿げたことはない。太平洋は太平の海で神がトレードのために置かれたもので、これを軍隊輸送に使つたなら両国ともに天罰を受けるだらう」

といつたら、彼等は非常な喝采をした。このテーブル・スピーチは区切り区切りで参謀の佐藤市郎大尉によつて翻訳された。この人は非常に英語の達者な人であつた。佐藤参謀の訳は、最近の新聞やなにかを読んでゐる人と見えてアメリカ人のよく了解する言葉を用ゐた。司令官の日本語演説よりは佐藤君の英語演説の方がよほどの能弁だつたと大笑ひになつた。そしたら翌々日の新聞紙に、カリフォルニア州の検事総長が大きな一頁に満つる論文を書いて私のところへ送つてくれた。それによると、先生は私の意見に全然賛成するといふ意味のことを書いてあつた。まつたく日米戦争の愚なることを強調した論文であつた。アメリカ人にはむしろ率直に露骨なことをいつた方がよろしい。彼等は淡白に受け入れる美しい点があるなと感じた。

佐藤市郎大尉は岸信介、佐藤栄作兄弟の長兄で、非常な秀才だったが中将で病没した。鈴木中将の日本語演説よりも佐藤大尉の英語演説の方が上手だった、と言って笑うところに、また鈴木貫太郎の人柄が出ている。しかし終戦内閣の首相鈴木貫太郎を考える場合に一番重要な点は、鈴木が第二次大戦中も依然として日米戦争を愚とし、淡々とこの思い出話を語った、という事実である。自伝の後半部は日本海軍の真珠湾攻撃以後に口述した部分だが、その対米戦争の最中でも、鈴木は「彼等は淡白に受け入れる美しい点があるなと感じた」とアメリカ国民の長所を認めていたのである。日本青年協会専務理事青木常磐氏が筆記した『鈴木貫太郎自伝』は戦時中には活字とならず、鈴木の死後、昭和二十四年になって桜菊書院から初めて出版された。もしこの本が戦時中に出版されていたら、鈴木貫太郎首相は帝国議会などで右翼系議員からこの自伝の内容を材料に悪《あ》し様《ざま》に攻撃されたに相違ない。慶応三年生まれの鈴木貫太郎は、夏目漱石とは同年の人、海軍兵学校では廣瀬武夫の一期先輩に当る。「坂の上の雲」を見つめながら、日本国家の興隆とともに成人した世代の一人として、秋山真之とも親しかった鈴木はいかにもおおらかな心の持主であった。私たちは『鈴木貫太郎自伝』によって、鈴木が大正時代にも、昭和十年代にも、そして昭和二十年の春から夏にかけても、信念として、平和のことを考えていたことを知るのである。

鈴木貫太郎のアメリカ観

筆者は鈴木貫太郎のサンフランシスコ演説の背景が知りたくて、当時練習艦隊の巡洋艦浅間に士官候補生として乗組んでいた富岡定俊氏にかつておうかがいしたが、御記憶になかった。鈴木家に当時の現地の新聞やカリフォルニア州検事総長が送ってきたという記事が保存されていないかと御長男鈴木一氏に問合せたが、鈴木邸は周知のように昭和二十年八月十五日早朝右翼の暴徒に襲われ焼き払われたので、スクラップ・ブックもなにも残っていないとの御返事であった。筆者はその後、当時のサンフランシスコの米字、邦字の地方新聞が、カリフォルニア大学ロスアンジェルス図書館にマイクロフィルムの形で保存されていることを知り、それを通して僅かに次の事を知り得た。

当時の米国における日本の評判は、寺内内閣のシベリア出兵交渉のために甚だ悪かった。とくにハースト系新聞の露骨な反日記事にはいささか驚かされた。しかし『ビュルティン』（*The Bulletin : San Francisco*）は感情的に走ることなく、日本の練習艦隊の訪米を報じていた。一九一八年（大正七年）三月二十五日の記事には、三千余の在留邦人が海軍将兵歓迎の催しに集った、と出ていた。柔道、剣道、相撲、綱引き、芸者の踊りなども報ぜられた。鈴木の演説は二十八日の新聞にも二十九日の新聞にも出ていたが、演説内容は簡単に紹介されていただけである。すなわち三月二十七日夜の埴原総領事主催のフェアモント・ホテルの晩餐会では、ラッセル大佐が日清・日露の英雄鈴木中将を温く歓迎すると、「この歴戦の強者もまた同じく慇《いん》懃《ぎん》に大佐の挨拶に答えた。」満五十歳の鈴木中将の風采はなかなか印象的であったらしい、**“the picturesque veteran of many a bitter sea fight”**と報ぜられている。二十八日の食卓の席では、鈴木提督は、日本は英米とともにあくまで対独戦を戦い抜くと誓った。その会の出席者の中にカリフォルニア州検事総長に相当すると思われるUnited States District Attorney J. W. Prestonという人の名も見える。このプレストンが二日後に自分の一ページ大の記事を鈴木に届けたものと推察されるが、そのプレストンの記事そのものはついに見当らなかった。

カリフォルニアの日本人移民は、白人社会でややもすればうとんぜられることが多かった時代だけに、磐《いわ》手《て》、浅間の二隻の巡洋艦から成る祖国の練習艦隊の訪米が、心たのもしく、嬉しい事件であったにちがいない。サンフランシスコの邦字紙『新世界』は「歓迎練習艦隊」「鉄艦堂々、海を圧し来る」（三月二十三日）という大見出しの下に、連日、微に入り細をうがって、日本海軍将兵の行動を報じた。しかし社会的地位の低い邦字新聞の記者は、フェアモント・ホテルの晩餐会には招待されなかったのだろう、鈴木貫太郎の演説については、

「鈴木司令官は日本語にて答弁を述べ他の将校之を通訳せり」

と出ているのみであった。

しかし鈴木は自分が日米戦争について述べたことがアメリカ側の印象に残った、と信じていたようである。三年後の大正十年十二月、鈴木は第三艦隊司令長官に親補《しんぽ》せられた。すると二ヵ月ほどしてその親補式当日の写真が載った『ワシントン・ポスト』紙が鈴木のもとへ送られてきた。見ると写真の下に、

「この人の容貌は平和的でない」

とコメントしてあった。鈴木はアメリカ側が日本の将官の言動に注意し、新聞社が日米戦争について言及した鈴木のサンフランシスコ演説を記憶していたから、それでこのようなコメントを付したのだろう、と考えた。

鈴木貫太郎のアメリカ体験は二度の遠洋航海がすべてであった。しかし鈴木はサンフランシスコ、ロスアンジェルス、サンディエゴとまわった遠洋航海の旅で、なかなか鋭い観察もして、次のように『自伝』で回

顧している。

ある時、練習艦隊の旗艦磐手へ有力者を午餐《ごさん》に招待したことがあつた。日本の勲三等を持つてゐる元ニューヨーク市長をしてゐたミッチェル氏が中にゐた。この人は義勇隊としてアメリカの飛行機の軍隊に入つてゐた。それでサンディエゴに来て飛行機の練習をしてゐたが、四十前後の人であつて相当有力な人で、他日大統領の候補者だと噂されてゐる人であるから、テーブルの席次も私の左隣にゐた。話のついでに、「あなたはニューヨーク市長もやられ有名な政治家だと聞いたがさうか」と聞いたら、「さうだ」と答へた。「さういふ位置の人が何故に飛行機乗りになつて出征するのか」と尋ねたら、「政治家なるがゆゑに飛行機乗りを志願した。およそ政治家といふものはすべての国民の先頭に立つてリードする責任がある。今日の戦争において飛行機の活動が最も必要なことと思ふ。それゆゑに自分は飛行機乗りになつて国民を導いて行きたいと思ふ」といはれたので、私はそれには大いに感心した。

いやしくも政治家とならば、国民の向ふところを示すために、国民のために最も危険な所に身をさらすといふことは、さすがに政治家としての要点をつかんでゐると思つた。「いつ出征するか」といつたら、「ここでもう一ヶ月練習をして、それから東に行つて一ヶ月間訓練を経た上で、ヨーロッパに出征するのだ」といつてゐた。ところがこの人は惜しいことにその後東の方へ移つて訓練中に墜落して亡くなりました。その報を聞いたのはパナマへ行つてからで、気の毒なことをしたと哀悼の意を表した。

私たちは鈴木貫太郎にいわれて、なるほどそういえば水雷艇勤務のケネディー以来のジョンソン、ニクソン、フォード、カーターの米国の歴代大統領も、いずれも若い時に軍に志願して太平洋戦争に参加していたことをあらためて思い出すのである。サンフランシスコの邦字紙『新世界』は、一面では祖国日本を懐しむ情をたたえた新聞だったが、他面では移民先のこのアメリカ社会の豊かさや美点をも強調する新聞で、「候補生諸君に」という論説では日本でもてはやされがちな皮相な米国観を戒めて、

世人動《やや》もすれば民主主義と愛国心とは相反するが如く考へ、米国民の愛国心を疑ふものあるも、議論に入る前に先づ実際を見るべし。

と説いていた。中年を過ぎて海外へ旅に出る人は、とかく過度に愛国的となりがちなものだが、五十歳の鈴木中将は肩肘《かたひじ》を張ることなく、ありのままにアメリカを見ていたのである。大正七年当時の日米の貧富の差にふれて、鈴木は『自伝』でまた次のようにも回顧する。

それからサンディエゴに入港したのですが、その当時海軍の要港で、軍艦は一、二隻巡洋艦くらゐがゐて、陸海軍の飛行機の訓練所になつてをり、百万坪くらゐの飛行場が在つて、その当時は練習機が盛んに飛び、午前も五十機、午後も五十機を飛ばして練習してゐる。その当時の日本の飛行機とは雲泥の差のあるのに驚いたのです。そこで海軍の水雷の教育をやつてゐたのを見たのですが、日本の教育と著しく違つてゐるのはウンと金をかけてやつてゐる。兵隊一人に一つづつ水雷をあてがつて数十台あり、実地の機械について覚えさせる。これは速く覚える。日本ではその十分の一もできてゐないし、教育は長くかかる。こちらは実物の代りに絵を与へてゐた。この教育を見聞して羨しく思つた。

日清戦争で威海衛を強襲し、日露戦争でも水雷艇を率いてスワロフにとどめをさし、ナバリン、シソイベリキイを撃沈した水雷戦術の権威鈴木貫太郎が、負け惜しみもいわず、精神主義も唱えず、アメリカの実物

教育法を羨望《せんぼう》している。日本海軍は水兵に「実物の代りに絵を与へてゐた」という語り口に、貧しかった国の士官の苦衷《くちゅう》が、ユーモアまじりに、にじみ出ている。

しかし練習艦隊司令官として訪米した鈴木貫太郎が、政治家としての見識をやはり備えた人だという印象を与えるのは、ロスアンジェルスの日本人会でのテーブル・スピーチであろう。サンフランシスコの邦字新聞で当時しきりと話題となっていたのは、米国へ移民してきた日本人はアメリカでいかに生きるべきか、という問題であった。――日本に忠節を尽くさねばならぬ、という気持は一世の間では強かった。しかしアメリカではアメリカ国民としての義務も尽くさねばならぬ。日米戦争が起った時にはいったいどちらについて、どうすればよいのか。

意見を求められた鈴木司令官は、三百人を越す日本人会の人々に向って大要次のように説いた。

君たちは本国を去つてアメリカに来てゐる。アメリカの保護に委嘱してゐる。その地にゐる人はその地に尽すといふ重大な責任がある。だから君たちは「日米戦争が始つたから日本に帰つて忠節を尽さねばならん」とか、「この地にゐて日本のためにやらう」など考へるなら、初めからアメリカに来なければよかつたのだ。そんなことは問題ではない。その時に決めれば良いことだ。それは二心《ふたごころ》を懐くことになり、今どうするかを決めることのできないことだ。この土地にゐてこの土地に尽し、日本のことを忘れよとはいはぬが、この土地この地の風習をよりよく学んで日米戦争の起らないやうに努力し、将来君たちの子孫が大統領にでもなることを考へたらどうだ。日本人をアメリカ人に教育しようといふのがアメリカの教育なら喜んでやつたら良い。……あの大統領は日本人の血統だといはれる者を作り上げるやうに勉めるがよい。

鈴木貫太郎が偏狭な愛国主義者でないことは、このような演説の節々からもうかがえる。鈴木は居留民の頭の中を解剖して、日系の移民が言いたくても言えない点をも明らかにし、彼等がアメリカで生きてゆく道筋を示したのである。鈴木は『自伝』に、

会の終つた後、その主だつた人が、三、四人やつて来て、「今日は司令官から良い話を承つてみなが喜んでゐる。私ども同じ考へを持つてゐるが、私どもが口走つたならたちまちに大勢の人々から迫害を受けます」といつてゐた。「司令官からいつていただいたので、私どもも向背を決せられます」と喜んで帰つた。

当時のサンフランシスコの邦字紙『新世界』を読むと、在留邦人の間で移民は母国と政治的従属関係をもつべきか否かが論議されていたことが知られる。出稼ぎにきたつもりの一世にとって、日本はあくまで母国であった。しかしアメリカ側は日系移民の子供たちのアメリカ化を計って日本語学校を廃止してしまう。——そのような子弟の米国化とそれに伴う親子の断絶を強いられた、辛い立場にある日本人会の人々に向って、鈴木貫太郎は、日本主義者の反撥を買いそうな論を、大局的見地に立って述べたのである。鈴木の論は、日系の二世三世の諸君はアメリカ軍に参加してもよろしい、という趣旨である。もっともその際の鈴木は、日米戦争が起り、日本が敗北するような事態は予想してもいなかったようだ。

帝国議会の演説

昭和二十年六月九日、鈴木首相は当時空襲が激しかったにもかかわらず、第八十七臨時帝国議会を召集した。首相の施政方針演説の中には次のような一節が含まれていた。鈴木は元侍従長としての体験に言及し、次のように述べたのである。

……私は多年側近に奉仕し、深く感激致して居る所でありますが、畏《かしこ》き極《きは》みながら世界に於て、わが天皇陛下ほど世界の平和と人類の福祉とを冀求《ききう》遊ばされる御方はないと信じて居るのであります。万邦をして各々其所を得しめ、侵略なく搾取なく、四海同胞として、人類の道義を明かにし、その文化を進むることは、実にわが皇室の肇国《てうこく》以来の御本旨であらせられるのであります。米英両国の非道は遂に斯の古今に通じて謬《あやま》らず、中外に施して悖《もと》らざる国是《こくぜ》の遂行を不能に陥れんとするに至つたものであります。即ち帝国の戦争は、実に人類正義の大道に基くものでありまして断乎戦ひ抜く許りであります。

今次世界大戦の様相を見まするに、交戦諸国は夫々その戦争理由を巧に強調致して居りますけれども、畢竟《ひつきやう》するに人間の弱点として洵《まこと》に劣等な感情である嫉妬と憎悪とに出づるものに他ならないと思ふのであります。私は嘗て大正七年練習艦隊司令官として、米国西岸に航海致しました折、桑港《サンフランシスコ》における歓迎会の席上、日米戦争観につき一場の演説を致したことがあります。その要旨は、日本人は決して好戦国民にあらず、世界中最も平和を愛する国民なることを、歴史の事実を挙げて説明し、日米戦争の理由なきこと、若し戦へば必ず終局なき長期戦に陥り、洵《まこと》に愚なる結果を招来すべきことを説き、太平洋は名の如く平和の海にして、日米交易の為に天の与へたる恩恵なり。若し之を軍隊輸送の為に用ふるが如きことあらば、必ずや両国共に天罰を受くべしと警告したのであります。然るに其後二十余年にして、米国はこの真意を諒得せず、不幸にも両国相戦はざるを得ざるに至りましたことは、誠に遺憾とする所であります。

この議会演説の原稿は迫水内閣書記官長が書いた。迫水が鈴木首相に、

「何か特別におっしゃりたいことがあったらおっしゃってください」

と言うと、鈴木は、

「いや、別に何もないよ、普通でいいよ」

と言いながら、それでも思い出話をするように、サンフランシスコへ行った時の話をした。迫水は察しよく、鈴木の胸中をおもんぱかってその話をそのまま取り入れて原案を作り、六月七日の閣議に付した。しかし各大臣から熱心な意見が出、結局、下村宏国務相等五人の委員でもってさしさわりのある「両国共に天罰を受くべし」の条りを書き改めることとした。しかし鈴木首相が改訂に釈然とせぬ様子なので、結局元の文章に戻して、首相が九日、議会で原案通り演説したのだという。

施政方針と一見なんの関係もない練習艦隊司令官当時の思い出話は、「鬼畜米英」と戦う戦時下の日本では違和感を覚えさせずにはおかない示唆を含んでいる。鈴木内閣は終戦を考えているのではないか、という危惧を抱いていた勢力は、たちまち騒ぎ出した。――スターリン治政下のソ連邦とか、ヒトラー治政下のナチス・ドイツとは違って、戦時下の日本には、この点では奇妙なまでに言論の自由が議員に許されていたのである。国会の会期を一日延長させると、六月十一日午前、護国同志会所属の小山亮代議士は予《あらかじ》め提出してあった質問要旨にない問題を突如として取りあげた。すなわち、総理の演説中に、両国共に天罰を受くべしとあるが、それでは当然日本も天罰を受けねばならなくなる。このことは宣戦の御詔勅に「天佑ヲ保有シ萬世一系ノ皇祚ヲ踐メル大日本帝國天皇ハ」と仰せられているのと矛盾し、天皇に対する不敬ではないか、という趣旨であった。鈴木首相が立ちあがって答弁しようとしたが、たちまち議場は騒然となり、議会速記録によると、

「不敬ダ」

「御詔勅デハナイカ」

「委員長々々」

ト呼ビ、ソノ他発言スル者多ク、聴取スル能ハズ、

という大混乱におちいった。委員会は休憩のやむなきにいたり、鈴木は答弁をやり直して、事態を切り抜けた。護国同志会はさらにガリ版で声明書を出した。

六月十一日戦時緊急措置法案委員会に於て、議員小山亮君が鈴木総理大臣の施政方針演説中「日米両国が戦へば共に天罰を受くべし」といふ言辞あることに言及したる際、鈴木総理大臣は、畏くも詔勅を批判し「天佑を保有するといふ御言葉の意味につきましては、学者間にも非常な御議論があることであります」と放言せるは、神聖なる国体を冒瀆し、兼ねて光輝ある国民的信仰を破壊する不逞悪逆の言辞にして、大逆天人倶《とも》に宥《ゆる》さざる所、吾人同志は飽く迄その不忠不信を追及、以て斯の如き敗戦卑陋《ひろう》の徒を掃滅し、一億国民挙げて必勝一路を驀進《ばくしん》せんことを期す。

「頭のいいやつだよ、小山ってやつは」

と最晩年の迫水氏は江藤淳氏との対談（江藤淳『もう一つの戦後史』、講談社）で回想しているが、小山亮は鈴木首相の施政方針演説中に終戦の意図のあることを看取して、それで「敗戦卑陋《ひろう》の徒を掃滅する」という脅迫的言辞を用いたのであろう。——護国同志会の背後には陸軍がいるのではないか、右の声明書も議会内の陸軍省政府委員室で刷られたのではないか、という噂が流れた。——もっともその噂が流れたために、阿南陸相がかえって非常に怒って部下を戒飭《かいちょく》し、かつ十二日の閣議でその旨報告したので、閣僚ははじめてほっとした。

ところで総理大臣の施政方針演説を恒例の作文と聞き流した人もいたが、

「変だ」

と感じた代議士は右翼の小山に限らずやはり何人かいたらしい。松村謙三は大日本政治会の幹事長をして

いたが、首相の演説後ただちに迫水書記官長の室に行き、

「おい、総理の演説は、いったいどうしたというのだ。陛下のこと、平和を愛せらるること、自分のサンフランシスコの平和スピーチのことを演説の中に入れているが、国内に対する放送ならこれは変なことだぞ。それともまた外国に対する放送なら、もっと非常に重大な影響を生むのだ。どういう考えでやったのだい」

と問いただすと、迫水書記官長は、

「そう聞かれても正直、なんとも返事はできない。——だが、ただ、あの演説をするまでの経過だけを申し上げる。きのうの閣議で施政方針演説の草稿を検討したのだが、その際に下村さんなどから種々議論が出たので、委員をつくって直した。……すると、けさ五時に、総理から電話で『あの両事項をぜひ入れてくれ。閣議では削除されたがひと晩考えてみたが、やはり入れたい。各大臣に電話して了解を求めるように……』とのことで、そのように取り計らった。なぜ総理が、たっての希望で閣議の決定を変えてまで原稿を元通りにするよう要求されたか、その心中のほどはわかりかねるが……これだけを申し上げる」

以上は松村謙三の『三代回顧録』（東洋経済新報社、昭和三十九年）によるのだが、鈴木貫太郎の長男で首相秘書官を勤めた鈴木一の「父と私」（鈴木一編『鈴木貫太郎自伝』付録、時事通信社、昭和四十三年）には次のように出ている。「両国共に天罰を受くべし」の条りが修正された旨を一が秘書官として父鈴木貫太郎に取りついだところ、鈴木首相は実に残念そうに、

「それでは演説をする必要もなくなった」

と漏らすのを聞いた。それで鈴木秘書官が迫水書記官長に連絡して、また原案通り演説することとなったのだという。自分たちの修正が原案に戻されたのを知った時、下村、左近司、太田の各大臣、秋永綜合計画局長官らは、松村代議士と同様、「総理の腹は読めた、これは大変だ」と直覚したにちがいない。

受信機のまわりに集った人々

鈴木の狙いは当ったのだろうか。

一九四五年（昭和二十年）六月十日の『ニューヨーク・タイムズ』紙を見ると第三面に、ワシントン発九日付UP電として、

「日本の鈴木貫太郎首相は本日議会で演説し、聯合軍の本土侵寇《しんこう》と無条件降伏の要求に直面した日本は『飽く迄も戦い抜く』"fight to the last"と言明した。……」

と出ている。そしてText of Japanese Premier's Addressなるものが載っている。鈴木首相の演説はサンフランシスコやフェデラル・コミュニケーションズ・コミッションでは日本語のままで東京放送を傍受していたのであろうが、同盟通信等の手で英訳された文章ももちろん届いていたのであろう。――しかるにフェデラル・コミュニケーションズ・コミッションが報じた鈴木首相の施政方針演説の英訳文には、鈴木がもっとも苦心した一節、すなわち、「私は嘗て大正七年練習艦隊司令官として、米国西岸に航海致しました折」に始まる条りは、「太平洋は名の如く平和の海にして、日米交易の為に天の与へたる恩恵なり。若し之を軍隊輸送の為に用ふるが如きことあらば、必ずや両国共に天罰を受くべしと警告したのであります。然るに其後二十余年にして、米国はこの真意を諒得せず、不幸にも両国相戦はざるを得ざるに至りましたことは、誠に遺憾とする所であります。」にいたるまですっぽり抜けている。（それ以外は全文が載っている。）鈴木の苦心は水の泡と帰したのであろうか。

そうではあるまい。この一節が米国当局の検閲によって公表を禁止された事実こそ、鈴木の意図がアメリカ側に通じた証拠であると筆者は考えたい。鈴木の施政方針演説の英訳文の全文は、戦時中も東京で発行されていた英字新聞 *The Nippon Times* の六月十日付にも載っている。（ただし『ニューヨーク・タイムズ』紙

の英訳とは別の訳である。）日本側が鈴木首相の演説の一部の公表を伏せたのではない以上、米国側が伏せたことに間違いはない。しかも私たちは、鈴木首相の施政方針演説を傍受した人自身の記録を持っている。それは対日心理作戦に従事したザカリアス大佐の回顧録で——自慢話や思い違いも混っている書物であるが——次の一節はやはり真実の記録であるにちがいない。いま Ellis M. Zacharias : *Secret Missions* の三六九ページから引用すると、

鈴木首相は臨時議会を召集し、きわめて率直に戦局を論じた。私たちはこの動きの重要性を認識して、私たちの事務所にこの意味深長な施政方針演説を送ってくる受信機のまわりに集った。鈴木首相が演説で、表向きは戦争について述べているが、内心では平和を考えていることは、その演説の冒頭から明らかであった。……

アメリカ側は、少くとも事務レベルでは、鈴木のメッセージを了解していたのだ。しかし鈴木首相の演説全文を公表することは、差障《さしさわ》りがあると考えて、鈴木がサンフランシスコ演説に言及した条りは故意に伏せたのだ。その条りを公表すると米国内の平和主義者が「早く平和を」と言い出してアメリカ人の戦意昂揚の妨げになる、と考えたからだろうか。——米国側の関係者がほとんどみな故人となってしまった今日、誰が検閲し、いかなる理由で削除したのかもわからなくなってしまった。しかし松村謙三の言ではないが、鈴木総理の演説は、外国に対する放送として、「重大な影響」をやはり生まずにはおかなかったのである。なおザカリアスの文章中に「受信機のまわりに集った」とあるが、これは、ticker という言葉から察するに、同盟通信が海外向けに送っていたモールスによる電信放送を受信したからであろう。なお当時のアメリカの政府情報機関（Foreign Broadcast Intelligence Service）は東京放送や同盟通信のアメリカ向け電信放送だけでな

く、日本が中国大陸、南方各地の軍および在留邦人向けに送っていたローマ字放送も受信して、『極東地域ラジオ・レポート』のパンフレットにまとめて隔週ごとに政府関係者に限り配付していた。

和平の条件

……私は多年側近に奉仕し、深く感激致して居る所でありますが、畏き極みながら世界に於て、わが天皇陛下ほど世界の平和と人類の福祉とを冀求《ききゅう》遊ばされる御方はないと信じて居るのであります。

……私は……日米戦争の理由なきこと、若し戦へば……必ずや両国共に天罰を受くべしと警告したのでありあます。然るに其後二十余年にして、米国はこの真意を諒得せず、不幸にも両国相戦はざるを得ざるに至りましたことは、誠に遺憾とする所であります。而も今日我に対し無条件降伏を揚言して居るやうに聞いて居りますが、斯の如きは正に我国体を破壊し、我民族を滅亡に導かんとするものであります。之に対し我々の執るべき途は唯だ一つ、飽く迄も戦ひ抜くことであり、帝国の自存自衛を全うすることであります。

……わが国体を離れてわが国民はありませぬ。敵の揚言する無条件降伏なるものは、畢竟するにわが一億国民の死といふ事であります。

鈴木首相の演説は、アメリカに対する一種の呼びかけとして読むと、そこに和平の条件（無条件降伏の有条件化）が示されているという読み方も可能である。天皇陛下と皇室の平和的性格を強調して、無条件降伏の提案を断乎として拒否しているこの演説は、裏返して読めば、天皇制の保全という日本の国体護持こそが和平の条件である、という含みともみなせよう。

ザカリアス大佐は、日本は講和の条件としてもはや満洲における権利とか朝鮮の領有といった物質的配慮はまったく放棄した、和平決定の妨げとなっている日本側の唯一の懸念は天皇の将来の地位だけだ、と解釈したという。それでザカリアスは『ワシントン・ポスト』紙の投書欄に、編集者の協力を得て、無署名の、

If, as Admiral Suzuki revealed in the Diet, their chief concern is over Japan's future national structure (Kokutai), including the Emperor's status after surrender, the way to find out is to ask.

もし、鈴木提督が帝国議会で明らかにしたように、日本側の主要関心事が、降伏後の天皇の地位を含む、日本の将来の国体の問題であるならば、躊躇せずそれをアメリカ側に問いただすがよい。

という一文を七月二十一日に掲げたのである。この『ワシントン・ポスト』紙が八月十五日迄に中立国に勤務していた日本外交官の目にふれて、なんらかの外交的反応を惹き起した、という結果は生まなかったかもしれない。しかし、この意味深長な無署名の投書記事はアメリカの多くの新聞に転載された。そしてそのことにより、日本が望む和平の条件がなんであるかをアメリカ国民に知らせる、という効果だけは少くとも生んだはずである。鈴木貫太郎が送ったサインは、アメリカ側に届いていたのだ。

もっともこの種の合図の送りあいは宣伝戦の一環に過ぎない、という見方は、アメリカ側にも日本側にもあった。たとえば戦時中ワシントンで発行されていた部外秘《レストリクテッド》の『極東地域ラジオ・レポート』の一九四五年六月二十九日号には、たまたま「宣伝戦における攻勢と反撃」という、一種の自己点検にも似た分析が出ている。トルーマン大統領は、ドイツ降伏直後の五月八日、ラジオを通して全世界に向け放送し、「日本の陸海軍が無条件降伏するまで戦う」決意を述べた。故ルーズヴェルト大統領の主張とは違って、「日本の無条

件降伏」ではなく、「日本の陸海軍が無条件降伏するまで」という文言であった。そしてその演説には、「日本を今日の破滅の瀬戸際に追いこんだ軍国主義者の影響力の一掃をはかるが、しかしそれは日本国民の絶滅ないしは奴隷化を意図するものではない」旨もあわせて述べられていた。『極東地域ラジオ・レポート』はこのトルーマン演説をめぐる日本側の反響について分析しているが、当時の雰囲気を知るよすがともなるので、その分析の主要部分を紹介しておきたい。

日本側は「和平の噂」は、アメリカがドイツ崩壊直後に開始した大規模な心理戦争の攻勢の一端とみなして非難している。日本側にいわせれば、この攻勢は日本国民と軍部の間に楔《くさび》を打ちこもうとするもので、日本の民間人が「甘言」に耳をかすように工作しているものだという。ドイツ降伏直後に演説し、さらに六月一日、アメリカ議会にメッセージを送ったトルーマン大統領は、この心理攻勢の張本人と目されている。

日本の聴取者向け放送。日本の政府宣伝機関は、アメリカ側が提案した「無条件降伏」は一億国民の死と絶滅を意味するものだとして、アメリカの宣伝攻勢に耳をかさぬよう警告している。日本側によれば、それゆえ日本軍民双方に残された唯一つの道は最後の一人まで戦い抜くことだ、と主張している。

……また（アメリカ側の和平提案は）アメリカ側が戦争に倦み、これ以上の出血を避けるため、早く戦争を終えたいと思っている証拠である、とも言っている。

アメリカの聴取者向け放送。日本の宣伝放送は、主としてアメリカの平和主義者と穏やかな和平《ソフト・ピース》を主張する人々に対して向けられているようである。

日本側は、日本側が主張する条件以外では和平提案は絶対に呑めないことを強調している。

日本に対して無条件降伏を要求したトルーマン大統領のドイツ降伏直後の演説は、日本側で受信されたはずであるが、三週間後の五月三十一日になってはじめて日本の国内向け放送で言及された。その後東京の海外向け放送はほぼ二週間にわたり、日本側が和平交渉に関心を抱いているという噂を激しい口調で否定した。

中国、南方の占領地域の日本語新聞刊行用に同盟通信が発信したカナの電信も、やはり激しい口調でこの噂を否定した。

この分析は一見客観的のようだが、その実、米国内のタカ派的多数意見に同調したものだった。「穏やかな和平」を主張するアメリカ人は日本側の宣伝工作にのせられやすい人だ、というほのめかしは、執筆者の政治的情念のあらわれだったからである。

鈴木総理の演説について、松村謙三のような読み方をした人は日本人でも多くなかった以上、ましてやアメリカ人でザカリアスのような読み方をした人は、ごく少数に限られていたに相違ない。それではアメリカ政府の上層部にあって、鈴木貫太郎の発言に注意し、評判の悪い「穏やかな和平」を説いた中心人物は誰であったのか。戦後の日本における天皇制の保全を上策とし、アメリカ側がその条件をいちはやく明言することが早期和平をもたらす所以《ゆえん》である、と世論に抗して説いた人こそジョーゼフ・グルーであった。

第三章　昭和二十年初夏の日米交渉

三つの動詞

一九四二年（昭和十七年）夏、交換船で帰国して以後の一年間にグルー大使は二百五十回演説したそうである。話の内容は、日本は手強《てごわ》いぞ、日本の力を見くびるな、という警告が主であった。開戦一周年には『東京からの報告』という百ページ足らずのパンフレットも出版した。しかしその序文には次のような一節も含まれていた。

本書は日本の私のかつての友人たちを非難するべく書かれたのではない。私の十年にわたる長い日本滞在を通して、私はこれらの友人諸氏を敬愛し、尊敬し、立派な人物であるという感嘆の念を惜しまなかった。これらの友人諸氏は戦争を阻止《そし》することはできなかったが、その多くの人々は戦争回避のために努力したのであり、太平洋戦争の勃発により深く傷ついたのである。

もっともグルーがラジオ放送や講演で「良き日本人」に言及すると、アメリカ人の聴衆は戸惑い、奇妙な反応を呈した。それでグルーは後にその点にふれるのを差控えた。しかし日本人を「ジャップ」呼ばわりすることは絶対なかった。グルーは、日本は軍部によって内から征服された国であり、軍国主義という腐った枝さえ伐れば、根や幹が健康である以上、この古木はまた必ず再生する、と信じていた。またそれだけにグルーは、古木の根を根こそぎ抜くような荒療治の戦後改革案には賛成できなかった。

日本から軍国主義を駆逐し、封建思想の宣伝が排除されるならば、そして米国側が優越心や思いあがりなしに日本国民に臨《のぞ》むならば、将来、米日両国は共通の土俵でまた会することもできるだろう。

グルーはすでに一九四三年国務省の省内報《ビュルテイン》にそのように書いている。これは終戦後三十三年経った今日、なお優越心や思いあがりをもって日本人に臨む米国政府関係者や大学人がいることを考えるならば、戦時下のアメリカではまず違和感を与えずにはおかぬ発言であった。聯合国側の終局的勝利の見通しが次第に明るくなってきた一九四三年十二月二十九日、グルーはシカゴで平和回復の展望にふれ、敗北した日本に対して寛容とステーツマンシップをもって臨むべきことを公開の席（イリノイ州教育者関係集会）で説いた。グルーは自分の発言が日本でも注目されていることを意識していたのかもしれないが、戦後改革の見通しにふれ、西洋の出来あいの制度を上から押付けるような改革は不可とした。日本は今後ともその古来の伝統に沿って新しく発展すべき国である。神道や天皇制は軍国主義を助長したから抹殺すべきだと説く者がアメリカにはいる。しかし軍国主義さえ排除するならば、神道も天皇制も平和日本にとっては邪魔者どころか、かえって安寧《あんねい》を助長する性質のものとなろう。グルーはそう説いて、結論としてイギリスの日本史家、ジョージ・サンソム卿（戦時中は駐米イギリス公使を勤めていた）の言葉を引き、戦後の日本には、より近代的でより民主的な立憲君主制がふさわしいに相違ない、と述べた。

グルーのこの発言は、戦時下のアメリカの国民感情を逆撫《さかな》でするものであった。『ニューヨーク・タイムズ』紙は社説でグルーを名指しで非難した。この非常時に公開の場で敵国日本の天皇制の保全について論議をするとはなんたる非常識であるか、アメリカ兵がガダルカナルで死に、タラワで傷ついたのは、天皇の国日本、神道の国日本を打破るためではなかったか。――グルーはその種の反撃にあって、戦時下のアメリカで日本の天皇制について言及するのは、タブーにふれることだと思った。しかしアメリカは軍国主義日本を打倒し、軍部の影響力を一掃した後の日本について見取図を持たなければならない。その際、天皇制の取扱い方こそが中心課題となるとグルーは確信していた。アメリカ人はもともと日本について知るところの少い国民である。それが戦時下の米国では敵愾心《てきがいしん》を煽る宣伝に酔わされて、日本に対する偏見は異常なまでに強まっていた。一九四四年（昭和十九年）四月の雑誌『フォーチュン』は日本特輯号で、後にアメリカ兵を教育する目的で海外用「兵隊文庫」にも収められた一冊だが、そこに次のようなアンケートがのっている。

問、日本人の何割が日本語が読めると思うか。
それに対する米国人の回答は次の通りである。（答、パーセント）

	全回答	経済水準の高い人	太平洋岸の人	黒人
ほとんど全員読める	13.9	15.4	20.2	22.6
たいてい読める	17.6	19.3	17.6	20.2
半分ほど読める	27.4	25.7	26.7	11.6
ごく僅かしか読めない	22.2	25.4	19.8	11.6
無回答	18.9	14.2	15.7	34.0

すなわち経済水準が高く、教育水準も高い白人がいちばん事実とかけ離れた回答（日本に文盲が多いとする偏見）を示しており、日系人と接する機会の多い太平洋岸の米人はやや正確で、黒人がかえって、自分たちの卑下する心の逆投影として、いちばん正確に近い回答を出している。また、一九八ページにも引いたが、「日本国民にとって天皇とはなにか」という設問に、「天皇は日本人にとって唯一の神である」という回答を半数近くが寄せている。アメリカ人は、日本の天皇制はよく理解できないが、しかし敵意だけは確実に抱いていたのである。

グルーは一九四四年（昭和十九年）五月一日、国務省の極東局長として返り咲いた。その月には『滞日十年』が刊行され、六月、七月とベストセラーの第二位を記録した。『滞日十年』の刊行は、アメリカ人が日本人にたいして抱いている偏見の壁を打破するのが刊行の一つの目的であった。その中で一番深い感動をもって綴られた一節が、齋藤實の死をめぐる二・二六事件の記録であることは第一章でふれた。グルーは『滞日十年』の「まえがき」にはまたこう書いている。

私は、戦争を欲せず、米英その他の聯合国を敵にまわして戦うことの愚《おろか》しさを知り、軍国主義的急進主義者たちが向う見ずな、自殺的な侵略へ日本を引きこもうとするのを阻《はば》もうとした多くの人々が現に日本国内にいるのだということも読者に知らせたいのである。戦時の興奮と偏見にとらわれて、「日本人の中に善良な分子などいようはずはない」と主張するアメリカ人読者もいるかもしれない。しかしおそらくそう主張する人々は、日本が対米戦に突入するのを阻止するため、苦心惨憺の努力を重ねた日本人を直接、個人的には御存知ないのだ。そうした日本人は勇ましくも自分たちがもつもののすべてを捧げて、暗殺とまではゆかずとも——事実暗殺されてしまった人々も何人かいるのだが——投獄の危険を冒して時流に抗し、軍部の狂的な誇大妄想《こだいもうそう》や拡張欲の滔々《とうとう》たる潮流をせきとめようとして努力したが、空しく終ったのである。

戦前の日本で、軍部に抗して暗殺された人、暗殺されかけた人はそれほど多くはない。ここでグルーが思い浮べている人々は、齋藤實や鈴木貫太郎の姿であろう。グルーは、これらの穏健なる政治家は、その性格においてもその見識においても、世界のいかなる国の政治家と比べても見劣りしない、最善最良の政治家である、とその当時のある手紙では書いている。時間の経過とともに齋藤實のイメージはますますグルーの脳裏で美化されたのであろうか。グルーは『滞日十年』の「あとがき」にも日本の自由主義者への信頼を繰返した。

私はやはりこの事を言わずにはいられない。私は日本で十年を過した。私は日本で何人もの友人に恵まれた。その幾人かの人々を私は敬愛し、尊敬し、立派な人物であるという感嘆の念を禁じ得なかった。今回の戦争をもたらしたのはその人々ではない。彼等は愛国者として天皇のため、祖国のため、必要とあらば最後の最後まで戦うであろう。しかしその人たちはこの戦争を欲しなかった。戦争を始めたのは彼等ではない。私たちが東京で抑留されていた間も彼等のうちの多くの人は私たち大使館員に、外部との完全な遮断《しゃだん》をはかる日本側警察の妨害にもかかわらず、贈物を届けてくれた。それも普通の花束などの贈物ではなかった。そうではなくて食物の贈物であった。ある時は一片の肉であった。戦時下の日本では日本人自身も肉を手に入れることはおよそ難しかったから、肉はもっとも貴重な贈物であった。十年にわたり私はこれら日本人の家でパンをわかちあい、彼等もまた私たちの家でパンをわかちあったのである。これらの日本人は最後まで私に対する個人的な親愛の情を変えようとはしなかったのだ。

平和回復の将来の日のことをおもんぱかってのことであろうが、吉田茂や重光葵などが、部下の加瀬俊一氏等に命じて、羊の肉やオレンジなどをアメリカ大使館へ届けさせていたのである。
しかしグルーが文章の中で、

I admired, respected, and loved.

という三つの動詞を二たび、三たび繰返す時、グルーの念頭にまず浮んだ顔は、齋藤實の白髪の温顔であったろうと私は思う。なぜならグルーが『滞日十年』の本文の中で、はじめてこの三つの動詞を続けて用いたのは（本人が後に「まえがき」や「あとがき」を添えた時に、そのことを自覚していたかどうかはわからないが）、二・二六事件の翌日、齋藤家を弔問して、齋藤大将の遺体に最後の別れを告げた時だったからである。「夫人は私に齋藤の顔を見たいかどうかをたずね、白い布を取りのけた。弾の傷が一つありありと見えたが（それは三十六の弾の傷の一つでしかない）、齋藤大将の顔はいかにも安らかにおだやかに見えた。実際どれほど私たちは齋藤子爵を愛し、尊敬し、すばらしい人と感嘆してきたことだろう。」――その三つの動詞の暗合に初めて気がついた時、私は齋藤夫妻の印象がいかに深くグルーの脳裏に刻まれたものであるかをあらためて感じた。死んでなお祖国のために尽す、齋藤實の護国の霊という感を禁じ得なかった。

「日本の、下劣な騙し討ち」

アメリカの文芸評論家エドマンド・ウィルソンの主著『憂国の血糊』（一九六一年刊）は南北戦争とその文学を論じて名著の誉れが高いが、その「序論」は第二次世界大戦にまつわる通説を叩いて、リンカーンの北軍にのみ正義があったのでないと同様、ルーズヴェルトの米国にのみ正義があったのでないことを痛論して、多くの反響と反論を呼んだ一文である。

ウィルソンは日本海軍の真珠湾攻撃について、次のように書いている。

パール・ハーバーの我が米国海軍に対する攻撃は、アメリカの民衆神話の中では、南軍によるフォート・サムナー砲撃以上に憎むべき、下劣な騙《だま》し討《う》ちということになっている。しかしCharles A. BeardやHarry Elmer Barnesその他の説くところによると、日本軍の真珠湾奇襲は我がアメリカ政府当局者によって予見されていたという。ビアドやバーンズのこの説は間然するところがなく、私にはいかにも納得的であるように思える。すなわちアメリカ政府は、敵側に最初に叩かせるために、故意に奇襲を防がなかったのだという。……我々が日本に対して宣戦を布告するや否やドイツはアメリカに対して宣戦を布告した。我々は第一次世界大戦と同様ふたたびヨーロッパに兵を送り、ふたたび太平洋に兵を送った。そしてこの第一次世界大戦を上廻る大規模な戦闘において三十七万五千のアメリカ人が死んだのである。……我々アメリカ人は近代戦に伴う恐ろしい武器の数々を使用したが、その最頂点は広島ならびに長崎に対する原子爆弾投下であった。――当時、物理学者、化学者、生物学者から成る一委員会は、原爆投下に伴う社会的政治的反響を考慮して、国際聯合の諸代表を集めた前で、日本国民に対する警告として、原爆投下の実験を公開するよう勧告した。その公式委員会の報告文には次のように出ている。

「ロケット爆弾よりも千倍も破壊力があり、無差別的なこの新型爆弾をひそかに製造し、突然投下するような国民は、将来国際条約によってこの種の新兵器の廃止を訴えたところで、世界の何人《なんびと》によってもまず信用されることはないであろう。……原子爆弾の破壊力についての真実を教えられた時、アメリカの世論は米国が、一般市民を無差別な方法で完全に殺戮《さつりく》するこの兵器を最初に使用したことを果して良しと是《ぜ》認《にん》するであろうか。……日本に対する不意打ちの原爆使用によって得られる軍事的利点、それによって救われる米国兵士の命の数も、それによって失われる世界における米国の信用、それによって生ずる米国に対する反感と嫌悪《けんお》の情に比べれば、取るに足らないものである。」

一九四一年（昭和十六年）、ルーズヴェルトは、米国が参戦しない限り英国が対独戦に勝利をおさめることはできない、と考えていた。チャーチル英首相や蔣介石総統も、米国の参戦を心底から待ち望んでいた。しかし孤立主義的傾向の強いアメリカ国民を挙国一致して大戦に参加させるためには、大義名分とショックとが是非とも必要であった。すなわち日本軍が米軍に対して先制攻撃を加えるならば、それをきっかけに米国世論を戦争へ駆り立てることができる。歴史家の伝えるところによれば、ルーズヴェルトは日本海軍に撃沈される（撃沈する、ではない）のが目的で、一九四一年晩秋、フィリピンの基地からアメリカの小艦艇を故意に日本艦隊のいる方角へ向けて出航させたともいわれる。もっともその小艦艇は日本艦隊と遭遇せず、撃沈されるという使命を果さずに引返した（フランスの歴史雑誌 *Historia* 一九五九年による）。そしてそのような挑発計画がまったく不用となるような、日本機動部隊による真珠湾攻撃といういかにも派手な形で、太平洋戦争ははじまったのである。ルーズヴェルト大統領は一九四一年十二月八日、対日宣戦布告の承認を求めて米国議会にメッセージを送った。

昨日、一九四一年十二月七日、アメリカ合衆国は出し抜けに、意図《いと》的に日本帝国の海空軍によって攻撃された。この日は汚辱《おじょく》の日として永く歴史に残るであろう。……ハワイと日本との距離を考えるならばこの攻撃が何日も、いや何週間も前から意図的に計画されたものであることは明瞭である。その間、日本政府は平和の継続を希望する虚偽《きょぎ》の陳述と言葉によって意図的に米国を騙し続けた。……我々はただ単に自国を防衛するのみならず、この種の闇打ちが二度と我国を危殆《きたい》に瀕《ひん》せしめることのないよう我等の全努力を傾注《けいちゅう》せねばならない。……挑発しなかったにもかかわらず、日本が卑劣にも攻撃をしかけた、日曜日、一九四一年十二月七日以来、米国と日本の間には戦争状態が発生した。その旨米国議会が宣言することを要請する。

ここに抄した条りには deliberately「意図的に」という副詞が三回繰返され、infamy「汚辱」、treachery「闇討ち」、unprovoked and dastardly attack「挑発しなかったにもかかわらず、卑劣にも攻撃（をしかけた）」など、およそ日本を悪者に仕立てる上で効果的な表現が、これでもか、これでもか、とどぎつく繰返されている。「日曜日」という日付さえ、日曜日の朝の不意打ちを強調するために使われている。ルーズヴェルトは部下が用意した演説草稿に、自分で筆を取ってその毒を含んだ言葉の幾つかを補筆したのだという。

ルーズヴェルトは、日本が先に手を出したと聞いた時、これで米国民を戦争へ引きこめると思ったに相違ない。とくに三日後、独伊が三国同盟を遵守して米国に宣戦を布告した時は、これで良し、とほっとしたに相違ない。しかしそれにしても真珠湾における米海軍の損害は予想以上であった。アメリカ国民の間には「日本の、下劣な騙し討ち」という記憶が固着した。アメリカでは day of infamy「汚辱の日」といえば、それは一九四一年十二月七日をさすこととなっている。それは戦艦アリゾナ以下が爆沈したから汚辱なのではない。日本が、挑発しなかったにもかかわらず、卑劣にも攻撃をしかけたから汚辱だというのである。

しかし日米開戦については別様の見方もあり得る。たとえば日独伊三国同盟の一国である枢軸側イタリアの外務大臣チアーノは、ムッソリーニ首相の女婿《じょせい》で、後に平和を策してファシストの手で処刑された人だが、日米開戦に先立つ四日前の日記に次のように書いている。

一九四一年十二月三日。日本大使がムッソリーニ総統に面会を求め、日米交渉の進捗状況について長い声明文を読みあげた。その結論は、交渉は行き詰った、というのである。日本大使はそれから日独伊三国同盟の条項に照して、日米間に戦闘状態が発生するや否や、イタリアも米国に対して宣戦を布告するよう要請した。その言葉を通訳していた通訳官の体はまるで木の葉のようにふるえていた。……
いったいこの新事態はなにを意味するのか。アメリカ国民を直接この大戦に引込むことのできなかったルーズヴェルトは、間接的な操作で、すなわち日本が米国を攻撃せざるを得ない事態に追いこむことによって、大戦参加に成功したのだ。

このイタリア外相の醒《さ》めた見方に接すると、日本の軍部も政府も、ものの見事にルーズヴェルトに一杯喰わされた、という感を禁じ得ない。それではエドマンド・ウィルソンの修正主義的見解がもっともかといえば、必ずしもそうとはいえない。大体、ルーズヴェルトの挑発に乗るような昭和十年代の軍国主義日本は、大人《おとな》の智恵が足りなかった、という意味でも到底立派とは言いかねる面が多々あったのである。軍部と政府と、双頭の蛇のようにのた打ちまわる拡張主義の日本を、ルーズヴェルトとしても坐視《ざし》するにしのびがたかったにちがいない。

グルーはルーズヴェルトの高等政策についてもそれなりに感知するところもあったであろう。しかし駐日大使としてのグルーの使命は、あくまで日米戦争の回避にあった。米国の国益を損《そこ》ねず、なんらの原則上の譲歩もせずに日米両国は戦争を回避し得たはずだ、という考えは、太平洋戦争勃発後もグルーの脳裏を去らなかった。昭和十七年夏帰米したグルーが日本に対して「穏やかな平和」を説いた背景には、昭和十六年の日米交渉における非は必ずしも日本側のみにあったのではない、という自覚もひそんでいたように思われる。

米国左翼のグルー評

一九四四年五月、グルーが『滞日十年』を公刊した時、書評はおおむね好意的であったが、中には毒を含んだ批評もないわけではなかった。もっとも痛烈なのは六月三日の『ネーション』に出たビッソンT.A. Bissonの一文で、グルーを宥和《ゆうわ》主義者だと決めつけた。

我々アメリカ人は遅まきながら（駐独イギリス大使）ネヴィル・ヘンダーソンのベルリンでの使命が失敗に終ったことを学んだ。だがヘンダーソンの宥和政策と東京におけるジョーゼフ・グルーの使命の失敗との間になんらかの本質的な相違があるであろうか？　いずれも千九百三十年代の初期にはじまり長期にわたって遂行されてきた外交政策の必然の帰結に過ぎない。ドイツに占領されたチェコスロヴァキアと日本に占領された中国の運命がこのように平行線をたどってきたのは決して偶然ではない。二つの事件の進展に共通する特徴は、英米両国がヨーロッパとアジアで擡頭《たいとう》しつつあった侵略勢力に対して断乎たる抵抗の姿勢を取ることをいやがった、という事実である。しかし『滞日十年』のどこにもその歴史の教訓に学んだ片鱗《へんりん》すらうかがわれないのだ。……グルーは自分が主として接触した宮中関係者や財界の指導者が日本の「穏健な」指導者だと考え、日本の戦後の希望を彼等に託しているらしい。だが彼等が健全な民主化の基礎などになり得るはずはない。彼等が民主主義を支える柱などになり得るはずはない。もし彼等を目《もく》して民主主義の柱などと目することがあるならば、その結果は幻滅に終るに相違ない。彼等は、日本の民衆よりも軍国主義者によほど近い連中なのだ。便宜的な手段として、敗戦後の日本には「懲《こ》らしめを受けた」天皇の下に「穏健派」から成る政府を作るよう献策する人が出るだろうが、長い目から見て、そのような内閣が日本で機能するはずはない。おそかれはやかれ――多分はやく――軍国主義者がカム・バックし、彼等と顔馴染《かおなじみ》の「穏健派」と称する同僚たちと手に手をつないで日本を支配するであろう。日本人民の真の代表者によって組織され、指導された、グラス・ルーツの運動のみが真に民主的な政府を日本に樹立するのである。そしてその政府のみが地についたものとなるのである。これが我々アメリカ国民が戦い取り講和の際に要求する条件であらねばならない。我々が二度と太平洋で戦うことのないようにするためにはこれだけが最終的な保証となるのである。

同じ日の雑誌『ニューヨーカー』には次のような批評も出た。

ジョーゼフ・グルーの『滞日十年』にはジョーゼフ・デイヴィーズの『モスコーへの使命』をきわだたせた自己劇化の要素に欠けている。これでは映画会社が『滞日十年』を映画に仕立てることはまずないであろう。グルー氏は、雄弁なウェールズ系の理想主義者で敏腕の会社法律顧問であるデイヴィーズ氏とは全然違う。グルー氏は伝統的な職業外交官の典型で——ボストンに生れ、名門校グロートンとハーヴァードを卒業し、しかも富豪モルガンの従弟にあたる。……

この本を読み了えて気がつくことは、大学を出て他の職業経験なしにすぐ職業的外交官となったような人間には、一国の国民の生活がまるで眼にはいらない、ということだ。グルー氏は職業柄どうしても接触しなければならなかった日本の統治階級のある部分以外は全然なにも観察していない。……グルー氏は観察に興味がない人ではなかった。（例えば折角の宴会が日本では裸電球のために台無しになっている、などと指摘している。）しかしグルー氏は、自分が接触した人たちについても「自由主義者」と「軍国主義者」という単純な区別しかしていない。気楽な物腰の貴族と石のように硬《こわ》ばった貴族という区別しかしていない。日本人に対して彼が払う最大の讃辞は「彼は世界の最大の紳士の一人だ」という言い方で、これはとりもなおさずその日本人を西洋流の理想に照してグルーの小宇宙《コスモス》に入会を許すことである。日本で八年を過した後、ある日本の貴族の葬式に際してグルーが言うことは、

「徳川さんとか、近衛家の人々とか、松平、松方などという日本の名門は要するにアメリカの名門、

ソールトンストール家、セッジウィック家、ピーボディ家などと同じことだ。私たちはその人たちの地位や影響力や評判や人柄やその人間関係を、ボストンの同様のグループと同じようによく知っている。そして彼等も私たちをいわば彼等の一部とみなして仲間に受入れてくれたのだと感じた」……

要するにグルーは日本のスミスとかジョーンズにあたる庶民連中とはまるでつきあいがなかったのだ。彼の書物には日本の産業生活について、日本の農民についてなにも出ていない。西洋思想にかぶれた勉強好きの日本の若い学生たちについてなにも書いていない。……もっともそうだからといってグルー氏が人間的な、開けた人物でない、と評者はいっているわけではない。氏はメッテルニッヒ流のシニシズムの片鱗《へんりん》だにない人で、古い、迂回的な外交術を軽蔑している。彼は間違いなく日本人の多くに愛されたらしい。日本人は彼が真に信用できる人間であることを感じたのだ。……しかしこれほど教育のある人がこれほど長く一外国に滞在しながら、その国の文化にこれほど僅かしか注意を払わず、その社会の分析に完全に失敗しているとはまったく驚くほかはない。

グルーはモルガン財閥の親戚ということで常に筋違いの非難を浴びてきたが、この批評でもグルーの出自《しゆつじ》がもっぱら問題となっている。筆者は *Book Review Digest 1944*（書評書誌）を頼りに『滞日十年』に対する批評を集めたのだが、右の『ニューヨーカー』の書評をいちばん質の低いものに感じた。しかしこの一文の執筆者がほかならぬエドマンド・ウィルソンなのである。昭和十年代の日本がもし仮にアメリカに似た大衆民主主義の国であったならば、米国大使は確かに少数の指導者層以外にももっと注意を払うべきだったろう。しかし当時の日本は、大衆が政治（とくに外交）から疎外された国であった。（それだけに敗戦後、日本国民の多くは戦争責任を軍部をはじめとする他者に転嫁し得たのだし、ある種の知識人は占領軍による解放に快哉《かいさい》を叫んだのである。）しかしそれにしても、このないものねだりに似た書評は、『憂国の血糊』の文章と格調において違いがあり過ぎる。筆者は同名異人ではないかと訝《いぶか》り、米人にたずねたが、『ニューヨーカー』の書評欄ならばやはり例の高名な文芸批評家だろう、という判断であった。ウィルソンの妻だった閨秀《けいしゅう》作家で『グループ』の著者でもあるメアリー・マッカーシーは離婚した後、国務省の官吏と再婚しているが、エドマンド・ウィルソンの異常なまでの職業外交官に対する八つ当りには、そうした私的事情もからんでいたのであろうか。ウィルソンもミュンヘンの年に英米の宥和政策を非難し、パール・ハーバーの「汚辱の日」の当日にルーズヴェルトの戦争介入政策を難詰《なんきつ》していたのであれば、先見の明を誇ることもできただろう。だが時流に乗じたウィルソンの政治論議は、やはり文芸評論家の後智慧という感を免れない。

米国という国は、建国の理念やお国柄からして、職業外交官の育ちにくい国なのであろう。エドマンド・ウィルソンのような「世論」が幅を利かすアメリカで、対日政策の決定はいかなる影響の下に成されるのか。Doing business with Hirohito「天皇とグルになっている」とまで米国の新聞に書きたてられたキャリヤー外交官、グルーの苦心について次に一瞥《いちべつ》してみたい。

ポツダム宣言から消された条り

グルーは、日本暦でいえば大正年間の末に、四十代で国務次官を勤めたことがある。それが一九四四年(昭和十九年)五月、ホーンベックの後を継いで国務省の極東局長として返り咲き、十二月には新任のステッティニアス国務長官の下で、ふたたび国務次官となった。年はすでに六十四であったが、戦後の日本処理になんらかの影響力を行使し得ると思うと働き甲斐《がい》があった。

日本と違って、米国では議会の力が絶大であり、官僚の力は相対的に弱い。グルーの国務次官就任に関して一上院議員が『フィラデルフィア・リコード』紙の論説を読みあげて、グルーは日本の天皇制を保持しようと画策しているようだが、と非難した。グルーは議会の外交委員会の席上で天皇問題について釈明し、日本の天皇は女王蜂のようなものである、というたとえに似た説明をした。

「天皇は蜂の巣のすべての蜂から尊敬されている。しかし蜂の群が新しい巣を求めて移動するような際に、決定を下すのは女王蜂ではない。蜂の巣全体が唸り出して、その時突然女王蜂が巣の外へ押し出される。すると蜂の大群がみなそれに従って行動するのである。もしこの蜂の大群の中から女王蜂を取りのぞいてしまえば、後には大混乱が生じるだけであろう」

日本の指導層の一部の人々が天皇のラジオ放送による終戦をひそかに考えていたように、グルーも混乱のない終戦は天皇の名による詔勅の発布以外にはあり得ない、と考えていた。そして聯合国側が天皇制の廃止を要求するような降伏条件を日本に課すならば、天皇が終戦の詔勅を出すことはあり得ない、とも考えていた。日本国民の大多数が天皇制の維持を望んでいることは、サイパン島その他で抑留された日本人を調査した結果からも明らかだった。日本軍捕虜の中で米軍に協力した者でも、天皇に対して悪口めいたことを言う者は少かった。

一九四五年四月五日には旧知の鈴木貫太郎が重臣たちに支持されて首相に選ばれた。鈴木は就任早々、ルーズヴェルト大統領の逝去に際して米国民に深甚の弔意を表するという挨拶を送ってきた。

グルーの記録を集めた Joseph Grew : *Turbulent Era*『激動の時代』によると、ルーズヴェルトの急死によって実質的な外交権限の多くを握った当時のグルーが、次のように米政府の最高首脳に働きかけていたことが知られる。グルーがにわかに急いだのは、五百旗頭《いおきべ》真教授も推理するように、彼が五月八日、スティムソン陸軍長官から「S1」、すなわち原子爆弾のことを知らされたからであろう。日本の降伏と再建の担い手として彼が信頼する天皇周辺のリベラルが焼き殺されてしまえば、グルーの描くような平和の回復はあり得ない。日本の健全な再出発も米日友好関係の樹立も非常に難しくなるだろう。以下グルーの記録はいう。

一九四五年（昭和二十年）五月二十八日。

今朝自分は国務長官代行の資格でトルーマン大統領に会見を求め、大統領特別補佐官サミュエル・ローゼンマン判事と同席で、大統領に面会した。自分の面談の要旨は次の通りである。

対日戦を遂行するにあたり、基本的考えは、我々はあくまで日本が二度と世界平和の脅威となることのないようにするという主要目的達成のために、現在も将来もあらゆる犠牲を惜しんではならない、ということである。これは日本の戦争遂行能力そのものを破壊し、かつ日本がそうした戦争遂行能力を生産する力をも破壊するということである。日本の軍事機構は完全に破壊されねばならず、また出来得る限り、日本の軍国主義信仰も抹殺《まっさつ》しなければならない。

以上の基本的考えを前提として、その目標達成に際しては、アメリカ兵の人命損失が最小となるよう努力しなければならない。それであるから、我々は、我々の基本的原則や目標を毫《ごう》も犠牲にすることなく、しかも日本がいますぐにも無条件に降伏しやすいような措置《そち》があるならば、その措置を入念に検討してみる必要がある。

私はおよそ日本人がするであろうことを確信をもって予言しようとしたことはかつてないが、日本人はファナティックな国民であって、いざとなれば最後の一人まで戦うことを辞さぬ国民である、ということを銘記せねばならぬ。もしそのような事態になれば、アメリカ側の人命の損失は予測できぬほど多大なものとなろう。

日本側にとって無条件降伏の最大の障害となるものは、無条件降伏をすればそれが天皇ならびに天皇制の永久的排除ないしは廃止につながるのではないか、と考えているからである。もしいま日本国民に対して、完全な敗北を喫し、将来二度と戦争をしかける力を奪われた上は、日本の将来の政治形態については自国民の手で決定することが許される旨なんらかの形で通告すれば、日本国民は面目《めんぼく》を失墜《しっつい》せずにすむわけである。その保障なしには降伏はきわめて考え難い。

この種の声明は、たとえば二日前に行われた（日本時間五月二十五日の）東京大空襲の直後にでも公表されれば最大の効果を発揮するであろう。……

日本国民から天皇ならびに天皇制を奪うという考えは不健全である。なぜなら我々が背を向けた途端に——我々アメリカ軍とても日本を永久に占領するようなことはできない——日本国民は疑いなく天皇と天皇制を復活するにちがいないからである。長期的展望に立つならば、我々が日本に望み得る最良の政治形態は立憲君主制を発展させることであろう。過去の経験から徴《ちよう》するに、日本でアメリカ式民主主義がうまく機能するとは思えない。

天皇と天皇制とが日本の侵略的軍国主義の根底にあるとみなす人々は歴史の事実にうとい人々である。……

以上の事実から間違いなく次のことがいえる。日本が軍国主義となるには必ずしも天皇を必要とせず、また日本に天皇がいるから国民が軍国主義者になったというわけではない。別の言葉でいえば、日本の軍国主義は軍閥支配と軍国信仰によって生じたものである。軍部は天皇をも自己の支配下におさめ、天皇側近の重臣を無力化することに成功した。天皇側近の重臣たちは真珠湾攻撃に先立つ数年、この過激な軍部を抑えようとして全力を尽したのである。一九三六年（昭和十一年）の二・二六事件は、天皇周辺の平和志向の重臣たちを排除するという狙いをもって行われた。……


日本では当時相前後して鈴木貫太郎首相が、帝国議会で天皇ならびに皇室の平和的性格に言及し、かつての自分のサンフランシスコ演説にもふれていた。グルーはポツダム宣言の草稿ともいうべき案文の起草を命ぜられた。その第十二条の前半はほぼ現行に近い。

日本国国民ヲ代表スル性格ノ、平和的傾向ヲ有シ、且ツ責任アル政府ガ樹立セラルルニオイテハ、聯合国ノ占領軍ハ、直チニ日本国ヨリ撤収スベキモノトス。

そしてその後に次の一文が原案にはあった。いま英文で示すと、

This may include a constitutional monarchy under the present dynasty if the peaceloving nations can be convinced of the genuine determination of such a government to follow policies of peace which will render impossible the future development of aggressive militarism in Japan.

以上ハ現皇室ニヨル立憲君主制ヲモ含ミ得ルモノトス。

そしてその条件として、世界の「平和愛好諸国ガ、日本ニオケル侵略的軍国主義ノ将来ニオケル発展ヲ不可能トスル、平和ノ政策ヲ奉ズル、責任アル日本政府ノ決意ヲ真正ノモノトシテ確信シウル際ニハ」という但し書が付されていた。

この原案をグルーが書き了えた時、たまたま国務長官がステッティニアス（六月二十七日辞任）からバーンズ（七月三日就任）に代った。新国務長官の承認を求めようとしたグルー次官は、まず省内でアーチボールド・マクリーシュやディーン・アチソン等の反対に遭った。グルーの提言は国務省内でも知日派以外の支持は得られなかったのである。

反対理由はさまざまあった。日本を徹底的に屈伏《くっぷく》させるためには一九四三年十二月の「カイロ宣言」以来

聯合国が繰返し要求してきた無条件降伏でなければ駄目だ。天皇制の保存を認めてしまったならば条件付き降伏となり、日本側の要求を容れることとなってしまう、という者がいた。それからまた例の、天皇制の保存は日本を帝国主義的侵略へ駆り立てた封建的・反動的勢力の温存につながるものだ、という説を繰返す者がいた。国務省内部ではこの頃になってグルーやドーマン等日本専門家と中国専門家の間に激しい対立が生じた。中国通のオーウェン・ラティモアは日本の君主制の廃止を唱えた。「日本の皇族は全員終身中国へ追放すべし」というのがラティモアの案であった。国務省の外部でも『ネーション』――先にグルーの『滞日十年』を酷評したビッソンの書評を載せた雑誌である――『ニュー・リパブリック』などが、国務省内の知日派は「危険な専門家」だときめつけた。

新任のバーンズ国務長官は、日米開戦当時の国務長官で米国議会の空気をよく心得ているコーデル・ハルに電話で意見を求めた。

「立憲君主制保全の可能性を明記すると、宥和政策と取られてまずいぞ」

というのが先輩ハルの忠告であった。そうした保障を明記したポツダム宣言を公表して、それをもし日本が受諾しなかった場合には、米国内における政治的反響が大変だ、米政府は敵に弱腰を見せたという非難を浴びるぞ、という読みである。そうした保障の明記は米国の抗戦意志の弱化として日本側に受取られるかもしれない。それに当時のアメリカ国内の世論は、六月二十九日発表のギャラップ調査によれば、

天皇を処刑せよ。	三十三パーセント
天皇を裁判にかけるか、終身刑に処するか、外国へ追放せよ。	三十七パーセント
天皇をそのまま残すか、操り人形として利用せよ。	七パーセント

という反日気分の横溢《おういつ》を示していた。バーンズ国務長官は、ポツダム宣言草案第十二条の後半について結局グルーになにも確答を与えず、ポツダムへ向け出発した。原子爆弾の開発に成功した米国は、日本がポツダム宣言を受諾しないならば、それを投下する、という決意を最上層でかためた。そして天皇制の保全について明記した条りを草案から削って、ポツダム宣言を七月二十六日に公表したのであった。

鈴木貫太郎首相は、腹では早期戦争終結を意図しながら、七月二十八日ポツダム宣言を黙殺すると述べたために、アメリカに原子爆弾投下の口実を与え、ソ連に対日参戦の口実を与えた。（イギリス外務省は、鈴木が国内政治上必要に迫られて「黙殺」という言葉を使ったにせよ、実際にはこれはポツダム宣言の拒否には当らない、と見ていた〈入江昭著『日米戦争』、中央公論社、三〇八ページ〉。）グルーも鈴木の記者会見の unworthy of public notice と訳された談話については「全く愚しい措置とはいえないとしてもきわめて不幸な」談話だった、と後年批評している。しかしグルーの原案がポツダム宣言第十二条の後半に生かされていたら、事態はどう変ったであろうか。国体の護持が念頭にあった鈴木は、

「私はあの共同声明はカイロ会談の焼き直しであると考へてゐる」

とは絶対に言わなかったであろう。また、

「政府としては何ら重大な価値ありとは考へない。ただ黙殺するだけである」

とも言わなかったであろう。

しかしだからといって、天皇制の保全が明記されていた際、鈴木内閣が閣内意志の統一に成功して直ちにポツダム宣言の受諾による降伏に踏み切れたかといえば、それはわからない。日本政府は依然としてソ連政府からの近衛特使派遣に関する返事を待ち続けていたのではあるまいか。そしてアメリカは、やはりなんらかの別の口実を設けて、原子爆弾を使用していたのではあるまいか。

しかしグルーは戦後、自分の原案が完全にポツダム宣言に生かされていたならば、日本に原子爆弾を落さ

ずに済んだものを、という無念の情を禁じ得なかったようである。"soft peace boys"として国務省の内外から指弾されたグルーとその部下たちであった。ちょうど日本で「軟弱外交」という語に侮蔑の意味がこめられがちなように、穏やかな、リベラルな和平の策を説いたグルーらは、やがて国務省にも居たたまれなくなるのである。もちろん彼等がマッカーサー総司令部に顧問として起用されるなどということもあり得ないことであった。

終戦を成しとげた鈴木貫太郎は昭和二十年八月十五日、首相を辞職したが、同じ日、ワシントンではジョーゼフ・グルーも国務次官の職を辞した。

しかし一部の共和党議員は「宥和主義者」グルーにたいする追及の手をゆるめなかった。戦争はすでに終っていたが十一月、グルーは国会の委員会に喚問された。真珠湾が奇襲されたのは在日米国大使館の情報収集活動に欠陥があったためではないか、という取調べであった。『滞日十年』にはグルーに都合のよいことばかりが出ているが、編集される以前の、元のままのグルーの十三冊の日記を委員会に提出してもらいたい、という要求であった。グルーは日記は私物である、自分の大使としての公式見解は一九四一年当時の国務省へ宛てた公電や通信の中にすべて述べてある、として日記の提出を拒絶した。そのころのグルーの身内の者へ宛てた手紙には、

「日記の提出を拒絶して、それで自分が投獄されるなら、されても構わない」

という決意が述べられていた由である。

繰返すが、日本では想像がつかぬほど議会の力が強大なアメリカなのである。議会はグルーに対して強制措置も考えないわけではなかったが、さすがにその件だけはうやむやに終った。

三方原の戦略

鈴木貫太郎は、兄は海軍大将、弟孝雄《たかお》は陸軍大将という出来のいい兄弟であった。孝雄は昭和二十年には靖国神社の宮司をしていたが、六月、一夜兄の鈴木首相を自邸に訪ねて、早期終戦を推め、それには中立関係を保っているソ連に和平の仲介を依頼してはどうか、と進言した。（当時の日本人がソ連の仲介をとかく考えたのは、日露戦争に際して中立関係を保っていた米国が和平の周旋をした記憶が強かったために、講和は第三者を介して行うもの、と頭から決めてかかったからでもあろう。）すると、鈴木首相は、

「それは駄目だ、日本にはまだ残存せる戦力がある。あくまでも戦って、戦い抜くのだ」

と、阿南陸相が平生説いている口調そのままで反駁《はんばく》した。孝雄もそれまでに言われると、

「兄貴には兄貴の戦略があるのだろう」

と木乃伊《ミイラ》取りが木乃伊になって辞去した。あとで孝雄大将はこう語った。

あのときには、政府はもうソ連仲介を決意し、ソ連政府と盛んに交渉していたのだそうだ。私は陸軍軍人でもまさか兄貴から聞いたからとて、それを筒ぬけに後輩連中に話すような真似はしない。話していいことと悪いことくらいは知っている。一時は余りな他人行儀に不快を感じたが、あとで成る程、あれぐらいに用心しなければ事が破れると考えたのだなと気がつき、やはり兄貴は兄貴だけのことはあると見直したよ。

『鈴木貫太郎伝』に拾われたこの挿話には、身内の人の好意的解釈が混っているかもしれない。しかし鈴木貫太郎が一面では「国民諸君は私の屍を踏みこえて」という戦争継続の決意を披瀝《ひれき》していたからこそ、内閣を倒されもせず、うまく終戦に持ちこめた、という反面もあったのではあるまいか。

昭和二十年九月末、『ライフ』誌の記者カール・マイダンスはジープで靖国神社に乗りつけた。もんぺ姿

の日本の女たちが台風の後の枝を拾い、落葉を掃ききよめていた。アメリカ人記者の一行が、東京の焼跡を走り抜けて靖国神社をたずねたのは、しかし戦死した敵国戦士の霊に弔意を表するためではなかった。鈴木孝雄宮司を通して、所在をくらましている鈴木貫太郎前首相に面会を求めるためであった。八月十五日早朝、自宅を右翼の暴徒に焼かれた鈴木貫太郎はその後も友人の家を転々としていたが、その夜、郊外のとある家で、米人記者団との初会見に応じた。当時の米軍将兵は日本人の家に靴もぬがずにあがりこんだものだが、マイダンスはさすがに前首相に敬意を表して、靴をぬいで、障子のきしる日本間の応接室へはいった。

会見は、鈴木側の申出に従い、政治にわたる話は抜きにするという約束だった。鈴木は健康のことなど話したが、会話はすぐに途切れた。そこで米人記者が言った。日本人を正しく理解するには自由な言論と率直な意見表明以外に道はない、是非もっと話していただきたい。すると鈴木は、

「あなた方がそういうおつもりなら、それでは話しましょう」

と言って記者たちに向い、自分がかつて一九一八年サンフランシスコを訪れた際どのような演説をしたかを語り、昭和二十年六月の帝国議会でもそれを引用し、日米が戦えば「必ずや両国共に天罰を受くべし」と言ったために、護国同志会の人々から激しい非難を浴びたが、しかしその際、議会内外から早期終戦に持ちこむようにという支持も受け、多くの手紙ももらったむねを述べた。

マイダンスはいまだに日本に対する敵愾心《てきがいしん》が抜けずにいたが、鈴木の笑顔と温容には人を魅せずにはおかぬなにかがあった。“The old admiral is an impressive speaker.”というのが彼が『ライフ』に送った記事の一節であった。マイダンスはその六月九日の施政方針演説の中には、一面では平和を示唆しているが、他面では「断乎戦ひ抜く許りであります」「我々は一に戦ふのみであります」「今や我々は全力を挙げて戦ひ抜くべきであります」とも言っているではないか、と鈴木の矛盾をつこうとも考えたが、その面会の席で追及することはさし控えた。

しかし鈴木の態度は必ずしも矛盾しているとはいえないのである。陸軍長官としてルーズヴェルト、トルーマン両大統領に仕えて、米国政府でもっとも重きをなしたスティムソンは、当時の米国最上層の考えを伝記、Henry L. Stimson : *On Active Service in Peace and War* の六二八ページに次のように書いている。

平和の条件について日本側からさぐりが入れられ、日本側の抗戦意志の低下が報告された。すると米国の最高層の指導者は、その条件を考慮するなどということはいっさいせず、もっともっと日本を締めつけてやれ、日本の指導者どもに、日本側の立場はもう救いようがない、ということを思い知らせてやれ、と考えた。戦争というのは本来そういう性質のものである。戦争もボクシングと同じである。相手が弱みを見せた時、折角勝ちかけている方がパンチを控える、などということは常識では考えられない。

アメリカという国が力の論理に立っている以上、日本側も弱みを見せてはならなかったのだ。鈴木貫太郎は、秋山真之と同世代の海軍軍人として、日本の戦史や軍略にも深い関心を示した人だが、その鈴木が好んだ話は、武田勢と戦って不利におちいった時の三方原《みかたがはら》における徳川家康の態度であった。いまは膝を屈して武田の軍門に降《くだ》るよりほかに策はない、と家臣が異口同音《いくどうおん》に言ったが、家康はその献策に耳をかさず、全軍に令して城中へ引揚げさせた。そして城門を大きく開いたままにさせたのである。徳川の家来も、追ってきた武田の軍勢も何事かと驚いたが、そこで家康は、

「来るならば、来い」

という挑戦的なしぐさを武田勢に示した。家康といえば狡智《こうち》で聞えた男である。勝ちに乗じた武田軍もその振舞いに、かえって神謀奇略が秘められていると観じ、武田勢は大きく開いた城門から中へはいるのをためらって結局引揚げた。家康の不敵な策に騙された、と気がついた時は後の祭りであった。あの時、城に攻

めこめば、徳川勢をみなごろしにして武田勢は一気に勝ちを制することもできたのである。

鈴木は昭和二十年の春にも好んでこの話を繰返した。はたの者は、鈴木が米軍が本土侵攻の際、その軍門に降らず、この軍略を取るのかと思った、という。しかし鈴木が家康の三方原軍略に託して言いたかったことは、日本の指導者は敵に弱みを見せてはならない、という軍人の智恵だったに相違ない。グルーは一九五〇年に五年前の日本の終戦決定を回顧して、鈴木がポツダム宣言を黙殺すると言明したのも、やはり東洋的な、自己の弱みを見せると敵側との交渉能力を弱める、という配慮によったのではないか、と解釈している。しかし先にふれた昭和二十年七月二十八日の新聞記者会見の席の、

「私は三国共同声明（註、ポツダム宣言、当時はまだソ連が参戦していなかったから、米英中の三国宣言であった）は、カイロ会談の焼き直しと思ふ。……ただ黙殺するだけである」

という鈴木首相の所信表明は、周知のように鈴木の発意によるのではなく、軍部の圧力に押されて、いわばその場しのぎに行ったものであるから、グルーの解釈はこの場合には当てはまらないように思われる。しかしいずれにせよ、鈴木のこの所信表明が外交的失点となったことは間違いない。


かつて足利将軍や徳川将軍が、天皇の権威を借りて日本国の統治に成功したように、マッカーサー将軍も、天皇を立てることによって、日本国の占領に成功した。アメリカ占領軍が結局、象徴としての天皇を認めたことを考えるなら、なぜアメリカはもっと早く、日本の「国体護持」の願いを容れなかったのか、その願いを容れておけば、原子爆弾は落さずにすみ、おそらく朝鮮は南北に分断されずに済んだであろう、という嘆きは今後も長く繰返されることであろう。

戦争をボクシングにたとえ、相手が弱みを見せた時に折角勝ちかけている方がパンチを控える、などというのは論外だ、日本人に向って汗を拭くようスポンジをほうってやるのはアメリカ人の務めではない、これ

は日本人が自分でしなければならぬことである、と述べた原子爆弾投下の最高責任者の一人、スティムソン陸軍長官も、前掲の伝記によれば、天皇の地位の問題については、一九四五年、グルー国務次官の献策を容れてもっと早くにその保障を明言しておけば、戦争は八月十五日以前に終っていたかもしれない、と後に信ずるようになったとのことである。米国側が天皇の将来の地位について言明することをのばしたために戦争は不必要に長びいたのかもしれない。しかしそれは歴史の審判を待つよりほかはないことだが……

トーマス・マンのラジオ放送

軍国主義日本は、意識的・無意識的にナチス・ドイツと比較された。日本の左翼知識人さえもが「上からの演繹《えんえき》」によって昭和史を独伊の歴史になぞらえて、矮小化《わいしょうか》したファシズムの歴史として説明しようとする傾向にあった以上（丸山眞男氏など）、日本について具体的な知識をもたない西洋人の大多数が、類推によって「ファシスト」の国日本を把握しようとしたのも無理はなかった。戦後処理についても米国人のある者は、対独政策と同性質の対日政策をもって臨《のぞ》もうとした。第一次世界大戦の戦後処理に失敗してドイツにおけるナチズムの擡頭を許した聯合国は、その轍《てつ》を踏むまいとして、ドイツに対して無条件降伏を要求した。この場合、「無条件降伏」という語の意味内容は、敵国ドイツの内政を占領軍によって管理し、その国家体質を聯合国に対して無害とするよう変革することの別表現であった。そしてそれと同様、日本に対しても無条件降伏を要求しようとした。占領軍によって、占領政策の一環として開かれた極東国際軍事法廷がニュールンベルク法廷のアジア版であることは明瞭であった。しかしナチス・ドイツに対する戦争と、日本に対する戦争とは、はたして同性質のものとみなして正しかったのであろうか。

戦時中のアメリカ人は、同じく敵国人でも西洋人であるドイツ人と、非西洋人である日本人に対するとでは非常に異なる感情を持っていた。その違いは当時のアメリカの戦争映画に露骨に出ている。ドイツ兵はきびきびとして規律正しく、愛国的な兵士、いわばアメリカ兵が対等に対処し得る兵士として描かれていた。それに対して背は低く、痩せて、眼鏡をかけた日本兵は、残虐で、仮借《かしゃく》なく、戦闘においても文明の規律を守らない兵士として描かれていた。ガダルカナル島のジャングルで日本軍に襲われた米兵は、「同じ戦って死ぬならヨーロッパ戦線で死にたい」と悲鳴にも似た訴えをあげた。

しかし、軍国主義日本は、ナチス・ドイツと違って、強制収容所でユダヤ人を大量殺害するような、組織的、計画的な残虐行為は犯していなかったのである。戦時中のハリウッド映画が流布したイメージは、個々の兵士のレベルでは、あるいは宣伝に相当する無慈悲で残酷な実体もあったかもしれない。しかし国家としてのドイツと国家としての日本には一線を劃する差があった。すくなくとも当時アメリカ合衆国に亡命していた一ドイツ人は、ルーズヴェルト大統領の死に際して示されたドイツ側の態度と日本側の態度との差異に深く打たれるところがあった。一九四五年四月十二日、フランクリン・ルーズヴェルト死去の報に接したトーマス・マンはその時の感慨を『ファウストゥス博士の成立』に次のように書いている。

> フランクリン・D・ルーズヴェルトの死。私たちは、周囲の世界が呼吸をとめたような思いで、呆然と立っていた……　私たちは、あの世へ旅立った人の未亡人に打つ電報の文案を練って、世界中から寄せられる敬意や哀悼の意の表明に心を打たれながら、一晩中ラジオに耳を傾けていた。

亡命したドイツ人だけに、マンは普通のアメリカ人以上に深い感慨にとらわれたのかもしれない。（またそれだけに国に残っていたドイツ人の間では、なにも米国大統領の死にドイツ人がそれほど呆然としなくてもいいだろう、という感情的反撥がマンに対して生じたのかもしれない。）しかしマンが世界中から寄せられる敬意や哀悼の辞に耳を傾けたのは真実の感動からであった。だから四月十九日、ドイツ国民向けの放送で、マンは次のように訴えている。

ドイツの聴取者の皆さん、

偉大なる人物が亡くなりました。政治家にして英雄、人類の友にして人類の導き手、自国民を一段と高い社会的自覚に目ざめさせ、自国民の力を国際社会とその平和のために用いるよう自国民を成熟させ、自分自身の命も力もそのために捧げた人、フランクリン・ルーズヴェルト大統領が亡くなりました。……

およそルーズヴェルトの人柄の魅力の擒《とりこ》とならなかったような人はありません。人類にとって、この運命的な時機にこれ以上大きな損失があり得ましょうか。ルーズヴェルトが彼の大事業を、それが完成する直前に、放棄せねばならなかったという悲劇は、すべての人の心を痛ましめます。またそれだけに全世界に彼の死を悼《いた》む情がひろがったのであります。ルーズヴェルトの友人や同盟国の人々が深く心を痛めたのも、チャーチル英首相という老戦士が涙を隠さなかったのも、スターリン書記長が故人にうやうやしく追悼の辞を捧げたのも、驚くには足りません。しかしドイツの皆さん、皆さんは日本帝国の鈴木貫太郎首相が故ルーズヴェルト大統領を偉大な指導者と呼び、その逝去に際してアメリカ国民に対して日本国の深甚なる弔意を表したことを、いったい何とお考えになりますか。

これは驚くべきことではないでしょうか。これは私たちアメリカにいる者にとっても意外な、驚くべきことでありました。ましてや皆さん、ドイツにいる人にとってはこれは理解しがたいことでありましょう。日本はいまアメリカと生死を賭《か》けた戦争をしています。野心的な封建的な一群の指導者が日本をこの戦争にひきずりこんだのです。だがナチスの国家社会主義がわがみじめなるドイツ国においてもたらしたと同じような道徳的破壊と道徳的麻痺《まひ》が、軍国主義の日本で生じたわけではなかった。あの東洋の国日本にはいまなお騎士道精神と人間の品位に対する感覚が存する。いまなお死に対する畏敬の念と偉大なるものに対する感覚が存する。これが独日両国の差異である。……

かつて世界でもっとも教養ある国民と自負したドイツ人が、いまルーズヴェルト大統領の死に際して、どのように振舞うかを見ると、つくづくドイツのみじめさが身にしみて感ぜられます。ルーズヴェルトはドイツの敵ではなかった、彼はドイツを破壊する者共の最強最大の敵であった。しかるにルーズヴェルトの死に際してドイツの新聞が書き立てたことといえば、愚鈍《ぐどん》なる嘲罵《ちょうば》の辞がそのすべてであった。ついで落ちぶれた恐怖政治家ヒトラーが現れて、布告文によって「運命は歴史上最大の戦争犯罪人ルーズヴェルトをこの地上より遠ざけた」と声明した。

なんという恥辱であるか、汝ヒトラーよ、汝人類の愚劣なる殺害者よ。汝の命運はもはや尽きた。ルーズヴェルトが汝の敵として起ちあがった時、汝の命運は尽きたのだ。その人は死んでなお汝にとって恐ろしき存在であるだろう。


鈴木貫太郎首相が昭和二十年四月、ルーズヴェルトの死に弔意を表したのは、ただ単に武士道精神に発した儀礼ではあるまい。日本国内向けの新聞には発表されず、海外向けの、それも東京放送と違って軍部の検閲のなかった、同盟通信にのみ出た談話であることも、それが和平への政治的配慮を含むサインであったことを裏書するように思える。しかしこの種の談話は、やはり鈴木貫太郎という首相の人柄を抜きにしては考えられない。東條首相はもとより、小磯國昭前首相の口からもおよそ考えられない性質の談話であろう。下に仕える人々も、東條首相や小磯首相にたいしては、戦局の推移とも関係はあろうが、仮にもこの種の弔意の表明を進言しかねたであろう。包容力のある鈴木の人柄とあいまって、はじめてこの弔意の言葉も真実なものとして訴えるのである。

鈴木貫太郎首相の和平への合図は、昭和二十年、グルーまでは届いたが、必ずしもアメリカ最高指導者からは、期待しただけの理解は得られなかった。その後書かれた太平洋戦争終結に関する英語の著書の中で、鈴木の姿が不当に歪められていることはすでにふれた。（たとえば「昭和二十年七月末の鈴木貫太郎は爆撃と恥辱に心身打ちくだかれて酒に酔っていたのだろう。彼は狂信的軍国主義者の暗殺を恐れて『ポツダム宣言』黙殺の声明を出したのだ」というのが『天皇ヒロヒト』の著者レナード・モズレーの解釈である。）

トーマス・マンがドイツ国民向けに放送する三日前に出た『タイム』誌（一九四五年四月十六日号）は、戦時下の反日気分も手伝って、侮蔑的な、

「皺の寄った、年老いた軍人鈴木貫太郎提督は、日本を降伏へと導く恥多き重荷を、そのかがんだ両の肩に担う人となるだろう」

という言葉で、新首相が直面する不名誉な難局を予言した。

しかしその前日に出た『ニューヨーク・タイムズ』紙に掲載された敵国鈴木首相の談話は、はしなくもトーマス・マンの目にふれて、故ルーズヴェルト大統領に対する他のいかなる追悼の辞にもまして、この亡命作家の心をゆさぶらずにはおかなかったのである。私は日本人の一人として、この事を鈴木貫太郎のためにやはり深い名誉と考える。

鈴木貫太郎は昭和二十三年四月十七日、故郷の千葉県関宿で癌に冒されて満八十歳で亡くなった。明滅する意識の中でほとんど口も利かなかったが、十六日の夜半過ぎたころ、非常にはっきりした声で、

「永遠の平和、永遠の平和」

と二度繰返して、それきりふたたび口を開かず逝《ゆ》いた。

あとがき（一九七八年八月）

私は過去一年をアメリカのメリーランド州で過し、次の一年をニュージャージー州で過す予定となっている。戦時中に少年時代を過した私にとってメリーランドといいニュージャージーといい、それは米国の州の名前であるより先に、日本海軍が真珠湾等で撃沈した（と大本営の平出大佐が発表した）アメリカの太平洋艦隊の戦艦の名前であった。私は比較文学の学徒であり、国際関係論の学者などと違って、太平洋戦争にまつわることをあれこれ論じるつもりは本来はなかった。それがいま四十代の半ばを過ぎて初めてアメリカに長期滞在し、以前二十代の半ばに仏、伊、独などの諸国に留学した時とはまったく違う、やや重苦しい意識にとらわれたのである。――どうも米軍占領下の日本で大学生であった自分が当時フランス文学を選んだのは、日本が米国と戦って敗れた、という苛烈《かれつ》な現実を直視することがいやで、それで交戦関係のなかったフランスの言語と文化を自分の第一志望に選んだのではなかったか、という反省であった。私がこのたび籍を置いたワシントンのウィルソン・センターが、場所柄、国際政治を私ごとき門外漢にも過度に意識させたせいかもしれない。しかしアメリカ合衆国が、フランスやイタリアと違って、日本が戦い、そして敗れ、そして今日のような同盟関係を結んでいる当の相手国だ、という事実は、なんとしても抜き差しならぬ歴史的事実として心に重くのしかかった。

私は昨秋ウィルソン・センターへ着いた直後、ワシントン・メリーランド地域の日本学会に出席した。アメリカの日本学会は大学教授だけでなく、国務省のお役人も多数まじっていた。当日いちばん突っこんだ発表をした人はＣＩＡ勤務であった。そして場所が米国の首府であるだけに日米関係に政治的関心を寄せている人の数が断然多かった。その席で日本人である私もいつかペーパーを発表していただけないか、という議長のメイヨー教授の挨拶があった。それでグルー大使と鈴木首相の関係についてこの機会に私なりに調べて、発表しようと心に決めた。ワシントンという場所で、鈴木貫太郎のために英語で弁ずるのも一つの愉快であろうと思ったからである。すくなくとも敗戦以来この方の日本の歴史を、米国製の「民主化」の歴史として、いつまでもあちらまかせに説明させておくべき筋合でもあるまい。とくに私たちにとって平和の恩人である鈴木貫太郎が多くの英文著書の中で不当に歪められているのを知った時、私は黙ってはいられなかった。

日本の学会と違って開放的なアメリカの学会は、質問も遠慮がなく直線的で、外国人である自分に対してもおよそ手加減はなかった。

「日本人は降伏決定に際して、国体という観念に非常にこだわったが、いまの若い世代はなんと思っているか」

という質問があった。私が、

「いまの若い世代にとって国体とは、国民体育大会の略称である」

と答えると、満場は爆笑した。

「しかし不思議なことに、日本人は天皇制のメリットをウォーターゲート事件によってあらためて感じるようになった。アメリカ人にとって大統領はただ単に首相ではない。首相以上のなにかである。幸い日本人は大統領がもつ憧れとしての対象や象徴としての機能は天皇一身の中に吸収させ、首相の機能は政治的なものに限定させてある。日本人はそれだから安全弁を持っているといってもよい。東條大将といえども日本のヒトラーとはなれなかったのはそのためである」

私がそう言った時、会場はまたしんと静まった。後で聞くと、グルー国務次官の下で、戦時中国務省で働いたバランタインも、ドイツやロシヤのように帝制を廃止した国に限ってヒトラーやスターリンのような独裁者が現れる、と説いていた、とのことである。なお誤解のないよう強調したい点は、これらの知日派の米国人は、ただ単に心情的に日本の古来の伝統を良しとしたのではない。それよりも安定した、友好的な日本こそが戦後の米国にとって大切なのだ、という米国の国益に対する配慮から、穏やかな平和を提唱したのだ、という点である。筆者のペーパーに対してはテンプル大学からハインリックス教授がコメントをしにみえた。もっとも教授は日本側の事情は御存知なかったので、聴衆の質問はことごとく私に向けられた。しかし教授のグルー大使の評伝（邦訳『日米外交とグルー』、原書房）は本文執筆に際して存分に利用させていただいた。ここに記して謝意を表する。

また四月にはこんなこともあった。ノーフォークにはマッカーサー記念館があるが、そこへ行くとマッカーサー小伝ともいうべき映画を見せてくれる。十一歳の私の長女が途中で「変だ、変だ」と言い出した。日本軍がもっぱら悪者として描かれ、しかも敗戦後はいかにも貧しげな服装をした小学生の男の子や女の子が、占領軍総司令部であった日比谷の第一生命ビルの前で、「ハッピー・バースデー・ツー・ユー」とマッカーサー元帥にむかって旗を振り、手を振り、歌っているからである。その夜、ノーフォークのホテルで、日本占領に関する日米シンポジウムの最後の晩餐会があった。その席上、米国在住の一日本人牧師が、「自分は海軍兵学校に在学中、日本が敗れ、マッカーサー将軍が日本に来てくださったお蔭で、神の道にはいることを得た、有難い」という元帥讃仰《さんごう》の大演説を始めた。私は途中でそっと席を立った。十一歳の娘でも「変だ」と感ずる節はあるのだ。この日本人牧師の英語演説を聞いて「妙だ」と感じながら、そこに坐ってデザートを食べることもあるまい。私はいわゆる反米派ではないが、国家の威信ないしは個人の品位に無関心なほど親米派ではない。私は、昭和二十年、大人たちが国体護持といった時、それを子供心にいいかえて「ある種のフィリッピン人みたいにはなりたくない。米国の一州になった方がまし、というような、そんな人間にはなりたくない」と感じたことを、あらためて思い出した。

しかしアメリカ軍による日本占領が、ドイツ軍によるフランス占領や、ソ連軍による東ヨーロッパ占領に比べて、はるかにましな占領であったこともまた疑いをいれない。学生時代の私は、フランス文学を学んだ評論家（加藤周一など）がレジスタンスの文学などと盛んに説いても、それが米軍占領に対する日本人の抵抗運動に応用が利くはずがない、と思っていた。マッカーサーという人は『回顧録』を読むと尊大で、時に滑稽だが、しかし一九四五年九月二日、日本代表が降伏文書に署名した際、元帥がミズーリ号上で行った演説が格調高いものであり、敗れた日本人にも訴えるところがあったことは否定できないと思う。

調べているうちに懐しいこともあった。終戦の詔勅は、天皇の言葉を拝した鈴木内閣の迫水久常書記官長が執筆し、安岡正篤氏に筆を入れてもらった由だが、両氏のつながりはお子さんが小学校同級で、迫水夫人と安岡夫人が親しかったから結ばれた縁であるという。実は筆者もその同じ級にいて、迫水久正君、安岡正泰君、そのお母さんたち、そして時に父兄会に現れた、眼光の鋭い迫水久常氏のことをはっきり覚えている。その私情が混っているから言うのではないが、八月十五日の日本の終戦の詔勅と、十二月八日の米国のルーズヴェルト大統領の開戦のメッセージと、一体どちらがより真実で、一体どちらがより格調の高い文章であるのか。私はそう軽々《けいけい》に米国の言い分のみを鵜呑《うの》みすることはできない、と感じている。

極東国際軍事法廷は、日本人である私にとっては「勝者の裁判」を、趣味の悪いショーをやっている、という感じであった。しかしその際、米国人弁護人の努力が日本人の心を打ったように、日米関係悪化の中で、同国人に「天皇の使徒」apostle of the Emperorとまで罵られながら、日米双方の共通の利益のために努力を惜しまなかったグルーのごとき人がいたことは、やはり私たちの敬意を呼ばずにはおかない。そしてまたグルー大使をそれほどまでに魅了《みりよう》した齋藤實夫妻のごとき日本人がいた、ということも私にとっては大きな驚きであった。ただ私たちが心すべき一点は、グルーのような廉直《れんちよく》の士は、米国でもまことに稀だ、ということであろう。

人間、国が敗れても、自由が奪われても、ただ生きていさえすれば良い、というものではない。だがしかし昭和二十年、本土決戦に突入する前に終戦が成り、そのお蔭で命を永らえた、有難い、と感じている日本人は、大正や昭和初年生れにはまだ多いはずである。三十三年後の今日、あらためて二・二六事件から八月十五日までを、日米双方の当事者に光をあてて、その相互の動きを再考してみた。拙文は国際間の平和の維持と平和の回復に尽した人々に対する感恩の辞のごときものである。

学会で質疑応答が終った後、いかにもなつかしげにノーシア夫人と名乗る方が現れた。日本生れの女性で、進駐軍関係の御主人と結婚し、いまはワシントンの国会図書館勤務で、旧姓は南と申します、と挨拶された。

「私は前橋の桃井小学校の出身で、桃井小学校は鈴木貫太郎様が卒業なさった学校でございました。こんなことを申しますと年が知れてお恥しいのでございますが、私がその小学校におりました時、二・二六事件が起りまして、鈴木大将が重傷を負われました。私ども小学生は先生に連れられて、大将の御快癒《ごかいゆ》をお祈りに近くの神社へよくお参りに行ったものでございます」

日本の民衆の信心に支えられ、一度は亡くしたと思った命を永らえた鈴木貫太郎は、昭和二十年、終戦のために尽して、二十三年に亡くなった。私たちは最後にこんなことを言ってワシントン・サークルで別れた。

「遺骸《いがい》を荼毘《だび》に付した時、背中に留って残っていた二・二六事件のピストルの弾がきっと出てきたでしょうね。その弾が心臓をそれたお蔭で、鈴木貫太郎も命を救われ、日本も、そして私たちも命を救われたのかもしれませんね」

第二部　「人間宣言」の内と外

――ブライス教授と山梨提督をめぐって――

第一章　ブライス教授

北星堂が出した奇書

東京の神田錦町に北星堂という英語教科書の出版やラフカディオ・ハーンの英文講義録の出版で知られた書店がある。いまの社長は中土順平さんだが、先代の中土義敬さんが店主の昭和十七年十二月二十九日に、この書店は一冊の奇書ともいうべき英文著書を千部発行した。*Zen in English Literature and Oriental Classics* by **R. H. Blyth** がそれで、普通ブライス著『禅と英文学』と呼びならわされているが、邦訳はまだ出ていない。

昭和十七年末といえば日本軍は南方ソロモン諸島ではアメリカ軍と死闘を続け、西方インド国境付近ではイギリス軍と激しく戦っていた時期である。そのような戦時下の日本で、北星堂はこのブライスというイギリス人の著書を出版したのである。主題が東洋文化に関するからこそ許された発行でもあっただろうか。ナチス・ドイツやソヴィエト・ロシヤのような全体主義国との比較においてはもとより、米英などのいわゆる自由主義国との対比においても、戦時下の日本で許されていた出版の自由の幅の広さに私は驚かざるを得ない。著者のＲ・Ｈ・ブライス氏、元京城大学外人教師、前金沢第四高等学校教師は、昭和十六年十二月、太平洋戦争勃発とともに敵国国民として金沢市で逮捕され、神戸付近へ抑留されてしまった。それなのに北星堂の中土さんは著者との約束をたがえず、開戦前に受取ったブライス氏の原稿をきちんと一冊の書物にまとめたのである。いったい誰がこの四百四十六ページの英文著書の校正をしたのだろう。誰が索引をつけたのだろう。当時の米英で抑留された日本人や日系市民で、日本文はもとより英文でも、著書を刊行し得た人はいなかった。そのことを思うと、私はその頃の日本の出版道徳の義理堅さに心打たれるのである。

この『禅と英文学』の出版が後に一つの機縁となって、三年後の昭和二十年末、ブライス氏は思いもよらぬ事件に裏からかかわるようになった。天皇の「人間宣言」がそれである。世上《せじょう》には天皇の「人間宣言」はマッカーサー総司令部の要請にもとづいて出されたとの説がもっぱら行われたが、事実はどうもそうではなかったようである。天皇はまた昭和二十一年、御自分の発意で皇太子の英語教師としてヴァイニング夫人をアメリカから招いた。これもマッカーサー総司令部の圧力で行われたとの噂も飛んだが、事実は明らかにそうではなかったようである。

昭和二十一年から二十五年まで皇太子殿下や宮様方に英語の授業をさずけたヴァイニング夫人の名前は、日本でもアメリカでも実によく知られている。しかし昭和二十年十二月から学習院の教壇に立ち、皇太子殿下に二十年近く英語の授業をさずけたブライス教授の事績は知られることがいたってすくない。ヴァイニング夫人の招聘《しょうへい》についても、裏でそれとなく山梨学習院長に良き示唆《しさ》を与えた人はブライスさんである。占領下日本の皇室外交ともいうべき「人間宣言」とヴァイニング夫人招聘の二つをめぐり、その蔭の演出者ともいうべき役柄《やくがら》を二人で組んで果したブライス教授と山梨勝之進提督とについて、その不思議な因縁《いんねん》をたどってみたい。

西洋人俳句研究者

幕末維新以来、来日した外国人教師の中で、教師業のかたわら日本文化に関して実に立派な著書を残した人が何人かいた。筆者が先に取りあげたラフカディオ・ハーンもその一人だし、歴史家マードックもその一人であった。そのような先人に比べてブライスの業績も、その質と量と影響力とにおいて、決して劣るものではない。ブライスさんは中背《ちゅうぜい》で、背こそ大きくなかったけれども、イギリスが生んだ一連のアジア研究者の巨人族の、その系譜の最後に連なる、独立独歩の一人であったように思える。しかもブライスさんは、先人が日英関係が良好な時期に来日して仕事に励んだのとちがって、最悪の時期に日本にいた。その俳句の著述のごときは戦時下の日本の収容所の中で行われたものである。

今日、英語圏諸国における「ハイク」の流行は私たちの予想をはるかに越えるもので、北米やイギリスの小学校では「ハイク」の創作が国語教育の一環に取りあげられている。私もその流行のことは知識としては承知していたが、ヴァンクーヴァーにいた時、クイーン・メアリー小学校の五年に通っていた次女が、

「今日学校でイングリッシュの時間にハイクを習った。ハイクって日本のものらしいね。だけどよくわからなかった」

と言った時は、しまった、と思った。外国生活が長いために家の子供は英語が上手な割には日本語の語彙《ごい》が乏しい。小学校五年といえば、私自身はその年で俳句好きの担任の先生のお蔭で俳句を作ることも習っていたのに、娘には蕪村の句一つも諳誦させることはしないでいた。日本語でも俳句を知らない以上、英語の短詩ともいうべき haiku を彼女がカナダ人の子弟に伍《ご》して作れるわけはない。クイーン・メアリー校の先生は「ハイクは日本で起ったものだ」と説明した時、必ずや家の娘を意識していたに相違ない。しかし娘は無知無識であったために、折角発言の機会を与えられながら、みすみすなにも言えずに引きさがって来た……それも無理はなかった。友だちに「あなた知っているんでしょ」と言われながら、haiku についてはもとより俳句についても、彼女はオグデン・ナッシュの詩ほどの知識も持ちあわせていなかったのだから。

しかしそれにしても日本の小学校の国語（日本語）教育の時間に俳句創作は必ずしも教えられていない昨今であるのに、北米の小学校の国語（英語）教育の時間にハイク創作が教えられている現状はなんとなく奇妙でおかしい。——だがもとをたどれば、このハイク・ブームは英人ブライスや米人ヘンダーソンが生み出したものである。アメリカ占領軍の要員として来日したハロルド・ヘンダーソンが一九五八年に出した英

文の『俳句入門』*An Introduction to Haiku*（A Doubleday Anchor original）はたちまち十二万部も売れたという。一九四五年十二月、このヘンダーソンがＣＩＥ（民間情報教育局）の一員としてマッカーサー総司令部に勤務していた時に、ブライスとヘンダーソンの間で天皇の「人間宣言」をめぐる一件が持上ったのだが、その事件にふれる前に、奇人ともいえるブライス氏の生涯をスケッチしておきたい。

生い立ち

レジナルド・ホーレス・ブライス（Reginald Horace Blyth）は一八九八年十二月三日、エセックス州のイルフォードで生れた。氏の京城大学時代の教え子はブライズとスに濁点をつけて呼んでいるようだが、ブライスと澄んで発音するのが正しいらしい。自分が作らせた判などにも「ＲＨブライス」と彫らせている。氏の学習院大学時代の学生、小田桐弘子さんは氏自身が「自分はウェールズ系だから、澄んで発音するのだ」と言われたというが、ウェールズ系かどうか御遺族も御存知ではない。イルフォードはロンドンの東北の真《まっ》平《たいら》な土地で、父のホーレス・ブライスは大東部鉄道《グレート・イースタン・レールウェイ》に勤務していたという。中流階級の家庭にレジナルドは一人息子として生れた。母親はヘンリエッタ、通称ヘッティと呼ばれた大柄な婦人で、ブライス教授が一九六四年十月二十八日、六十五歳で亡くなった後もなお二年近く海浜の保養地ブライトンで存命された。その別荘はかつて京城へ渡った息子を偲ぶよすがにChosenと名づけられていたという。少年時代のブライスさんは、従姉のドーラ・オーア夫人の回想によると、「学校ではよく出来たが、別に教師に歯向う子ではなかった」由である。イルフォード・カウンティー・スクールという普通の子供のための学校へ通った。スポーツが得意であったことは間違いなく、サッカーなどに打込んだためであろうか、脛《すね》その他に生涯残る青い痣《あざ》がついていたとお子さんは述べている。ブライスさんは戦後学習院の教授となって千歳橋の官舎に住み、他大学の非常勤講師なども勤めたが、その一つ東大文学部への通勤はいつも自転車であった。それも春日町から本郷三丁目にいたる上り坂を、前を行くトラックの後ろに片手をかけてペダルを漕がずにのぼるという横着《おうちゃく》ぶりであった。そんな通い方が出来たのも昭和二十年代の日本には車の数がまだ少かったお蔭だが、しかしやはりブライスさんに抜群の運動神経があったなればこそだろう。後向きで自転車に乗るという曲芸まがいのことも出来たそうである。それでも自転車が引っくり返ったことがあって、

「今日は気がついたら脚が空の上にあったよ」

などと家人に笑って語ったこともあった。ブライスさんには春海《はるみ》、ナナという二人の娘さんがいたが、廊下ですれちがいざまそのお尻をよく蹴ったりした。そんな茶目が出来たのも、少年時代、蹴球に打込んだせいにちがいない。

私はイギリスの学制に詳しくないので、ブライス氏がどうして十代の若さで教員免状を取得したのか見当がつかないが、第一次大戦が始ったころから暫くの間、氏は北ロンドンの私立ハイベリー・パーク・スクールとイルフォードのクリーヴランド・ロード・スクールでフランス語、スペイン語、英語を教えたという。ドーラ・オーア夫人が回想したところによると、当時十六、七だったブライス青年は「生徒より自分の方が一課目先に進んでいるだけで、毎回新知識を詰込んでかろうじて切り抜けた」と自分で言っていた由である。そうした類いの回想をブライス教授の没後集めた、教授の京城大学予科時代の教え子である岡國臣氏は『久留米大学論叢』（第二十巻、昭和四十七年）に二十二ページに及ぶ英文記事を寄せた。その中に中学校教師としてのブライス氏の面影を伝える次のような挿話が——あるいは後からの作り話かもしれないが——出てくる。一生徒が同級生から水彩画の材料を盗んだ。それで当人とクラス全員にこんな風に氏は叱った、というのである。

「いいかね、どうも盗んだ本人はいかにもみじめな様子をしているが、盗んだ本人だけでなく、君達全

員がみじめなのである。悪いことをしたと感じるのは愉快ではないが、他人の犯した悪を種に義憤を感じるのもあまり愉快なことではない。それに君たちの大半がものを盗んだり盗まれたりした覚えがあるにちがいない。私も子供の頃、おっ母さんの財布から小銭を盗んでは飴を買って歯を悪くした。もう少し大きくなると別のものを盗んだ。一度本屋で性《セクス》に関する本を万引したことがある。公然と買うのが恥しかったからだ。しかし人間ものを盗まない時は気分が自由である。そしてとどのつまり人間自由であること、気分が自由であること、それが最高だ。自分が言いたいことはそれだけだ。それではもう帰ってよろしい。解散」

この説教は十七、八の青年教師が中学生に向って言うにしては、ませて出来過ぎている。人間性に思いをいたした後年のブライス教授がいまの私ならこう言ったろう、という思いをこめての回想だったに相違ない。――ただ形式的に規律のみを強調せず、自分自身の弱みをも語って、その上で「人間ものを盗まない時は気分が自由だ」と説くあたり、キリスト教の道徳律よりも仏教の道徳律に惹かれたブライス氏の発言という気がする。氏は「西洋は violently に right だが、東洋は mildly に wrong だ。声高《こわだか》に正義を主張するより、穏やかに人の弱みを許す方がよい」とも言ったように記憶する。

ブライス氏は教室で自分の過去を語ることのおよそ少い人だった。また語ったとしても具体的な細部にわたることがなく、抽象的な観念の語で表現する人だった。たとえば一九六〇年に北星堂から出した *Japanese Life and Character in Senryu* の冒頭には、「自分の生涯を顧ると内的運命に導かれていくつかの相を越えて来たことがわかる。まず始めに生得のアニミズムがあった。ワーズワースの詩の起源たるアニミズム……」といった言い方をしている。自分の生活そのものを記述するより、その生活の原理が何であったかを語るタイプなのである。少年時の読書体験についても同じような把え方で、私は子供の頃、イギリスの少年皆がそうするように『ロビンソン・クルーソー』を読んだ、しかしほかのどの少年よりも一生懸命に何度も繰返し読んだと思う。それは別に私が異国を訪ねたいとか、冒険とスリルの生涯を送りたいと思ったからのことではなかった。……むしろそれとは逆で、ジョン・クレアとかワーズワースのように、というか中国の仙人や日本の隠者のように、左様、寒山や鴨長明のようにひとりぽっちで暮したいと思ったからである。ある意味ではそれは一種の怯懦《きようだ》で愚かしいことであった。しかし自然と詩と孤独にたいする愛情はそこから生れたのである。(*Zen and Zen Classics*, Vol.5, p.145)

これは一種の自己説明である。ロビンソン・クルーソーに憧れる子供は冒険心に富んだ探険家や軍人や船乗りを志望するのが普通だろうが、ブライス少年は、それとは別の意味でデフォーの物語に共感したのだという。

ブライス氏は意志堅固な点では、提督にも将軍にもなれそうな、がっしりした体軀《たいく》の人であった。独立心に富める点では海外に雄飛する企業家にもなれそうな人であった。だがしかしブライスさんは第一次世界大戦の最中、イギリスで徴兵を忌避《きひ》するという思い切った行為を敢てしたのである。当時はイギリス政府筋でも徴兵拒否者は銃殺刑に処するという脅《おど》しを出したくらいであったから、これは覚悟のいる反社会的行為であった。ブライス氏は京城大学予科の学生であった小西英一氏に当時の心境を語って、

「私は生命が惜しくて戦争に行かぬというのではない。もしも、コレラかペストのような恐ろしい病気が兵隊の間に流行して、その看護のため軍隊に入れというなら、何時でも、どこへでも行きます。私は戦場へ行って敵兵を、つまり人間を殺すことが出来ないのです」

と述べたという。アメリカでヴェトナム戦争当時に続出した徴集令状忌避者の間には、いかにも自分の命

が惜しい、という感じの若者がまじっていたが――またそれも人間性の自然だが――ブライス氏の拒否はよほど深い信念から出たものであろう。そのためにイギリス社会で陰に陽に不愉快な目にあったこともあるに相違ない。後年ロンドンを去って極東へ来たのも、この事件となにがしかの関係があってのことではあるまいか。いずれにせよ一九一六年、十七歳のブライス青年は兵役に服さぬ廉《かど》で投獄され、戦争が終るまでの二年間ブラッシ造りをやらされた。その抑留生活中、配給のアルコール類は同囚にくれてやり、代りに彼の粉ミルクを貰った。それ以後、粉ミルクを溶かさずそのままむしゃむしゃ食べるのが氏の嗜好《しこう》となって、それはブライス家の娘さんにまで伝わったという、「この頃の粉ミルクはまずくなったけれど昔のはおいしかったわ」と次女のナナさんは父を偲《しの》びながら笑った。

良心的徴兵忌避者として社会の指弾《しだん》を浴びながらも平気でそれに耐えたブライスさんは、それでは昭和二十二年の日本の「平和憲法」を良しとする私たちの態度をそのまま良しとしていたのか、といえば、必ずしもそうではなかった節もあるように記憶する。私が東大教養学科の学生としてブライスさんの授業に出たのは昭和二十六、七年の頃だが、一度教室で例の第九条のことでこんな議論があった。夫婦で二階で寝ていて階下で怪しい物音がしたとする。盗賊がはいったに相違ない。その時諸君はどうするか。――そのころの東大生の大半は自衛権をも否定していたので、英会話の返事に戸惑《とまど》いが生じた。するとブライスさんはいかにも軽蔑した調子で言った。

「自分はおっかないから、奥さんに『階下へ見に行ってくれ』と頼んで、蒲団《ふとん》の中に頭を突っこんでいるのですか」

そして蒲団の中に頭を突っこむしぐさをしてみせた。ブライスさんは怯懦《きようだ》から来る平和主義は侮蔑《ぶべつ》していたのだと思う。

実際、氏の「生き物を殺してはならぬ」という信念はよほど頑固に徹底したもので、良心的徴兵忌避者として服役していた最中、満十八歳の時、ブライスさんは菜食主義者となった。そしてそれを生涯貫いた。

「君たちは自分自身ではおっかないから牛や豚を殺すことはできない。しかし他人が屠殺《とさつ》した牛肉や豚肉は喰う。それは卑怯なことだ」

と授業の最中に言われたように記憶する。

Zen and Zen Classics（Vol.1, p.13）中のブライスさんの菜食主義についての説明には次のような文章がある。

私は菜食主義者である……　宇宙は我々に「食うか、食われるか。殺すか、殺されるか」ということを教えている。しかし宇宙はまた次のことも私に教えている。すなわち人間は誕生とやがて無に帰するというこの二つの死と死の間を苦しみつつ生きる。が、その間他者に苦しみや死を与えてはいけない、ということも。しかし私は結構生《せい》をむさぼる方なので、ある妥協《だきょう》をして、私から逃げないもの、すなわちキャベツ、ココナッツ、玉葱、卵の類のみを殺すこととした。この事は生の意味や宇宙の秘密となんら関係のないことに見えるかもしれない。しかし私はそうは思わない。イギリスの詩人クーパーが言ったごとく、「必要もないのに虫を踏みつける人は天国へは行けない」のである。

そのブライスさんが子供の時の趣味は、娘さんのお話によると、昆虫採集だったという。小学校の教室に視学官が参観に来た。皆が騒いでいる中で一人いかにも賢そうにじっと考えこんでいる生徒がいる。感心した視学官が名前を聞くとそれがブライス少年だった。それは実は受持の先生の話を聞いていたのでなくて、今日はどんな虫を捕えてやろうか、と放課後のことを夢中になって考えていたからなのであった。針で刺したりホルマリンの注射も上手だった。それがある日、学校から帰って来たら、標本になっていたはずの虫が死んでおらず、ピンに留められたままぐるぐるまわってもがいている。それを見た時、子供心に「これはいけない」と思って昆虫採集は以後いっさいやめたのだそうである。

ところでいまわかりやすいように省略して訳したが、ブライス氏の菜食主義についての右の一文は、キリスト教や仏教との関連において考えられているので原文はこう始る。

I, for example, am a vegetarian, as Christ was not and Buddha should have been. The universe tells us to eat and / or be eaten……

読者の中には、己れをキリストや仏陀と同一次元に並べて論ずるブライスさんの論法に戸惑いを覚える向きもあるにちがいない。ブライスさんの授業もその著述に似ていた。すなわち英語そのものは平明でいたって聞きやすいのだが、説明が分析的であるよりは例示的で私などは時々ついて行けなかった。たとえば生物を殺してはいけない、という一般論には多くの人が同調するだろう。だが朝鮮の李奎報《りけいほう》の『虱犬説《しつけんせつ》』をブライス氏が『禅と英文学』（二五六ページ）に引用するのを読むと、作中の客と同様、我々も戸惑ってしまう。詩人で音楽家で高麗朝の宰相もつとめたという李奎報（一一六八―一二四一）の話とはこうである。ブライス氏の英訳から重訳する。

私の友人が来て言った、「昨晩一人の不逞《ふてい》な輩が、うろついていた犬を棍棒で殴り殺すのを見た。それは甚だ可哀想な光景であったので私はたいへん心を痛めた。それでこれから先は犬の肉は食うまいと誓った。」そこで私が言った、「昨晩炉端《ろばた》に坐っている一人の男が虱《しらみ》を潰して火にくべるのを見た。それは甚だ可哀想な光景であったので私はたいへん心を痛めた。それでこれから先は虱を殺すまいと誓った。」友人は怒って「虱は小さい物だ。私は大きな犬が殺される様を見たので心を痛め、それであなたに話したのだ。

どうしてそのようにふざけた返事をするのだ？」私は答えた、「およそ命のある者は、人間、牛馬、豚羊、昆虫、螻蟻《ろうぎ》にいたるまで生を愛し、死を憎む。それに例外はないはずだ。大きな動物だけが死ぬのが嫌いで、小さなものは死ぬのを気にしないとでも思っているのか。いいか、それならば犬の死も虱の死も同一であろう。それだからあのように答えたので、ふざけた返事をしたということにはなるまい。お前の十の指を歯で咬んでみるがいい。親指は痛むだろう。だがほかの指はどうだ。人間の体の中で大小の部分によって痛みに区別はないではないか。およそ血が通い肉があるものは同じ苦痛を感じるのだ。生命があり呼吸をする者についてはみな同じことだ。どうしてある者は死をいとい、他の者は死をいとわぬということがあると思うか。一度家へ退《さが》って静かによく考えろ。蝸牛《かたつむり》の角も牛の角も同じであり、大鵬《たいほう》も鷦鷯《みそさざい》も同じ値打があると思うなら、その時はまた私のところへ来るがいい。その時はじめてともに宗教（道）について語るに足る。」……

もっともな論理であるが、しかし私もこの客人と同じく「虱ハ微物也」と言う方なので、李奎報ないしはブライス先生と同じような原理的な考え方にはついて行けないのである。このように徹底することは出来ないのである。

ロンドン大学から京城大学へ

第一次世界大戦が終了し、釈放されるとブライスさんはロンドン大学へ入学した。就いた教授は同大学ユニヴァーシティ・コレッジのケア（William Paton Ker）であった。ケアは一八五五年スコットランドに生れ、グラスゴウ大学からオクスフォードへ進んだ秀才で、一八八九年にロンドン大学の英語英文学教授に就任、一九二二年に勇退するまで三十三年間その職にあり、勇退した翌年に六十七歳で亡くなった。ちなみに夏目漱石は一九〇〇年ロンドンに着いた当初、約二ヵ月間ケアの講義を聴いている。江藤淳氏が『朝日小事典夏目漱石』で述べたところによると、ケアは生涯独身で、豊かな学殖と暖かい人柄、熱心な授業で知られたというが、ブライスさんも昭和二十四年、開隆堂から出した教科書 *A Chronological Anthology of Nature in English Literature* の序で、「私の先生であるW・P・ケア先生、あの方が文学に自ら没頭する力と深さとはほかに類《るい》を見なかった」と **my professor** のことを激賞している。（なお **Ker** はカーと発音するのが正しいらしいが、ここでは漱石以来のケアという慣行に従う。）ブライスさんは最晩年のケアに接したわけだが、ケアはロンドン大学の英語英文学科にあってその発展に尽力するかたわら、一九一七年にはスカンディナヴィア学科を創設し、一九二〇年にはオクスフォード大学詩学教授に選任されている。ブライスさんはこの栄光の絶頂時のケアの影響を強く浴びたにちがいない。漱石のケアとの短い出逢いも決してかりそめのものではなく、漱石が『薤露行《かいろこう》』『幻影《まぼろし》の盾』などを書いたのも中世文学の専門家ケアによってその関心の一端を触発されたからだ、と江藤氏は観ているが、ブライス氏も右の詞華集にやはり八世紀のベオウルフを始め中世の英詩を実に数多く拾っている。キリスト教が根をおろす前のブリテンで人々が自然に対しどのような感情を抱いていたか、という点に関心を持ったケアの弟子ブライスさんが、大学卒業後極東へ来て、日本人の天地山川に対する観念に関心を寄せ、俳諧の詩に同情ある理解を示すにいたったのは、きわめて自然な推移だったに相違ない。ブライスさんは詩文学としての欽定訳聖書は重んじていたけれども、クリスチャンではなかったのである。

ブライスさんにとって師がケアであったことはまた次の点でも幸運だった。二人は文学の中で詩をもっとも重んじた。ブライスさんにとって詩は宗教のようなものであった。ケアは詩を詩として鑑賞することを学生に教えたが、フィロロジーの重要性ももとよりよく認めていた。ケアは国文学科《イングリッシュ》の主任でありながら島国根性からおよそほど遠い学究で、大陸諸語はロマンス語系統はもちろんスカンディナヴィアの古語にまで通じていた人である。その下で最優秀の学生であったブライスさんが仏・独・伊・西・羅などの諸語を、読解が中心だったが、熱心に学んだのはこれまた自然な成行《なりゆき》だろう。そのようにヨーロッパ語を幾つも読みほぐした自信があったからこそ、後年のブライスさんは日本語も朝鮮語も漢文もマスター出来たのだ。ブライスさんの日本語会話は決して上手とはいえなかったが、それでも家庭内ではもちろん日本語を使って事が足りたし、それに授業中も芭蕉の句や白楽天の詩の引用がいかにも壺にはまっていた。あれは附焼刃《つけやきば》の勉強で出来ることではない。そうしたことを私が言うのはほかでもない。『津田塾大学紀要』（一九八二年）にマロリ・フロムなる若い人が一文を寄せ、ブライス氏の著書に多く見られるセルバンテス、ダンテ、ゲーテなどの原語による引用は、著者がいろいろな言葉があたかも出来るような体裁《ていさい》を繕《つくろ》うためのものだ（"often left in the original tongue giving a semblance of polyglot fluency"）などという下種《げす》の勘ぐりをしているからである。失礼な記述だと思う。

ブライスさんは一九二三年、ロンドン大学を優秀な成績《ウイズ・オナーズ》で卒業し、学士号を取った。二四年にはロンドン・デイ・トレーニング・コレッジから教員免状も取得した。

そのころ日本は植民地である台湾と朝鮮にもそれぞれ帝国大学を開設するという開明的な文化政策を取っていた。一九二四年には京城（ソウル）に大学予科がまず創設され、予科の学生が大学へ進学する時期にあわせて京城帝国大学そのものも引続き開設される予定となっていた。東京大学文学部英文科卒業のまだ若い文学士藤井秋夫がその大学創設準備委員の一人に選ばれた。藤井はまず文部省から在外研究を命ぜられ、一九二五年から二六年にかけてロンドンへ留学した。藤井はまたこの新設の帝国大学のために英国人講師を選ぶ権限も与えられていた。藤井が面接した三人の中で、レジナルド・ホーレス・ブライスが最適任者であるように思われた。藤井の懇切《こんせつ》な勧《すす》めを容《い》れて、ブライス青年は当初望んでいたインド行きをやめ、朝鮮へ行くこととしたのである。こうしてブライス氏と京城帝国大学との間に契約が成立し、氏はロンドン大学の同級生であったアンナ・ベルコヴィッチと結婚すると、一九二七年、日本統治下の京城へ来て内鮮双方の学生を教えることとなったのであった。

「その時はそれは大決心でしたよ」

と己れの過去についてはほとんど語らぬブライスさんが、一度東大の教室で言ったことがあった。そしてつけ足した、

「君たちもロンドンへでもどこへでも出掛けて芭蕉についてどしどし講義をすればいい」

ブライスさんが私たちに向ってそんな事を言ったのは日本がまだアメリカ軍の占領下にあった昭和二十六、七年のころで、西洋志向の東大生たちは英米人が日本の俳句——というか日本の文化に興味など持つものか、とのっけから決めてかかっていた時代である。その時のブライスさんの声にはなにか挑発的な、怒りに似た調子さえあった。——私は後年、自分自身が思いもかけず外国で日本文学について語るめぐりあわせになった時、あの時のブライスさんの顔と、「まさか」と思ってそうした可能性を頭から否定した若い頃の自分自身とを思い出した。

昭和初年の外人教師は、稀少《きしょう》価値ということもあって、給与は非常に良かったそうである。普通のサラリーマンの月給が八十円から百円、帝国大学教授が三百円という時代に、新任のブライス講師は四百円の俸給を受けた。京城大学予科でブライス講師から英語やラテン語を習った学生たちの一人で後に同校の有機化学の教授となった小西英一氏は、当時のブライス教師の生活を医科十回生の刊行誌『蔦塔』に次のように叙している。

京織道崇仁面清涼里、南北へ京元線の鉄路が通り、その線路の西側に城大予科の赤煉瓦三階の校舎があり、予科の建物から東の方へ徒歩で約十分のところに赤土の小丘があった。われわれはそこを「ブライズ

が丘」と呼んでいた。多分、近藤先生が名付親であったろう。

ブライズさんは、ここに二百坪くらいの土地を買い求め、四十坪ほどの木造二階建の日本式住宅を建てて住んだ。畳敷、障子、襖の和室が大半で、それが如何にもうれしそうであった。庭には犬と山羊、時には馬も飼って乗馬で出歩いていたこともあった。動物愛好、むしろ愛護は徹底的で、それがブライズさんをして一切の肉食を遠ざけ、芯からの菜食主義に及び、反戦にまで通じていたのであろう。……

京城で教官たちの忘年会や新年会が朝鮮ホテルや京城ホテルの食堂で催されたときは滑稽だった。日本人の先生たちの前にはスープから始めて魚、肉などとフルコースの御馳走が次々に並ぶのに、ブライズさんの前の卓上には明治町の寿司久の稲荷ずしと海苔巻とが皿に載せられて飲みものと一緒に出るだけであった。


戦後の学習院教授時代も、結婚式に呼ばれると、自分はヴェジェタリアンで、そのような特別食が用意できるか、と確めてから招待に応じたそうである。そのことは宮中から御招待にあずかる時も変りなかった。まだ日本人がナイフやフォークを使うのに馴れていなかった時期に、日本人の客があらたまってぶきっちょに洋食をいただき、ブライスさんだけが箸で器用に和食を食べている図はさぞかし滑稽だったに相違ない。学習院の岡本通教授はある結婚式の披露宴でブライス氏が肉の代りに野菜サラダを二皿注文し、デザートの洋菓子は夫人の分まで横取りして食べていたほほえましい情景をおぼえているという。ブライスさんはチョコレートやアイスクリームなどが大好きで、娘さんは戦後東京教育大の付属小学校に通ったが、その運動会を見物に来た時も、

「アイスクリームはまだ出ないか」

としきりに待遠しがっていたそうである。昭和二十年代の日本は、あらかじめ申込んでおいてそれではじ

めてアイスクリームが配られる、そんな乏しい日々であった。だがしかし、そんな運動会の一日こそが実は本当の宴《うたげ》であったのだ。ブライスさんは父兄の競技にも出た。東海道五十三次と称する駕籠舁《かごかき》のリレーがあった。父兄が二人、組みになって真中に生徒を乗せて走るのである。運動神経のあるブライスさんが後ろで「前の奴が遅い」と思いながら運動場を韋駄天《いだてん》のように走って一周した。突然飛び出したこの西洋人の力走に、子供たちも大人たちもやんやの喝采を送った。紫の桐の花が咲く占春園《せんしゅんえん》に歓声がこだましていた。

ブライスさんの会話

戦後、東大へ教えに来るようになっても先生はコーヒーは飲まず、ココアを飲んだ。昭和二十年代の日本ではそんな飲物はまだ貴重品扱いで、ブライスさんはいつも御自分でココアをといた。ある時匙がなくて困っていたら、事務のお嬢さんが自分が使いかけの匙をすっと貸してくれた。「あの人にはヒューマン・タッチがある」と後で教室で私たちに言った。匙を一度洗ってから差出すというような水くさいことをしなかった彼女の反射的な動き――それもブライスさんにとっては、無言ではあるけれど、会話だったのである。

ブライスさんが一目おいていた日本人は安倍能成氏であった。もっとも安倍先生は英会話は得意でなかったから、このお二人もじっと眼と眼を見る無言の会話だったのかもしれない。ブライスさんが安倍氏の名を口にして「男らしい」と評するのを聞いたのは田代慶一郎氏（元筑波大学教授）で、田代青年は東大教養学科のクラスでブライスさんによく質問した。一面で西洋文化を学ぶに熱心でありながら他面で日本の伝統文化に愛着をもった当時の田代氏の反問は、おそらく幼稚だったかもしれない。しかしブライスさんは英米文学にだけ関心があって日本のことは無関心な東大英文科の秀才よりも、芭蕉についてもなにかにか先生とやりあう田代慶一郎を好んだのだろう。ブライスさんはよその大学から東大へまわって来る関係で、いつも三十分ほど早目に駒場へ着いた。それでこの教師とこの学生は正門のところで待合わせて駒場のキャンパスの中をしばらく散歩するのを常とした。当時はまだ古風に摂生室と呼ばれた保健センターの裏手には池があった。武蔵野の雑木林の名残には野趣《やしゅ》があって美しい。ブライスさんは田代青年の拙《つたな》い英語を聞いてくれた。ブライスさんは学生を教え、学生と対話することをこよなく愛していたのである。「大学教授では食えない」という有名な宣言をして東大英文科をやめた某教授に関して、ブライスさんは「教師は教えることに喜びを見出すべきです」と強い調子で言った。ブライスさんは西洋志向の日本知識人の一部が、日本文化を自分自身で深く学ぼうともせず、それでいて悪口を言う傾きを内心軽蔑していたに相違ない。学習院の岡本通教授は昭和二十年代の初期、全国の英語弁論大会に出場したいという学生の原稿の下読みを聞いてもらうために、その学生とブライス氏の宅を訪ねた。下読みの途中で先生はにわかに顔色を変えて怒った。原稿の中にアメリカ文化を日本文化以上に持ちあげて褒めたたえた箇所があったからである。だがあのころのESS（英語会話クラブ）の内部ではそれはごく当り前の観念だった。それだから怒られた学生はさぞかし面《めん》喰《くら》ったことだろう。田代氏は東大に教えに来ているほかの英人教師が「ブライスさんは変人だから」と話すのを何度か聞いたことがある。変人かもしれないが、学生との会話を愛しているのだ、と田代青年は感じた。田代氏は語る。

……いろいろ思いめぐらしてみると、ブライス先生は実務処理能力も充分あった人であろうと思いいたります。（只なかなかイザとならなかっただけのことです。）先生はブライス一流のスタイルにおいてですが人間通であり人間性観察者《モラリスト》であって、人情の機微《きび》に（それも日本人と西洋人の双方のそれに）通暁《つうぎょう》していた人だったと思うからです。しかし氏は一面で人間性の脆さ、頼りなさ、はかなさをよく承知していた人でもあったから、そんな卑俗な世界に安住できなかった人でしょう。

氏にあって、なにか超越的な、絶対的な世界への希求はきわめて切実、真摯《しんし》なものがありました。しかし結局はそういう世界に悟りをひらき得なかった人、そして悟りをひらくことのできない自分に、時に愛想をつかしつつ、そこに居直ろうとした人、だが居直り切ってしまうことを遂にできなかった人という気がします。

僕の記憶するブライス氏は教室でなにか哲学的な言葉を発するとき、学生に向って話しているというより、自分に向って説ききかせ確認を迫っているような趣きがありました。大体教室で喋っている時には、学生を見ながら、特に学生の目を見つめ、そしてともすれば揶揄《やゆ》的になりがちな仄《ほの》かな微笑を含んで話をすすめるのですが、そういう時には、その微笑が拭き消されたように消え、どこか一抹の淋しさのある奇妙に真剣な顔つきになり、視線は天空の遥《はる》か彼方をさまよっている様子になります。口にする言葉は確信に満ちた断定的なものですが、表情の方は必ずしもそうではない。それがいかにもブライス氏らしいところで、僕はその表情の真実の方を信じたし、そこにまた僕が氏に親しみを覚えた由縁《ゆえん》もあったように思います。……

氏は学生から茶々を入れられることを大変に喜ぶ人で、僕の質問はそういう訳で、時折氏を喜ばせる具合になるのでした。そういう時、氏は大口をあけて呵々大笑しました。というといささかイメージが悪くなりますが、もっと品よく言えば、世にも heartily に笑う人でした。何時だったか、話が妙にペシミスティックになった時、

“Your name happens to be Blyth : you must be blithe.”

とやったら、その呵々大笑で応じられたことがありました。確かに氏はいろいろ駄洒落の大好きな人で Wordsworth is the worth of his words というような語戯《ごぎ》をいつも楽しんでいました。僕はそういうブライス駄洒落集ともいうべきノートにそういう類の言葉を叮寧に書き取っていたのですが、そのノートは最近——といってもフランスから帰ってから見たことがないから、なくしてしまったのでしょう。

ブライスさんも時には学生を笑わせるつもりで冗談を言った。すると私大の女子学生はたちまち笑い転げるのに、東大の教室ではブライス教師の心底を見すかしたように、

「ハー、ハー、ハー」

とわざと間を置いて声を立てた学生がいた。その「フン、面白くもない」という調子に一本取られた態《てい》のブライスさんは帰宅すると、件《くだん》の学生の冷淡な笑い声を面白そうに家人の前で繰返してみせた。「ハー、ハー、ハー」

ブライスさんにもし趣味があるとしたら、それはたいへんな音楽好きだったことである。子供の時からひとりでいろいろな楽器を次々とものにした。バッハが格別に好きで、その傾倒ぶりは単なる趣味の域を越えていた。なにしろ禅を論じる書物にも、俳句を品評するページにも、いきなりバッハの名前が無限定に飛び出してくるのである。東京にステレオがはじめて導入されたころ、整体協会の野口晴哉氏がいちはやくその装置をとりつけた。その野口さんに呼ばれるとブライスさんは喜んで下落合の氏のオーディオ・ルームへレコードを聴きに行った。ブライスさんはまた野口氏の整体療法に共鳴したのか、

「中風で寝た切りの病人でも何年も健康でいる人もいる」

「風邪を引いたのでお蔭で体が休まって有難い」

「人間、気持よく死ねればそれでいいじゃないか」

などと逆説めいた句を洩らしたが、その片言隻語《へんげんせきご》には不思議に実感がこもっていた。野口氏が下落合から越してしまうと今度は自宅にオーディオ・ルームを拵えた。長い間バッハのレコードに聴きいって挙句《あげく》にその部屋から泣き濡れた顔をして出て来たので、当時ブライス家の令嬢の家庭教師をしていたT氏はブライスさん夫婦が仲違いしているのかと思ったそうである。

ブライスさんは映画館へはいっても、つまらないと思うとさっさと出てしまう方だが、音楽会だけは終りまで聴いていたらしい。銀座で指揮者の渡辺暁雄氏とすれちがって、

「私ブライスです」

と挨拶した。渡辺さんが、

「存じあげませんが」

と怪訝《けげん》な顔をしたことがあった。ブライスさんは演奏会で渡辺氏の指揮ぶりを見つけていたものだから、つい相手も自分を顔見知りだという気になって挨拶してしまったに相違ない。器用だったブライスさんは晩年、いたんだ数台の古オルガンを分解して自分の好きなものを一台組立てたことがあるというが、朝鮮時代は他人に楽器を教えることにも熱心だったらしい。小西英一氏の思い出には次のような一節がある。

ブライズさんは音楽が好きであり得意でもあった。特にフリュートが堪能《たんのう》であったがピアノ、ヴァイオリン、セロも楽し気に演奏していた。予科の生徒たちに音楽の楽しさを味わせたいと練習希望者を募ったが、殊に朝鮮出身者中には学資が豊かでなく、楽器を買えぬ生徒もあると知り、自身、東小門あたりの古道具屋を漁《あさ》り歩いて、古物のヴァイオリンを集め、鋸《のこぎり》、鑢《やすり》、膠《にかわ》などの修繕用品を揃え、手細工で音の出るように完全修理をした上で、当時の金五円ずつで貧しい生徒たちに頒《わ》けた。楽譜もわざわざロンドンから取り寄せて、ヴァイオリン・クラスを始め、放課後に講堂で二時間くらいずつ練習を続けた。

始めから堅く約束して、少くとも三ヵ月間は毎日音階練習だけやる。その間は決して勝手に流行歌曲など弾いてはならぬ、という厳しい指導だったので、連日ドレミファばかりの稽古にやがて落伍者も出、ブライスさんを大いに失望落胆させた由である。しかし朝鮮人学生の中に一人絃楽器の天才的にうまい人がいた。

その才能のすばらしさをブライス氏は後々まで家人に語った由で、そのことは近年ソウルで編まれた韓国洋楽史にも出ているると仄聞《そくぶん》する。朝鮮人学生もこの英国人教師の熱心をずいぶん徳としたことだろう。氏は実際、陰徳を施した。小西氏の回想にはこんな思い出も出ている。

また、当時、生徒主事室へやって来たブライズさんは「極めて貧乏で、極めて良い生徒を数名選んで欲しい」という註文を出した。内鮮両方から推薦したが毎月二十円ずつ学資を出してあげたいというのであった。昭和の始めのころの二十円が今のいくらに当るか、相当の額であったろう。ブライズさん自身は平常、身を持《ぢ》すること誠に質実で、式日などは別だが平日は粗服だった。

私が記憶する戦後のブライスさんも粗服だった。いつも風呂敷に本を二、三冊包んで教室に現れた。ネクタイはしている時もしていない時もあった。その恰好は東大でも学習院でも明仁皇太子殿下の御前でも同じだったらしい。ブライスさんが殿下のことを私たちに話したことは全くといってよいほどなかったが、一度「私がお部屋にはいったら皇太子が、私の胸元をじっと見た。それで私はその日私がネクタイを締めなかったことに気がついた」と微笑した。

昭和二十七年に学習院大学英文科へ入学し、すぐブライスさんの授業を受けた小田桐弘子さんは次のように私に思い出を述べた。

第一回目の日、定刻にドアが開き、西洋人としては中肉中背の中年の方がやや猫背の御姿で現れた。ゆっくりと教壇に上られ、持参のやや使い慣れた感じの、たしか、くすんだ緑色の風呂敷を開き、一言、“Good morning, Ladies and Gentlemen !”「初めまして」とだけ日本語で言われ、真前に坐っていた私の友人の方に、あの碧色がかった灰色の瞳をくるくると向け、御挨拶下さったように思われた。勿論、私たち二人だけがレディズであったのではないのだけれど、殆んどが大人の感じの男子の上級生にまじって勇敢にも、先生のすぐ前の席で頑張っていた私たちへの励ましのメッセージのように受けとって、サボリ休みをすることが出来ず、一年間を過したように思う。

ブライス先生のこの英作文の授業はメドレーの *Book 3* であったか上級という呼び方であったかをテキストにして、はじめ先生が例文を説明してくださって、エクササイズを学生が名簿の順に黒板に書いていって、皆の前で先生がその答を直してくださるという風に進められた。先生はいつも穏やかで、決して激さず、どんなにいい加減な答を書いた学生にも、叱るという風ではなく、ユーモアをもって注意された。そして時々あまりひどい場合にはやや皮肉な、しかし決して意地悪ではない、むしろ意味深い英語の格言やフレーズを伴うことを仰言って、私など一度ならずメモをしたほどであるが、今一つ例をと思い、学生時代のテキストの間にメモをはさんでいはしないかと探してみたが、みつからないのは残念である。

一年生といえども単位を頂くからには当然順番がまわってきて、私も黒板に当ったところを書いた。どういう文章であったか忘れてしまったのだけれど、私の英作文を御覧くださった先生はニコと笑われ、

「全く正しい。——しかし教師の義務は学生の間違いを直すこともそうであるが、学生をよりよくすることは教師の喜びであるから、Aの部分はBに致しましょう」

と仰言って、書き変えられた。

十代後半の若い学生がもつ自信を評価する一方、より良い方向に導こうとするブライス先生の上手な指導術に小田桐さんはすっかり参ってしまったという。福岡女学院大学でいま教壇に立つ小田桐さんは、プリンストン大学のマイナー教授を助けて『猿蓑』の英訳などを出した人である。彼女がアメリカの学問社会で水

を獲た魚のごとく泳ぎまわることが出来たのは、試験前の一月間に五百ほどの英作文の例文を丸諳記させたブライス先生のお蔭であるに相違ない。もっとも小田桐さん自身は丸諳記の効用のことなどその当時はなにも考えていなかったが。

ブライスさんは会話の時間も内容のある授業を好んだようだ。パターン・プラクティスなどという機械的な授業法を避けたのはそのためで、ブライスさんの考えは一九六〇年、北星堂から出た英会話用教科書 *More English Through Questions & Answers* の序文にも出ている。

私は単なる「センテンス・パターン」等以上のなにものかを同時に他人に与え（かつ他人から受取）るのでなければ、英会話を教えることに耐えられない。……会話の授業は下手をすると内実《ないじつ》のおよそ乏しい不愉快なものとなる。しかし上手にやると人生の目的を達することとなる。大袈裟に言えば、魂と魂との交流になるからである。

岡國臣氏の回顧によると京城大学予科時代、英会話の授業では朝鮮人学生の方が活潑で、放課後にブライスさんが開いてくれた英会話クラブは大半は朝鮮人学生であったという。千九百八十年代の韓国の英文学界でも指導的教授の幾人かは、かつてブライスさんについて学んだ人たちなのではあるまいか。

ブライスさんの指導

戦後のブライスさんは本務の学習院大学や皇太子への英語教授のほか、実に数多くの大学へ、時期はさまざまであろうが、非常勤講師として出講した。東京大学の英文学科、同教養学科、早稲田大学、東京教育大学、日本大学、実践女子大学、外務省研修所、自由学園などがそれだが、昭和二十年代の東京には外人講師として英文学を大学で講義できる人がなかなか見つからなかったので、なにかというとブライスさんにお鉢がまわったにちがいない。教師としてあれだけ精勤しながらよくあれだけ厖大《ぼうだい》な英文著作を遺せたものだと思う。十七冊ほどの英文著作のほかに二十冊以上編んだ英語教科書は、スティーヴンソンにせよ、ソローの『日記』にせよ、エマソンの詩や『英文学にあらわれた自然』『英文学にあらわれた宗教』などの詞文選にせよ、後から振返るとブライスさんの関心が生きている仕事に限られていた。世間には「近頃の大学の先生はこともあろうに小遣い銭稼ぎに大学生用語学教科書を編む」と嘆く人もいるが、ブライスさんはそんな真似はしなかった。またそんな事をせねばならぬほど経済的に逼迫《ひっぱく》してもいなかったのだろう。戦後初めて出した英語教科書版は昭和二十二年初版印刷のスティーヴンソン『水車小屋のウィル』（北星堂）である。これは昭和十七年の『禅と英文学』に入れる予定の一章ででもあったかと思われるような、禅の見地からする *Will o' the Mill* 論が序論として八ページついている。『禅と英文学』にせよこの序論にせよ、あまりにユニークに過ぎるためか、日本の英文学界でも仏教学界でもまともに論じた批評はいまだに出ていないのではないだろうか。「ワーズワースの水仙の中にブライスの禅を見つけるのはうんざりだ」というのは一イギリス人教授（ロンドン大学のダン博士）の言分《いいぶん》の由だが、いますこし理解のある批評がブライス教授の人と業績にたいして日本側から出ても良さそうなものに思える。実際あれだけ長年にわたり日本の大学で尽したブライスさんであるにもかかわらず、故人を追憶する文章の数はいたってすくない。安倍能成氏が学習院長として昭和三十九年十一月一日、学習院大学旧図書館で行われたブライス教授葬儀の際に述べた「めでたし、めでたし」の語で終るという破格の告別の辞も、ついに活字にならなかったのではあるまいか。学習院大学英文学会は会報第二号（昭和三十九年十二月）にブライス先生の逝去を報じ、野町、新木、岡本教授の思い出を載せた。野町二教授はこう書いている。

……「英文学の背景」という講義をお願いしたとき“R. H. Background Blyth”という署名の手紙を頂いて苦笑したこともあったが、「英国のヒューマー」という講義の著者にふさわしく、冗談と駄洒落の種のつきることはなかった。氏も私も儀式ばったことが大嫌いなほうなので、いつか当時の学習院次長格だった田中耕太郎氏が謹厳な訓辞を垂れる横にならんですっかり退屈した挙句、ひそひそ話がだんだん大声と笑いとになり、たまりかねた田中さんに注意されて頭をかいたものの、二人とも面白い話をやめるのが惜しくて一緒に退場して行くという茶目っぽいこともあった。告別式の時も、ブライスさんがいたらどんな冗談を言いあったろう、などとふと思ったものである。

同僚だったドイツ人のシンチンガー教授は、ひとしく生涯の大半を日本で過した外人教師として、その感慨を英語の追悼の辞で次のように述べた。ブライス氏の挑発的な質問はソクラテス風ともいえるし、禅の老師が杖で叩く様にも似ていた——そうでもしないと日本の学生は返事をしないのだ。……

親身な追憶文集はかえってブライス氏が非常勤で出講していた日本大学から出ていた。これはおそらく同校の英文科の主任、大和資雄教授の御人徳《ごじんとく》の賜《たまもの》にちがいない。その「R・H・ブライス先生追悼特集」（『日本大学英文学会会報』、第十六巻、一九六六年）の巻頭には書の心得もあった故人の、

Human life
has a meaning
only if the struggle
is hopeless.

R. H. Blyth

という逆説めいた句が墨の字で載っている。「人生は生きていく上での戦いが希望がない時にのみ意味がある。」

もっともこの句は（言葉はこの通りではなかったかもしれぬが）、田代慶一郎青年には逆説めいては響かなかった。田代青年はブライス流に辻褄《つじつま》の合った順説であろうと思われた。田代氏はいう。

hope という事は、実現可能性への信頼ですが、氏のように人間性の現実にとっぷりひたり、絶大の興味（それも野次馬的興味）をもってそれを眺めながら、一面でそれを嫌悪し軽蔑していたような氏にとって、超越的な世界への指向は、精神の躍動のヴェクトルではあっても、いずれ到達不可能なものへの憧憬であって、つまり hope の対象とはなり得なかったはずです。小野道風の蛙は遂には柳の枝にとりつきますが、ブライス氏は枝にとびつくことなど出来ないと思っていたのでしょう。それは氏の求める絶対が柳の枝ではなく、天空に輝く星のように、方向だけははっきりしているが、始めから、到達不可能な世界であったからでしょう。struggle が hopeful なものであれば、目的が達成された途端に、人生はその意味を失うということに、理屈の上ではなりましょう。氏がこの文句を口にしたのは、エマソンのエッセイを読んでいた時でした。

田代氏がいまも持っている教科書には書込みがいっぱいあった。ブライスさんはエマソンの文章に非常なる親近感を覚えて教室で説いたらしい。

終戦直後の大学生活の雰囲気がこの日本大学英文学会の追憶文集にはよく出ているので三、四紹介したい。

二時間目の終りに、先生は腹がすいてきたので講義はやめるとよくいわれたものだ。そのあと、教室の後方に仕切られた細長い部屋で、学生といっしょに昼食をとられた。いまからは想像できない食糧事情の悪かった当時のことである。弁当といっても、薩摩芋か、メリケン粉の焼いたもの、ふかしたものが多かった。その弁当を興味深く見られて、先生はいろいろ聞かれる。時には自分のサンドウィッチと交換を申込まれた。また弁当を忘れた学生に自分のを半分、黙って差出してくださったこともある。そんな時の先生の眼は爛々たるものではなく、柔和な光を放つ。学生と一緒にいることが楽しくてたまらないという表情である。そして「ほかの大学にも行くが、私は日大の学生がいちばん好きなのだ」と言われた。

これは新倉竜一氏の「一転入生の印象」の一節だが、先生が日大生を好まれたのは事実らしい。昭和二十一年十月、銀座の資生堂で開いた日大英文科のパーティには富子夫人――最初のアンナ夫人とは京城時代に別れた――も一緒にあらわれて、和気藹々《わきあいあい》のうちに数刻を過した。会合というものに出たのは後にも先にも日大の集いだけだったとブライス氏の没後、夫人は懐しがられたと中島邦男氏は伝えている。それより数年遅れてブライス先生に接した岡崎祥明氏や榎本良吉氏の時代になると、昭和二十年代の末ごろであろうか、大学院の学生はブライス氏の自宅で授業を受けた。榎本氏は回想する。

……大学院に入って五月のある日、故森村豊先生から「ブライス先生の講義は自宅でなされますから目白の学習院大学の官舎に行くように」と言われました。火曜日のことです。一人で恐る恐る先生のお宅へ出掛けました。門の前に立って一寸躊躇しましたが、思い切って呼鈴を押しました。すると黄色のセエーターを着た女の人が出てすぐ応接間に通されました。……そこでドキドキしながら用意していった英語の挨拶を口の中で練習しながら先生を待ちました。ふと気付いて見ると可愛らしい人形がピアノの上にメトロノームと並んで置いてありました。この人形とピアノは誰のものかなといろいろ想像をしていると呼鈴が鳴り、大学院第一回生の鹿児島一郎さんが案内されて入って来ました。そこでこれらは先生が弾かれるのだということや、さっきの人が奥様であるという話を聞きました。

ドアーが開いて先生が入って来られました。背は普通の日本人より少し高く、顔と眼の大きい白髪の入った髪の、どっしりした青年といった感じを受けました。初対面の挨拶が苦になっていたのですが、鹿児島さんのお蔭で難なく終ってしまいました。

……ソローの『ジャーナル』の講義で、雪の降る日に庭で喜び跳ね回っている犬の足音が聞える、という話がありました。人間が自然の中にはいると「真」の音が聞えるという話をされました。この時先生は日本語を入れて話されました。私は先生の日本語はこの時と皇太子殿下の御成婚の祝詞が放送されたのを聞いたことがあります。当然すぎることと思いますが立派な日本語の発音に感心いたしました。

先生の講義は厳しいものでしたが、非常に親切に教えていただきました。私は英詩を読まされましたが、うまく読めませんでした。すると先生は「ここは強・弱・強・弱と拍子をとって読まなければいけない」と言われ、自分で部屋の中を歩きまわって、足音を立てて拍子をとりながら詩を読んでくださいました。その声はだんだんと大きくなり、感情を深め、終ることがありません。しばし熱情にすっかり圧倒され、その震える声に感動し、茫然としたのでした。

"The entrance examination to Heaven is a reading aloud of Poetry."

と先生は言っておられますが、今頃はやはり神の御側で朗々と詩を読まれていらっしゃることだと思います。

博士課程でヘンリ・ジェイムズを研究テーマに選んだ渡辺敏郎氏はブライス教授が、「ジェイムズについては自分はあまり知らないが良い機会だ、君と一緒に読むことにしよう」と言い、二人で教員食堂で、短篇集から文芸評論集まで読んでいった時の思い出を次のように語っている。

質問のごとく自問のごとく、“What is the poetry of James ?”とか“Where is he ?”とかよく言われた。

ブライス氏にとって文学を研究することは作家の詩を知ることであり、自分を新しく知ることであり、さらに言えば自分自身の詩を書くことだった。研究者の主体的な位置が奈辺にあるのか不明な、そしてそのために不毛な論文（？）の多い日本の西洋文学研究の弱みをブライスさんは承知していたのだろう。

「君がジェイムズを研究するということは、このelusiveなジェイムズと、ブライスと、君自身を研究することだ」と幾度も言われ、そのあとにはたいてい片言の日本語で「タイヘンネエ」か「オキノドクネエ」が続くのであった。……ちょっとしたきっかけで真直ぐ私の方に向き直られ、「君は君自身をどのような人間だと思うか」とか、図を描きながら、「ここにジェイムズがいて、ここらあたりにブライスがいるとすると、君はどのあたりにいると思うか」といった類の質問が飛び出してくる。私の困った顔を見てニヤリとなさるが、またすぐ顔をひきしめ、「いま答えなくともよい。しかし必ず自分で答を出さなくてはいけない。それを伴わない文学研究はあり得ないのだ」と言われるのだった。

教師としてのブライスさんの指導ぶりをしかし一番情意をつくして伝えているのは大和資雄教授の一文である。ブライス先生は日大英文科では卒業論文審査の労までも惜しまれなかった。これは他大学ではなかったことである。二人で審査した大和教授はその時々のブライス教授の審査評を書きとめておいた。印刷された十四ほどの講評のうち、ここでは最短の部から三つを引いておく。

☆The English, which is good, seems to be his own. His views, if not new, also seem to be his own, and just and justified. The quotations are not too many or too long.

☆This is competently done. The stories are told well, especially *A Passage to India.* There is some repetition, e. g. the quotation on p.40 comes again on p.54. The conclusion is rather feeble. His English is his own.

☆The English is terrible and the spelling often phonetic. I doubt if he understands what he has written. He spells the author's name in every possible way.

何事についても自分自身の独立した意見を述べること、借物の意見を述べてはならぬことが講評にはっきり出ている。‘his own’の強調がそれで、数冊の参考書を読んででっちあげたような論文にたいし、ブライス氏はいたって手厳しかった。鉛筆でなぐり書きした‘nearly illegible’の論文にたいしては‘a kind of impudence’と評した。出鱈目《でたらめ》な綴りを平気で書いた論文に下した「彼は作者の名前を可能な限りありとあらゆる綴りでもって書く」という評にはユーモアが漂う。よく腹も立てずにそんな出来の悪い英語論文を終りまで読み通したものだ、とブライス教授の辛抱強さに私は感心する。……

英語教師としてのブライス先生の面影は、戦前戦後を通してそのようなものであった。しかし後でふれるヴァイニング夫人との関係においても、old Japan hand「日本通」である氏のハンディキャップについて一言ここでふれておかねばならない。それはブライスさんが日本人の学生を知り過ぎていて、そのために日本へ着きたての外人教師が惹き起す摩擦や誤解や発見が東京時代にはなさ過ぎた、という点である。東大生の間でブライスさんの授業が熱気をもって迎えられなかったとしたら、それはまさにその慣れのためであった。本郷の文学部英文科には詩人ブランデン氏がイギリス政府から特派されていた。駒場の教養学部教養学科にはオーストラリアからF・M・ウィルソン氏が土曜の午後に来ていた。雪が降った日「生れて初めて雪を見た」と窓外《そうがい》を眺めやるウィルソン氏の一言一言に、私たちは心を躍らせたものだ。またブランデン氏がコールリッジの『クブラ・カン』を朗読した時など、旧一高の大講堂も満席となったものだ。その時のブランデン氏はいかにも高雅な別世界から桂冠詩人として壇上にあらわれた、という隔絶《かくぜつ》した距離感でもって私たちを魅了した。それに比べてブライスさんが教室にはいって来、くすんだ緑色の風呂敷を開いて授業を始めた時は、そうした別世界の夢はもはやなかったのである。ブランデン氏とブライス氏が共に詩を語り合う仲であったことはブライス氏が編纂したエマソンの詩の教科書版（研究社、一九四九年）の序論からも察せられるが、英文科の学生たちにはブランデン氏こそ醇乎《じゅんこ》たる英詩の伝統の光栄に輝く正統の貴人であるのに対し、ブライス氏はこともあろうに英詩を英詩として読むばかりか、和歌、俳句、漢詩、川柳ごときものと比較対照するという、学問のあるべき枠からはみ出た野人のように思われていたのである。昭和二十年代に東大英文科で学生であった人たちはいま（昭和五十七年）五十歳前後、その何人かは大学で語学教師を勤めているが、「ブライスさんの英文学史は必修課目だったから出席して単位は取ったが、特別に思い出はない」という冷淡な返事をする人が多かった。「そういえばいつも文学部の入口に自転車がたてかけてあったなあ」

日本研究者への道

前にもふれた *Japanese Life and Character in Senryu* の序文では、ブライスさんは自分の生涯を振返ってその諸相を次のように区分している。はじめに生得のアニミズムがあり、それから自然に菜食主義に移った（菜食主義は仏教の基盤の一つ、ないしはそれであるべきものであった）。ついで偶然、幸運にも俳句というか俳句の道とでもいうべきものに行き当った。ついで（これこそ目出度いというべきことだが）鈴木大拙の書物を通して禅に出会った。禅は——とブライス氏はいう——私たちがバッハの音楽の中に聴くところのものであり、それは苦痛や死を含むよろずのことは神の愛する手から来ることを教えるものである。そしてその次に川柳を発見した、それが自分の自伝だ、とブライスさんは一九五七年四月に書いたその序文で簡潔にいっている。

では実際、誰がブライスさんを手引して俳句や川柳の世界へ案内したのだろう。

京城大学には後に俳句、川柳など江戸文学の大家として知られる麻生磯次氏が教授として赴任していた。麻生さんは実に人間の出来た人だった。しかし旧制高校のころは人生について煩悶《はんもん》し、一高を休んで居を鎌倉に移し、一年近く円覚寺塔頭《たっちゅう》の寿徳庵に引き籠ったこともあるという。それは鈴木大拙の『禅の第一義』によって禅の真髄は実修実悟以外には体現されないと知ったからであった。

これは私の想像に過ぎないが、ブライスさんが俳句の世界へはいったのは、この麻生教授が京城大学法文学部に同僚としておられたことと無関係ではなかったのではあるまいか。私は実は東大で麻生先生から芭蕉の『野ざらし紀行』をお習いした一人である。それは鮮やかな鑑賞と明晰な説明のすばらしい講義だったが、その授業中ふとブライスさんの名前をいかにも親しみをこめて口にされたことを記憶する。ブライスさんは俳句の研究で昭和二十九年、東京大学から文学博士号を授けられたが、その時の主査はもちろん麻生先生であった。麻生先生はまた昭和三十二年、東大文学部長を停年で辞められた後は学習院に移り、安倍先生のあとを継いで学習院長となられた。安倍、麻生、ブライスの三人は偶然とはいいながらまた同僚となったのである。戦後、東京時代のブライスさんは俳句や川柳やユーモア関係の著述を書物にするに際して、早稲田や学習院で教えた女子学生の助力を求めた。それはタイプや校正といった技術的な面だけでなく、俳句や川柳の解釈そのものについても聞くべき時は助言を聞いたらしい。著書には彼女等の協力を謝する言葉が出ているが、昭和三十四年に同じく北星堂から刊行された *Oriental Humour* には、いかにもユーモアについての書物らしく、序の末に、

"The misses saved me from many a miss."

などと洒落も書いている。千葉、山田、氷室の令嬢《ミス》たちがブライス氏を多くの誤り《ミス》から救ってくれた、というのである。日本語が上達した後もなおそのような助言が有効・有益であったとするなら、やはり戦前にも、生きた肉声で俳句をブライスさんに説明してくれた人がいたのだ、と考えても良いのではあるまいか。

ブライスさん自身の句は二句しか知られていないが、

葉の裏に青き夢みるかたつむり

A snail
Dreams a blue dream
On the back of a leaf.

というのは朝鮮時代の作である。（「葉の裏に」でなく「木下闇《こしたやみ》」だという説もある。）

それでは俳句から禅へと関心が深まったのはどうしてであろう。

ブライスさんが俳句の裏にある禅に惹かれるようになったのは、*Zen and Zen Classics*（第一巻、北星堂、一九六〇年）の序文によると disappointed love「愛に失望した」故であるという。最初の妻アンナは、岡氏

によれば結婚生活四年の後に離婚したというが、一九三五年(昭和十年)に別れたのではないかと思う。フロム氏によれば、その年の五月彼女はイギリスへ戻った。ブライス氏もその直後、大学から休暇を取ってイギリスへ一旦戻った。

ブライス夫妻の初期の京城生活は物質的には恵まれたものであった。日本人同僚に倍する給料を貰い、大きな邸に女中、書生を置き、犬、羊、馬などを飼っていた。映画が好きで、そのころ有名だった「目玉の松ちゃん」こと尾上松之助演ずる映画を愛好し、黄金館などでよく見かけたという。客席で「あの外人はロシヤ人だろうか」などと私語するものがいるのを小西英一氏は耳にはさんだ。それはそのころの京城には白系ロシヤ人、タタール人だのの亡命外人が住んでいて、肩に洋服地など担いで街頭で商売していたからそれと間違われたのである。ブライスさんは辺幅《へんぷく》を飾らない人だから、大分疲れた背広を着て、爺さんのするような地味なネクタイを締め、時にはサンダルなど穿《は》いて歩く風情《ふぜい》が、いかにも街の亡命外人のように見えたのだろう。しかしブライスさんが東洋の天地が気に入り、日本語を学び、朝鮮語の会話を楽しむようになればなるほど、そのアジアへの愛情自体がさえぎりとなって、アンナ夫人との間の障壁はいよいよ大きくなったのではあるまいか。ブライス夫妻は朝鮮人学生に育英資金を惜しみなく出したが、アンナ夫人は商業学校の一中学生を連れて帰英したとも伝えられる。(なおその李青年は英国で立派な教育を受け、帰鮮して社会的名士となった。しかし一九五〇年夏、北朝鮮軍が南下侵入した際、北側の宣伝放送に従事するよう強制され、それがたたって韓国軍がソウルを奪回した際、興奮した韓国軍兵士により銃殺された。喜んですぐ身をあらわしたための災難であった。一週間ほど経ってから出頭すれば、そんな処刑沙汰にはならなかったであろうといわれている。)

一九三六年帰鮮したブライス氏は貸家に移り、ひとりで朝鮮人の家政婦を雇って暮した。そのころ精神的にも動揺が多かったのであろう、京城府長沙洞にあった臨済宗、花園妙心寺の京城別院の専門道場へ通い始めた。当時妙心寺には華山《はなやま》大義老師がいた。ブライス氏が後に最初の著作 *Zen in English Literature and Oriental Classics* を献じて「この人なかりせば自分は禅のことはなにも知らなかったであろう」と謝恩している人である。当時の模様を小西英一氏は次のように回顧している。

日曜日などは早朝五時から座禅、接心、朝粥を戴いて帰るという修行を長くつづけた。妙心寺では当時、月の三の日と八の日とに夕食後、三八会というのが催され、華山老師の『無門関』の提唱があった。そのほか毎土曜日夕には白隠禅師の『毒語心経』の講義もあったが、ブライズさんはそのいずれにも熱心に出席していた。そして仏典を味読する必要から漢字の学習を始め、終には習字までやるに至った。漢字の学習は、後の俳句川柳の研究に強力な武器となったのである。……

華山大義老師は当時五十四、五歳であったろうか、東大哲学科の出身とか聞いたが六年も雲水修行をやり、兵隊にとられた際は最下級の輸卒を勤めたこともあるということであった。篤学な学問僧で講義も講話も優れたものであった。

毎年冬、十二月二十八日には臘八《ろうはち》会と称して三八会の会員が老師から豆腐料理の御招待を受けた。豆腐料理とは普茶《ふちゃ》料理、つまり精進料理のこと、この美しくも美味な東洋的な料理は、今は禅寺以外では味うことが難しくなった。臘八会では老師自ら雲水であった当時、豆腐料理を作った折の経験を物語ってくれた。まず白胡麻を炮烙《ほうろく》に入れ、火にかけて炒り、胡麻三粒がパチパチと音立ててハネるのを機として火から下ろし、擂り鉢で一日中擂る。俗に「胡麻擂り坊主」という言葉もある程だが辛抱のいる仕事だという。これが雲水の仕事、こうして擂り上げた胡麻を葛粉かなにかで豆腐に固めたものが胡麻豆腐、これこそ普茶料理の第一番、天下の珍味、美味であるが、禅とともに親しく味わねばならぬものである。

その妙心寺京城別院には雲水がいつも八人ぐらいいた。敦煌出土の『六祖壇経』が一番原典に近いというので、華山大義老師とブライス氏はそれの勉強も始めたという。しかしこの禅僧について（であると私は思うが）、ブライス氏は次のような体験をした。

生涯を通じて私は友人が一人欲しいと思っていた。そして朝鮮の京城の妙心寺の坊様についに「一人の友を得たり」と思った。そう思うと歓びに耐えず、一日私はまた寺を訪ねた。すると坊様は私を至極冷やかに、どこの誰とも同じように、扱った。私はすっかりみじめになり、「俺はどうせ友達なんか要らないんだ」と強がりを言って家に帰った。イソップの狐が葡萄の実は酸っぱいと負惜しみを言っているみたいなものであった。

この挿話を引いて岡國臣氏はブライス氏には親友がいなかったのだと結論する。だがしかしこの華山大義老師の冷淡な取扱いも禅の修行のうちだったのではないだろうか。西洋人であると見るととかく特別扱いしがちな昨今の坊さまに聞かせたいような話である。

女性論

ブライス氏が敬重したイギリス作家の一人はD・H・ロレンスである。私が学生だった時、ある学期の講義題目は「ハックスリー、ロレンス、マンスフィールド」の三人であったが、実際はその学期中を通してロレンス一人しか話題にしなかった。授業するうちに興に乗ってそのような結果に終ったのかもしれないが、一度先生は釈明して、

「ロレンスだけだと差障りがあるから、それで題目だけは三人にしておきました」

と微笑した。『チャタレー夫人の恋人』が裁判沙汰となっていた当時のことである。しかしだからといって大学でロレンスを論じてはいけない、などという拘束的な雰囲気は微塵《みじん》だになかった。だからブライス先生ともあろう人がそんな気兼《きが》ねをして三人の名前を並べたのはおかしい、と私などは感じたものである。ブライス教授はある時授業中に性交を論じ、クラスはしんと静まりかえった。それは肉体の和合から結婚の幸、不幸を論じたもので、途中、声が途切れたかと思うとブライス先生はほろりと涙をこぼした。

ブライスさん自身の女性論は *Zen and Zen Classics* に出てくる。その第五巻、九四ページ以下に、

女は自然のようなものである。われわれは女を理解できない、なぜならそこには理解すべきものはないのだから。禅も同じことである。われわれは禅を説明できない、なぜならそこには説明すべきものはないのだから。……女の禅は説明できない、なぜなら女には知性《インテレクト》がないのだから。……もし女が女の直観を放棄して知的な二分法《ダイコトミー》に陥るならば、女は女であることを止《や》めたのであり、なんらかのもの（anything）であることを止めたのである。……女は無それ自体である。女は無の中に没している、無でいっぱいになっている。これが女の偉大な力であり、大きな魅力である。

その第二巻、一八七ページ以下に、

すべての中で最も大切であり、最も人間的な事は、D・H・ロレンスが言ったように、ある特定の女と正しい関係を持つことである。ただし「正しい関係」という言葉で私が意味する内容は、ロレンスと違って、その女が私と同じように、女の脚ででではあるが、「道」を踏んで歩くことである。すなわちその女は平和主義者、菜食主義者、（学生のいない）教師、あるいはそれと同じ事だが、（教師のいない）学生であ

らねばならぬ。

その先には、

その女は自分の金にも、他人の金にも関心を持ってはならぬ、「自分の魂の財産を改善する」という野心も望みも持ってはならぬ。バッハと時々モーツァルトは聞いてよろしいがそれも片耳を半分開けていればそれでよい。他は聞くに及ばぬ。日常生活の用具はどれもこれも十分気を使って（十分金を使ってではない）選ばなければならぬ。コップや薬罐の類は些少の額で買える類の最良の品でなければならぬ……

ブライスさんの授業も著書も禅宗の坊さんが英語を通して話したり書いたりしているような趣きがあった。それだからブライスさんの著作のあるものは、英語で書かれてはいるけれども、禅や俳諧の心得のある日本人によって、英米人以上に、よく理解される性質のものではないかと思う。私はそのように弁護的に思うものだが、それでも右の一節を読んだ時はずいぶん自在勝手な女性論を開陳するものだ、と驚いた。一般論を述べているようで、ブライスさん個人を思わせるような主張が次々と飛び出すからである。禅の見地からするという西洋音楽家の批評は、氏ならではのものだろう（同第五巻、一一五ページ）。

精神的にいうならばショパンのごとき長髪族は音楽における女であり、ヘンデルは男である（ベートーヴェンは男女両性である）。ショパンはおよそ本を読むことをしなかったというが、女がはたして真に読書したことがあるであろうか？　……ショパンは誠実に厚顔に禅なき人である。僅かの禅があるとすれば、それは女の禅であった。

音楽だけではない、日常の品物についての記述もブライスさん個人の趣向を反映した説であることは確実で、小西英一氏は朝鮮時代のブライス教授が古美術に深い関心がありながら、骨董趣味はおよそなく、「美の要素を備えているものなら、昨日作られたものでも、デパートの台所用品部に並んでいるものでも、安くて美的なものを手に入れては悦《えつ》に入っていた」と回想している。

ロレンスを敬重するブライスさんは、禅宗で性《セクス》が無視されていることを不自然と考えていた。「性のない社会などというのは語における矛盾である」「それでは禅からヴァイタルなものが欠落してしまう」。禅は男女両性が結婚する一切の障礙《しょうげ》を取りはらう機能を果すべきものであった。ブライス氏によると理想的な結婚において（同第五巻、二〇五ページ）、

その架空の二人はバッハと芭蕉と白居易を愛し、エックハルトとセルバンテスとエル・グレコとを愛さねばならぬ。さらに動物、植物、円い大洋、生きている大気を愛さねばならぬ……　私はもっとも重要な部分、性の部分《セクシャル・パーツ》、に言及するのを忘れていた。その二人は互いに相手の体を愛しているのでなければならぬ。欲望はその食べるところのものによって増大するのであるから。

“I forget to mention the most important part, the sexual parts”などという言い方にはユーモアさえ感じられる。この場合、性は「陰部」などという日蔭者扱いをしてはいけないのであろう。

一九三七年にブライスさんは青木堂という小さな百貨店で働いていた若い富子さんを見初《みそ》め、再婚した。この結婚は当時の京城でずいぶん評判になったという。二人は京城の梨花町に住んだ。昭和十五年に金沢に移り、昭和十七年には長女の春海《はるみ》さんが生れた。ブライス氏の好きな蕪村の「春の海ひねもすのたりのたり

かな」から取られた名前にちがいない。抑留後の昭和二十二年には次女のナナさんが生れた。七月七日生れだからだという。春海さんには祖母の呼名にちなんでマージョリー、ナナさんにはエリザベスというミドル・ネームをそれぞれつけた。つけて暫くしてから女王と同じ名前だったなと気がつくブライスさんであった。

富子さんは菜食主義者ではなかった。だしにも魚を使ってはいけない、というブライス氏の菜食主義は、トルストイの場合もそうだと聞くが、ずいぶん手間のかかる贅沢なものである。ブライスさんが神戸附近で抑留されていた戦争中、富子夫人は夫の好きな海苔巻や五目寿司などの差入れをよくしたそうである。しかし戦後の日本の食糧事情は悪かった。食べられるものならなんでも食べた時代であった。もちろんブライス氏には外国人ということで特別の配給はあったにせよ、富子夫人にとって主人のための菜食と家族のための普通食と毎回二通りの調理をせねばならぬということは、主婦の立場からは耐えがたい煩《わずらわ》しさであったろう。ブライス氏が著作で「その女はバッハと芭蕉と白居易を愛し、平和主義者、菜食主義者であり、a (studentless) teacher あるいは a (teacherless) student であらねばならぬ」などと説いても、伝法《でんぽう》な富子夫人には空念仏《からねんぶつ》だったに相違ない。彼女は外人さんの奥さんとして戦争中肩身の狭い思いをしただけに、戦後はむしろ派手に振舞いたかったことだろう。

もっともブライスさんは家庭で家人に菜食主義を押しつけるわけではなかった。ただ、

「私は十八の時から菜食主義を始めたよ」

というだけで、それで家族が聴いて自分について来るなら良し、ついて来ないならそれでも良し、という態度であったという。長女の春海さんが高校生時代、一時ハワイアン音楽に熱中した時は父子の間に断絶が生じたというが、ブライスさんの父親としての感化はたいしたもので、いま米国に住む春海さんは、牛肉豚肉の類はいっさい食べない主義に転じたという。私はそのような御家庭の話を次女のナナさんからうかがったのだが、お互いに言葉で遊ぶのが好きだったブライス家のお嬢さんだけに、上手に気持を言葉にのせて、

いろいろと率直に思い出を語ってくださった。

「それでは春海さんもお父様に似てしっかり者なのですね」

「それは四十近くになって子供が大学生くらいになった時、自分もまた大学へ戻るくらいですもの。でもそれはブライス家の血筋らしいですよ。姉はイギリスに父の従姉のドーラに会いに行きました。記念に写真を撮ろうとしたら、向うの池に白鳥がいる。それで一緒に写真に入れようと思って『動いてくれないか』とドーラに頼んだら、『その必要はない』と返事した。その答え方が父親そっくりなものだから大笑いしました」

お父さん子、というのであろうか、ナナさんを見ているとブライス先生を思い出した。

「先生に似ているねえ」

「気持のいい娘さんだねえ」

と私は仙北谷晃一氏と話しながら大磯のお宅を辞去した。武蔵大学の仙北谷教授はブライス先生の感化でもってD・H・ロレンスの研究に打込むようになった人である。ブライスさんは東大生の名前はもはや一人一人覚えようとしなかったが、それでも仙北谷氏の顔は記憶していて、二人が共に大磯の住人となると、すれちがう時には互いに黙礼する間柄であった由である。

「僕は授業中、蕪村の、

小鳥来る音うれしさよ板びさし

の小鳥は単数がいい、と主張したらブライス先生に『それは君の感傷主義だ』とか反論されちゃってね。いま *Haiku* の第四巻を見ると、

The sounds of small birds
On the pent-roof, ——
What a pleasure!

やはり小鳥が複数になっている」

「単数だと小鳥を愛人の寓意《ぐうい》かなにかに見立てる西洋人読者が出てくるからだろう」

ブライスさんは京城大学予科時代には授業中に学生に俳句を英訳させたというが、私たちの時代にはもうそれはなかった。ブライスさんの説く禅の方は難しいけれど、俳句の方ならまだしもいろいろ言い返し出来たのにな、といいながら私たちは坂道をくだった。ブライスさんが昭和三十九年、最後に脳腫瘍で入院するため担架でこの大磯の道をくだった時の句は、

山茶花《さざんか》に心残して旅立ちぬ

であったそうである。

第二章　山梨提督

軍縮のために尽した軍人

ここで話を山梨勝之進《やまなしかつのしん》提督へ移させていただく。はじめに、大正十年（一九二一年）、ワシントン会議に臨んだ際、全権加藤友三郎海軍大将が、加藤寛治中将以下立会いの下に随員堀悌吉《ほりていきち》中佐に口授筆記させた軍縮に関する日本海軍の「先天的方針」を抜粋《ばっすい》して掲げる。全権委員随員山梨勝之進大佐は当時四十四歳、加藤友三郎の直系の部下であった。

國防ハ軍人ノ専有物ニアラズ。戰爭モマタ軍人ノミニテナシ得ベキモノニアラズ。國家總動員シテコレニアタラザレバ目的ヲ達シガタシ。ユヱニ一方ニテハ軍備ヲ整フルト同時ニ、民間工業力ヲ發達セシメ、貿易ヲ奬勵シ、眞ニ國力ヲ充實スルニアラズンバ、イカニ軍備ノ充實アルモ活用スルアタハズ。平タクイヘバ、金ガナケレバ戰爭ガデキヌトイフコトナリ。假リニ軍備ハ米國ニ拮抗スルノ力アリト假定スルモ日露戰役ノ時ノ如キ少額ノ金デハ戰爭ハ出來ズ。シカラバソノ金ハ何處ヨリ之ヲ得べシヤト云フニ、米國以外ニ日本ノ外債ニ應ジ得ル國ハ見當ラズ。而シテ其ノ米國ガ敵デアルトスレバ此ノ途ハ塞ガルルガ故ニ、日本ハ自力ニテ軍資ヲ造リ出サザルベカラズ。コノ覺悟ノナキ限リハ戰爭ハ出來ズ。カク論ズレバ結論トシテ日米戰爭ハ不可能トイフコトニナル。コノ觀察ハ極端ナルモノナルガ故ニ、實行上多少ノ融通キクベキモ、マヅ極端ニ考フレバカクノゴトシ。

余ハ米國ノ提案ニ對シテ主義トシテ賛成セザルベカラズト考ヘタリ。假ニ軍備制限問題ナク、コレマデ通リノ製艦競争ヲ繼續スル時如何。米國ノ世論ハ軍備擴張ニ反對スルモ、一度《ひとたび》ソノ必要ヲ感ズル場合ニハ、ナニホドデモ遂行スルノ實力アリ。米國ガ何等ノ新艦建造ヲナサズシテ、日本ノ新艦建造ヲ傍觀スルモノニアラザルベク、必ズサラニ新計畫ヲ立ツルコトニナルベシ。マタ日本トシテハ米國ガコレヲナスモノト覺悟セザルベカラズ。カクナリテハ、日米間ノ海軍差ハ益々增加スルモ接近スルコトハナシ。日本ハ非常ナル脅迫ヲ受クルコトトナルベシ。米國提案ノイハユル十・十・六ハ不滿ナルモ、but ifコノ軍備制限完成セザル場合ヲ想像スレバ、ムシロ十・十・六デ我慢スルヲ結果ニオイテ得策トスベカラズヤ。

ここにこの一文を引くのはほかでもない。山梨勝之進はこの大方針をわがものとして肝に銘じ、その九年後、海軍の次の軍縮会議であるロンドン会議を堀悌吉とともに推進した中心人物だからである。

ワシントン会議に参加した日本海軍の最上層部には——加藤寛治中将のように興奮して鼻血を流して加藤友三郎全権にたてついた人もいたが——このように、当時のアメリカと日本の国力の差を直視した、冷静な発想があった。第二次世界大戦で、山本五十六が戦死した後、聯合艦隊司令長官の職をついだ古賀峯一も、当時十・十・六の軍備制限に賛成した一人で、軍縮に反対して激昂する青年士官たちに向って、

「英米が日本の六分の十で我慢している。そういう風に考えればよいではないか」

と諭したという。知米派の山本五十六も軍縮賛成の一人で、

「デトロイトの自動車工業とテキサスの油田を見ただけでも、日本の国力で、アメリカ相手の戦争も、建艦競争も、やり抜けるものではない」

と言っていた。しかし日清日露戦争以来の軍事的栄光の記憶は、そのような「止むを得ぬ、意気地なき論」に我慢がならなかった。五・五・三という不平等な数字が、日本人には国威を傷つけるものとして映じ

たのである。小学生でも各国海軍現有勢力図を見て、シルエットで黒く描かれている主力艦の数が日本の方が少いのを見ると——小学生には工業力とか productivity という観念がないだけに——軍縮条約によって日本は不当に縛られている、と子供心にも義憤を発したものだった。しかし当時の日本では八・八艦隊の計画が日本の総予算の三割近くを食うようになり、国家財力の負担の限界は目に見えていた。それで加藤友三郎海相は原首相と相談の上、軍備削減に応じたのである。

ワシントン会議は第一日の冒頭演説でヒューズ米全権が爆弾的動議を提出し、今後十年以上の主力艦の建造休止、十対六の米日海軍比率の設定の具体案をつきつけた。それにたいし加藤友三郎全権が起《た》って、

日本ハ軍備制限ニ對スル米國政府ノ提案ニ明示セラレタル目的ノ誠實ナルコトヲ深ク認識ス……　日本ハ此ノ計畫ヲ企圖スルニ至ル米國ガ高遠ナル目的ニ感動セザルヲ得ズ。即チ日本ハ主義ニ於テ斷然此ノ提案ヲ受諾シ自國ノ海軍々備ニ徹底的ナル大削減ヲ加フルノ決心ヲ以テ、協議ニ應ズベク覺悟セリ。

加藤が演説し、スタンフォード大学の市橋教授が〈agree in principle〉と通訳した時、満場は総立ちとなって拍手を送った。それは山梨随員にとっても生涯忘れられない光景であった。

当時の日本は世論もまたこの軍縮を支持した。ワシントン会議では威信にこだわるフランスの反対があって補助艦の比率に関する協定は成立しなかった。山梨委員が一足先に帰国し軍令部に出頭してこの点も報告すると、齋藤七五郎軍令部次長は、

「それではいずれまた補助艦の競争が始るではないか」

といかにも物足らなさそうに言った。それが九年後の昭和五年（一九三〇年）、ロンドン会議で補助艦についても軍縮条約を締結しようとした際、加藤寛治大将を長とし、末次信正中将を次長とする軍令部は全く

態度を変え、その締結《ていけつ》を妨げようとするにいたった。

山梨勝之進は、このロンドン会議の際、財部《たからべ》彪《たけし》海相が全権として渡英した後、軍縮反対派が策動する海軍部内をとりまとめて軍縮条約締結のために精根をつくした海軍次官である。

当時の警視庁書記官兼内務部長であった高橋雄豺《ゆうさい》は後日、

「あの時は危くて、見ておれなかった。よくあなたは無事でしたね」

と言った。当時は八方ふさがりで、山梨次官は堀悌吉軍務局長、古賀峯一副官と、

「もうこうなっては、覚悟をきめよう」

と語ったこともあるという。はたして濱口雄幸総理大臣は佐郷屋留雄に狙撃され、それが原因で死亡した。

ワシントン・ロンドン海軍軍縮会議についての山梨大将の講話は『山梨勝之進先生遺芳録』（非売品、一九六八年）と『歴史と名将』（毎日新聞社、一九八一年）とに収められているが、後者は問題点が見事に整理された一文である。その中で濱口首相が「自分は一国の総理として陛下に対して、国民に対して全責任をもって信念に殉ずる覚悟であるから、次官ひとつ助けてくれ」と言った。晩年の山梨さんはその思い出を、

どうも（濱口）総理は唐時代の名臣房玄齢、杜如晦、魏徴という人々のような、社稷《しやしよく》の臣の面影をたたえておられた方であったと私は思うのです。こんなお話をしますと、その面影が私の目の前に現れてきて、「こら、山梨、お前生き残っているのだからしっかり頼むよ」と言われているような気がするのです。

と語っている。軍縮は国家経済の根本を左右するものであると同時に、各国間の和親に至大の影響を及ぼす大問題である。軍人である山梨さんにとって「この軍縮は弾丸を打たない戦争であった」。しかし日本海軍はロンドン条約をめぐって二つに割れた。ロンドンで財部全権がもっと決然たる態度を取っていたなら、

あれほど問題は紛糾《ふんきゅう》しなかったのかもしれないが、財部はかつてワシントン会議に際し激昂する加藤寛治を抑えた加藤友三郎大将のような器《うつわ》の大きな人物ではなかったのである。条約締結に努力した海軍省の幹部たちは山梨次官以下条約派と呼ばれ、軍令部を中心とする艦隊派、及びそれと結託して統帥権干犯《とうすいけんかんぱん》問題で騒ぎ出した政党、新聞などから非常なる非難を浴びた。そして海軍部内では条約派と目された人々は次々と海軍から追われたのである。山梨勝之進、左近司政三、寺島健、堀悌吉……

ロンドン会議で日本の首席全権を勤めた若槻禮次郎《わかつきれいじろう》は、部外者であったけれども、海軍部内のこの人事のやり方が心中不愉快にたえなかった。なぜこういう有為《ゆうい》な人々が軍縮会議に際して仕事をしたという理由だけで冷遇されねばならないのか。若槻は一度山梨に会うと、こう言った。

「あんたなどは、当り前に行けば、聯合艦隊の司令長官になるだろうし、海軍大臣にもなるべき人と思う。それが予備になって、今日のような境遇になろうとは、見て居て、実に堪えられん」

すると山梨は、

「いや、私はちっとも遺憾と思っていない。軍縮のような大問題は、犠牲なしには決まりません。誰か犠牲者がなければならん。自分がその犠牲になるつもりでやったのですから、私が海軍の要職から退けられ、今日の境遇になったことは、少しも怪しむべきではありません」

と言った。これを聞いて若槻元首相は、いまさらながら山梨の人物の立派なことを知ったと『古風庵回顧録』で述べている。

山本五十六の先輩

ロンドン会議で山梨次官を助けて軍縮条約締結に漕ぎつけた堀悌吉《ほりていきち》軍務局長は、山本五十六と海軍兵学校同期でそのクラスヘッド、山本の親友であった。堀がついに予備役へ追われた時、ロンドンにいた山本は

「巡洋艦戦隊の一隊と堀悌吉一人と海軍に取ってどちらが大切なんだ」と憤ったと伝えられる。

「かくのごとき人事の行はるる今日の海軍に対し、之《これ》が救済の為努力するも到底難し……矢張り山梨さんが言はるる如く海軍自体の慢心に斃《たふ》るるの悲境に一旦陥りたる後、立直すの外なきに非ざるや」（山本五十六より堀悌吉宛、昭和九年十二月九日付）

郷里の長岡でも山本の兄で歯科医をしていた高野季八は、東京から帰って来た大学院生星野慎一の歯をいじりながら、言った。

「弟はのう、海軍をやめるかも知れないて」

「どうしてやめるんですか」

「すっかりいやになったらしい。いろいろあるらしいね」

その山本は昭和十一年末から十四年八月聯合艦隊司令長官となるまで海軍次官として対米英戦争回避のため、日独伊三国同盟締結に終始一貫して反対した。海軍次官が暗殺の危険に曝《さら》されたのは前に山梨勝之進、後に山本五十六の二人のみだが、次の挿話は山梨・山本の思想的系譜を示しているので、主題をはずれるが、触れておきたい。一つは山本の次官当時の遺言状「述志」、一つは山本の堀悌吉あての私信についてである。

「述志」には一命を賭《と》して三国同盟に反対する山本の覚悟が述べられているが、山本の戦死後、海軍省で遺品を整理した堀悌吉が後に発表したものである。

述志

一死君國に報ずるは素《もと》より武人の本懐のみ、豈《あに》戰場と銃後とを問はんや
勇戰奮闘、戰場の華と散らむは易し。誰か至誠一貫、俗論を排し、斃れて已《や》むの難《かた》きを知らむ
高遠なる哉《かな》君恩、悠久なるかな皇國

思はざるべからず、君國百年の計
一身の榮辱生死、豈論ずるの閑《いとま》あらむや
語に曰く
丹可磨而不可奪其色　蘭可燔而不可滅其香と
此身滅すべし　此志奪ふ可からず
昭和十四年五月三十一日
於海軍次官官舎　山本五十六

「丹《たん》ハ磨クベシ、ソノ色ハ奪フベカラズ、蘭ハ燔《や》クベシ、ソノ香ハ滅《めつ》スベカラズ」という語の出典は『劉子』である。

山本が日米開戦の二ヵ月前に堀悌吉へあてた手紙は、私的な遺言状ともいうべき性質のものだが、ロンドン会議以来の経過を念頭に置いて読む時、まことに暗然たるものがある。山梨大将と関係することが深いので、いまそれを抄すると、

昭和十六年十月十一日
一、留守宅の件適当に御指導を乞ふ。
二、大勢はすでに最悪の場合に陥りたりと認む。山梨さんではないが、これが天なり命なりとはなさけなき次第なるも、いまさら誰が善いの悪いのと言った処で始らぬ話なり。
三、個人としての意見と正確に正反対の決意を固め、その方向に一途邁進の外なき現在の立場はまことに変なものなり。これも命といふものか。

ここで「最悪の場合」というのは日米開戦不可避の事態をさしている。歴史がもつ運動量は、もはや一個人の力でもっては防ぎ止めることはできない。かつて海軍次官として米英を敵にまわす三国同盟の阻止《そし》に命を賭《と》して反対した山本も、いまや聯合艦隊司令長官として山本個人としては大反対であった日米開戦に向けて一途邁進《いっとまいしん》のほかなくなった。——山本がそんな真意を打明けることが出来たのも莫逆《ばくげき》の友堀悌吉に対してなればこそだが、その文中に「山梨さんではないが」という言葉が出て来るのは、山本五十六や堀悌吉が、離現役《りげんえき》した後の山梨勝之進に依然として兄事《けいじ》し、その言葉によく耳を傾けていたなればこそである。

山梨勝之進も山本元帥や古賀元帥が自分に師事してくれたことを、生涯忘れがたいことに思っていた。山梨大将は昭和三十四年五月二十五日、海上自衛隊幹部学校で『歴史と名将』に収められたあの聴く人みなを魅了した講話の第一回を行うが、その日、大将は皇太子の御成婚を祝した後こう言って話を始めた。

私は、今から約四十四年前（一九一五年）、海軍大学校でアメリカ海軍の戦史を担当しており、当時中佐でありました。その頃の学生の中には、山本五十六元帥や古賀峯一元帥が大尉で在学中でありました。後年ああいう立派な方になって、あのような名誉ある戦死を遂げられようとは、珍しく、有難く、悲しく、いろいろな気持が一度にこみあげてきて、何とも言いようのない気持がいたします。

往年の山本大尉も、いまの自衛隊幹部諸氏と同じように、アメリカの海軍とファラガット提督についての山梨さんの講話に聴きいったことであろうか。

邦人記者の態度

長男の山梨進一氏が見た私人としての山梨勝之進はこうであった。

大森時代の父は艦隊勤務が多くて家に居ることは少く、したがって思い出はほとんど残っていない。ただ一つ記憶に残っているのは私の小学校の秋の運動会に来てくれたことである。そのとき繰返して演奏された「夕空晴れて秋風吹く……」で始まる『故郷の空』という曲を「あれは英国の曲だ」と教えてくれた。……開成中学に進学すると英語の勉強には極めて熱心で良く指導してくれた。そのころの父は英語読本の *National Reader* が大好きで、その三巻や四巻を夕食後読んできかせてくれた。

それはまだ日本海軍にとって平静な大正時代のことであった。大正十一年、ワシントン会議から帰って来た時は蓄音器とレコードをお土産にくれた。音楽好きの息子のために横須賀に勤務していても音楽会の広告を新聞から切抜いて送ってくれる山梨少将であった。（山梨さん自身、最晩年の九十歳、夫人は八十歳という齢で来日したパリ・オペラ・コミックの『カルメン』を聴きに行くという音楽好きであった。）それが昭和五年、日本の一つの悲劇的な転機となったロンドン軍縮会議の年を迎え、山梨中将は次官として実質的には海軍の最高責任者となった。

これまで父は家庭内では仕事の話は一切しなかったが、新聞の記事の中に父の名前がたびたび出てきたり、また新聞記者の取材の電話、また時には夜遅くなってからの訪問者などから問題の重大さを知った。もともと身体が頑健ではなかった父はしばしば頭痛を訴え、また時には大変疲れているようであった。しかし新聞記者からの電話には必ず自ら電話口に出て丁寧に応対した。時には一晩に十回近くもかかって来ることもあり随分大変であった。見兼ねた母が、

「良い加減にお断りになったらどうですか」

と言うと、

「向うだって仕事なんだ。差支えのないことは話してやるのが義務だ」

と言って、在宅する限りは一度も断ったこともなく、居留守を使ったこともなかった。


長く英米に勤務した山梨勝之進は、ジャーナリズムの重要性を外務省関係者以上に実は認識していたのである。国会の答弁についてもこんな事があった。一代議士が、

「日本は潜水艦を重視し、現保有量七万八千トンを主張して、いま五万二千トンに譲歩することは、大きな格下げではないか。それでは国防上危くないか」

すると幣原外務大臣は、

「あれでよろしい、差支えない」

と答弁した。ロンドン条約に不満の軍令部は「よくもあんなことが言えたものだ。けしからん」と非常に憤慨した。その時、山梨次官は幣原外務大臣に、

「善悪は別として、議会の応酬というのは特別のものがある。あのような質問は直接外務大臣が答えず、海軍大臣事務管理の答弁に譲れば風当りが少くてすむのです」

とおだやかに注意した。


昭和五年四月二十二日にロンドンで調印された条約は、その批准《ひじゅん》をめぐって海軍部内は二つに割れ、野党は犬養《いぬかい》政友会総裁をはじめ統帥権干犯問題で内閣を攻撃した。

新聞報道の扱いに気を配り、朝日の記者からは言外の好意をもって遇せられた山梨次官であったが、生涯のもっとも苦しい時期であった当時をかえりみて、後年「邦人記者の態度」という一文（『山梨勝之進先生

遺芳録』所収）で、およそ誰の非をも咎《とが》めることのなかった山梨さんが珍しくこう書いている。

英国あたりの有力な新聞雑誌の一流記者ともなれば、自ら総理大臣や外務大臣になったつもりでその責任においてものを書く。日本の記者には、そんな見識は毛頭なかった。ただ抜けがけの功名をしようとする自己本位であった。ひどいのになると、これをもって政争の具《ぐ》とし、倒閣の具に利用しようとした。まったく外国とレベルが違うのである。

軍備縮小は考えてみると軍人にとってはわれとわが身を切るような辛いことである。偉大な政治家が現われて、かりに大局的見地から同意したとしても、軍部エゴイズムの出方如何によっては軍縮は実行不可能になる事柄なのだ。現に昭和日本は、ロンドンで軍縮条約に調印したことによって逆に海軍が二つに割れ、重臣層や国際協調派の孤立化を招来《しょうらい》し、やがては日本を太平洋戦争の奈落《ならく》へと引きずりこんでしまったのである。

昭和五年六月、山梨は海軍次官を辞し閑職についた。翌六年には京都大学在学中の長男を連れて京都の妙心寺の管長を訪ねたりした。山梨進一氏は「父の思い出」（『波濤』昭和五十一年九月号）をさらにこう語っている。

管長さんは有名な方で、父と同郷の宮城県出身のようであった。私には分らない仏教の難しい話がひとしきり続いた。父は以前から禅に関する造詣《ぞうけい》が深く、機会あるたびにそんな話をしてくれた。題は忘れたが小童が春を探して野山を跋渉《ばっしょう》し、探しあぐねて自宅に帰ると庭の一隅に梅が咲いているのを見て春を発見したというのである。これは寓話であって、幸福というものは探し歩いて求めるものではなく、自分の身辺の再認識の中にあるという意味であろう。

予備役にはいった山梨海軍大将は千歳船橋の郊外で薔薇を作り、六年間も田園生活を送っていた。それが昭和十四年、突然松平宮相の訪問を受け、学習院長に返り咲いたのである。松平恒雄は大正十年ワシントン会議の全権団の総務部長として海軍随員の山梨の人柄学識をよく知っていた。松平はまた昭和五年駐英大使としてロンドン会議の全権の一人として条約締結のため苦心した人である。その松平宮相と米内光政海相とが推薦して、山梨勝之進は教育者として官職に戻ることとなったのである。

学習院の君等に

山梨新院長はイギリス風の常識に富める人だった。翌昭和十五年四月、皇太子明仁殿下が学習院初等科へ御入学になるに際し、いかなる先例に則《のっと》り、また時代の進歩に応じいかなる刷新《さっしん》をせねばならぬかを日夜考えた。まず明治二十二年以来出ている学習院の『輔仁会雑誌』に目を通した。そして明治四十二年から大正十年までの十三年間、中等科と高等科で英語教授を勤めた鈴木貞太郎が寄稿した文章に共感する趣旨を多々認めた。明治四十四年三月の『富貴の子弟に与ふる書』にはこんな戒めが出ている。

君等の勉学の模様を見て気のつくことは、君等が自彊《じきやう》不息《ふそく》と云ふことを欠けるに在り、一所懸命と云ふことなきに在り、力を惜しみて、十分之を尽さざるに在り。

生活に困ることのなかった華族や富家の子弟には、いきおい怠け者も多かったのであろう。また努力に欠けるのみか反省も足りなかったのであろう。鈴木は言う、

反省の習慣ほど人間に必要なるはあらず。必ずしも哲学者・宗教家ならずとも、自分の力によりて、反

省し、思考し、瞑想して、而して自ら会得《ゑとく》したる人生観及び宇宙観なくては、その人の存在に何等の意義をも見出し得ぬこととなるべし。

山梨院長はそれを読んで、この種の反省の習慣は昨今の日本の将校にも欠けている、とも思ったことであろう。大正十年三月発行の『輔仁会雑誌』には、さらに鈴木貞太郎の『起て若い君等よ』という劇《はげ》しい口調の一文が載っていた。

華族と云ふ階級は将来どうなるかわからぬ。こんな特殊なものを措いて、国家の保護をこれに加へなければならぬことは、いつかは無くなることかも知れぬ。皇室と一般国民とだけで、其間に藩屏《はんぺい》などを築きて、殊に皇室を国民一般から隔離するやうな制度は、面白くないと云ふ風に考へられて、事実に現はるる時節が何時かあるかも知れぬ。

院長に就任した当時の山梨大将は、そうした可能性ははじめ考えもしなかった。しかし鈴木の予言は適中して、戦後華族は滅亡した。もっとも鈴木の説は華族のある国は進歩しない、というデモクラティックな説であるらしい、「(そうした国は）一処に停滞するだけならまだよいが、そのうちに退歩し、滅亡するにきまつて居る。」学習院の生徒は、自分の価値は自分の実力で築くべきであって、祖先の勲功や財産にたより「自分のでないものを、其身に附け纏《まと》うて、人を嚇《おど》かすのは狐や烏のやることである」

狐や烏が出て来たので、鈴木貞太郎は中等科の生徒に『イソップ物語』を使って英語を教えていた、という事務官の説明が思いあわされた。鈴木は明治末年から大正中葉にかけての、知育よりも徳育を重んずる風に多少反撥しているらしい。乃木院長は全生徒を寮に収容し、院長自ら起臥《きが》を共にして薫陶《くんとう》に当るという風を残したが、寮長であった鈴木はそんな立場にいながら別の見解を持《ぢ》したようだ。

学習院は徳育を第一とするとか、智性の発達や知識の吸収は第二であると云ふ人は、智も亦心の働《はたらき》で、何でも心の働は徳を進むるものであることを忘れた人である。

山梨大将は海軍部内にもいる「学問はそんなにできないでも、人物ができておれば」などという豪傑肌の人々を思い出して苦笑した。そんなことを言うのは教育を知らぬものの言分《いいぶん》で、学問に対して努力のできぬ人は人物とはいえない。徳育はむしろ知育を通してなさるべきであって、徳育を重視して知育を軽んずるのは大きな人物を作る所以《ゆえん》ではない、と新院長は肯《うなず》いた。

鈴木は学習院の生徒の不勉強をたしなめているが、若い者の心情には理解をもっていた。いつの世でも青年は老人に比べて闘争的であるが、それについてこういう考えを大正五年十二月の『筆にまかせて』で述べている。

社会には大なり小なり争闘と云ふものは決して絶えない。生命そのものが争闘であると予は信じてをる。

鈴木は、社会の進歩とか思想の進歩とかいうものは相互に拮抗《きっこう》し衝突する相反対する力の関係から生れるもので、「平和は死であると云へぬこともない」ともいっている。鈴木はさらに青年の心情に理解を寄せ、

世間の風波に触れてをらぬ青年の心理には老人のほど曲折《きょくせつ》はない。表裏はない。彼等の情操は純粋で、彼等の思索は論理的である。

世間の人は口を開けば青年の堕落というが、老人の堕落も責めなければならない……

山梨学習院長は後に、この大正十年五十一歳の時に学習院の英語教師を辞めた鈴木先生と親しくなった。鈴木貞太郎先生とはほかならぬ鈴木大拙《だいせつ》のことである。

山梨勝之進は明治二十八年、海軍兵学校にはいった年から京都の妙心寺の本山に縁故があった。無論、海軍の生活で座禅するなどということはできなかったが、禅学の話はそういう関係から大分深く聞いて敬意を表していた。山梨勝之進は仙台の生れで、本人の口癖を借りれば「もともと泥鰌《どじょう》と鯰《なまず》の間で育った。」小さい時は四書五経の素読《そどく》を習い、漢籍で鍛えられた。十三歳の時からキリスト教系の中学校にはいり、アメリカ人から直接英語を習って成人した。それで、信者にはならなかったけれども、終生キリスト教の同情者として過した人である。しかし「自分の一生の指導精神になったのは、やはり妙心寺の本山の虎関《こかん》（小林宗補）という禅師あたりの流れを引いている」と講話の中で述べている。山梨が長男を連れて妙心寺へ寄った話はすでにふれた。その種の関心を抱く山梨院長は、八歳年長の鈴木大拙先生に向って、

『碧巌録』などというものは、とても難しくて普通人にわかるものではない。また一年、二年の座禅をしても、とても通るものでないと思うが」

と教えを乞うた。鈴木は自分が編んだ『盤珪禅師御示聞書』を渡して、

「是非読んでみろ」

と繰返しすすめた。筆者はいま記したような二人の交際がいつ始ったかを詳《つまび》らかにしないが、古田紹欽氏が岩波書店の『鈴木大拙全集』月報（別巻二）に書いた文章によると、鎌倉松ヶ岡文庫には未公開の山梨大将から鈴木大拙宛の手紙が保存されている由である。最晩年にいたるまで交際があったものと推察する。

鈴木大拙の推薦

私が山梨学習院長と鈴木大拙の関係にふれたのはほかでもない。この二人の間に交際があったからこそ、昭和二十年秋、ブライスさんは学習院の教職につけたのだ、と考えるからである。

ここで昭和十年代のブライスさんの経歴を簡単にスケッチしよう。昭和十三年、ブライス氏を京城大学へ呼んだ藤井秋夫教授が亡くなった。その前後に富子夫人と再婚したブライスさんは、日英関係の悪化を心配した夫人の願いを容れてのことかと思われるが、昭和十四年ごろ日本への帰化願いを出している。その際添えられた三通の推薦状の一通は、当時の京城大学法文学部長安倍能成が書いた。もっとも安倍氏とブライスさんの関係は、安倍氏が告別式の時に述べた辞によれば、次の程度であったという。（安倍院長のこの告別の辞がいかにも素気ないので、その点を田代氏に質すと、ブライス氏は自分を女々《めめ》しいところのある人間と感じていたから、安倍能成を"He is a very manly man."と言ったのだという。学習院長時代の安倍氏にはまだどこか精悍《せいかん》な趣きが残っていて、それが老成の風格とあいまって、いかにも高雅な男性的風韻を発していた。あたかも巌《いわお》の上の老松を愛するがごとく、自然景観の一つとしての、そういう安倍能成をブライスさんは愛していた。安倍さんの風貌に接すると、自分の女々しい心情がふっ切れるのだ、という話のつづきでブライス氏の右の言葉は出て来たのだという。）以下は安倍院長の告別の辞の一節である。

始めて君を知つたのは昭和二年の始め京城帝国大学の予科教師として、君が英国から遙々来られた時であるが、君の特異な性格は初対面の時から感じて居た。その後君は京城大学法文学部の英文学担任教師として私とは学部の同僚となつたが、君も私も共に交友を求めるには消極的であつたので……

もう一通の推薦状は京城高等商業学校英語教員の新木《しんき》正之介が書いた。ブライスさんは京城高商へも教えに来ていたので、前に妙心寺へ行って坐ったこともある新木氏とは話があったという。一緒に飲み、食い、よくつきあった。もっとも「飲む」といってもブライス氏はアルコール類は一切飲まず、もっぱらサイダーかココアを飲んだ。

もう一通は鈴木大拙が書いた。ブライスさんが一九三九年ごろ、もう直接鈴木大拙と面識《めんしき》があったかどうかよくわからない。しかしブライスさんがその頃、前年に出た **D. T. Suzuki** : *Zen and Its Influence on Japanese Culture* をはじめ鈴木の禅に関する英文著述を熱心に読んでいたことは間違いない。

平時であったならば、京城大学に十四年間勤め、日本語を学び、日本文化に興味と愛着を持ち、日本人の女を妻にしたイギリス人であるなら、日本へ帰化することはさして難事ではなかったであろう。しかし昭和十四、五年は日英関係がはなはだ険悪になっていた時期であった。ブライスさんの帰化願いは却下された。イギリス大使館はイギリス人に本国へ引揚げるようすすめていたとも言われる。しかしブライスさんは直接日本内地へ渡って日本文化の研究を進めたいと思った。昭和十五年、学生たちに別れを惜しまれながら京城を去った。その時予科一年の組長（選挙で選ばれたクラス代表）であった韓喬石氏（後に漢陽大学教授）は、金沢へ行ったブライス氏からはがきを受取った。それには「京城ではサーベルの音がやかましかったが、金沢では下駄の音がやかましい」と書いてあった。

なお韓喬石教授の追憶によると、京城時代、英語のブライス、ドイツ語のフッパ（Hupfa）の二人の外人教師は、恰好《かっこう》のコントラストをなしていた。言論の自由をブライス先生は次のように諭しながら悦に入った。

「イギリスでは誰が何をどう言ってもかまわんのだ。キングもこの何をの例外ではない。だがじゃがいも面の God なんて言ったら法に触れるんだよ」

これは、日本統治下の朝鮮にあった韓青年にとっては、十七年間の公立学校教育で学んだ空前絶後の「自由」だった。ところが「ヒトラー」と呼び捨てにすると、フッパ先生ははっと身を構え、赭《あか》ら顔になって、

“Führer Hitler oder Herr Hitler !”

と叫んだ。「ヒトラー総統」とか「ヒトラー様」と言え、と押しつけたのである。「時勢が、性格が、志向がしからしめたのでしょうか。*Mein Kampf* が謳歌《おうか》された、ニーチェ主義の後光燦《さん》たりし頃であったからでしょうか、幾つも年下の、鉄棒、登山に能のあった、ヒトラー・ユーゲントという感じのフッパ先生はスマートでダイナミック、ことごとに進取《しんしゅ》的でした。世を、人を、己れを観るに明るく、すべてに自信たっぷりのようでした」

そのフッパさんの授業は堅苦しく、採点は類なく辛かった。それに比べるとブライスさんは点は甘く、クラスはいつものどかで、それで平気で居眠りをするものもいた。韓さんは机を並べて相学んだ桜井元太郎があまりに高らかにいびきをかくので、桜井青年の横腹を突いたこともあった。

昭和十五年十一月、第四高等学校の教壇に立ったブライスさんは、金沢で翌十六年五月 *Zen in English Literature and Oriental Classics*（『禅と英文学』）の原稿を書きあげた。香林坊あたりを散歩することもあったが、華美な九谷焼はおよそ気に入らなかったとみえて、「あんな焼物の店は空襲でみんな焼けてしまえばよかった」などと戦後冗談まじりに言った。金沢は日本で戦災を免れた数少い町の一つである。

昭和十六年十二月、金沢で太平洋戦争の勃発に遇った。日本官憲の取調べを受けた後、ブライス氏は神戸付近の抑留所へ送られて、敗戦後釈放されるまでの三年半をそこで過すこととなった。抑留生活は愉快ではなかったが、当時の日本人一般の生活に比べれば、物質的配慮はそれほど悪くはなかったという。ただブライスさんはそこでも菜食主義を貫いたために、抑留されたほかの外人よりもひどい栄養失調になった。そのため昭和二十年秋に出所した頃は、全身いたるところにおできが出来ていた。鼻の上にとくに大きなのが出来て、会う人が必ず「どうなさったのですか」「大丈夫ですか」と声をかけるので、非常にいやな気がしたそうである。釈放後ブライスさんと会いながら、その鼻のおできに一切言及しなかった人は山梨勝之進だけだったと、ブライスさんは家人に語った。

昭和二十年の秋、ブライスさんは上京した。金沢の第四高等学校には外人教師のポストはもうなくなっていたのである。抑留生活から釈放された米英人の大半はアメリカ占領軍関係の職に就いた。日本語を解するものはとくに優遇された。ブライスさんも一時はＧＨＱ（連合軍総司令部）に勤務しようと思ったらしい。しかし敗戦後、いちはやく外人教師の採用に踏切った学習院の山梨勝之進院長が、家族のための官舎も提供してくれたので年俸六千円という契約で昭和二十年十二月一日付で学習院の教師となった。この年俸は当時の日本人教師の給料に比べてはるかに高いものであった。翌昭和二十一年春は皇太子殿下が学習院中等科へ進学する予定となっていた。殿下の教育を預る学習院長として山梨さんは慎重《しんちょう》周到《しゅうとう》な人選を進めたに相違ない。当時のブライス氏の唯一の業績であった昭和十七年に北星堂から出た英文著書『禅と英文学』にも目を通したことだろう。齋藤勇の推薦によるともいうが、当時の齋藤東大教授がブライスを知っていたとは思われない。山梨院長はおそらく鈴木大拙氏の意見なども聞いたのではあるまいか。この『禅と英文学』は著者自身も認めているように、鈴木大拙の影響が行間からにじみ出ているような著書であるからだ。またブライスさんも上京してすぐに鎌倉に鈴木大拙を訪ねたにちがいない。大拙はもちろんブライスの著書を読んでいた。松ヶ岡文庫で話ははずんで、鈴木大拙は仏教に関する英文雑誌を発刊することを提案した。『鈴木大拙全集』の年譜を見ると昭和二十一年の七月の項に、

「友人レジナルド・Ｈ・ブライスの協力により、英文雑誌『カルチュラル・イースト』を松ヶ岡文庫より発刊す」

と出ている。もっともこの雑誌は二号が出たきりで廃刊となった。鈴木大拙は後に、

「ブライスさん、あなたはなかなか鎌倉へ来ないね。Blyth は不來子《ブライス》だね」

と笑った。

第三章　人間宣言

野火焼ケドモ尽キズ

獅子は兎をうつにも全力をもってするというが、山梨院長は敗戦後の日本でも、常に気魄《きはく》をこめて事に当った。

旧軍人がことごとく虚脱状態におちいったこの時に、なぜ山梨大将が終始一貫よく仕え、またよく節《せつ》を全うすることを得たのだろうか。それは米英両国を敵とすべからずとの判断の下にワシントン、ロンドン両条約の締結に努力した山梨提督には、日本の国力の限界がよく見えていたからだろう。緒戦《しょせん》を華々しい戦果で飾った日本海軍であったが、山梨さんはその時から敗戦を覚悟していたに相違ない。昭和二十年春になると、山梨院長は降伏後の事態に備えて、あたかも提督が作戦を練るがごとく、策を案じていたのではあるまいか。ここに伝聞であるので確証はないが、その挿話の一つを引くと――

日本の海軍省の建物はその年の五月二十五日の空襲で全焼した。米内光政《よないみつまさ》海軍大臣はその海軍省敷地内の大防空壕で空襲のない時も執務《しつむ》していたが、六月初旬、第三国を仲介とする和平の動きが見られ始めた頃、山梨大将がぶらりと訪《おとず》れた。米内は山梨の四期後輩に当る。かつて山本五十六とともに三国同盟に一番反対したのはこの米内であった。山梨が米内の血圧を心配していうと、米内は、

「いやあ、海軍省まで焼かれるようでは、自分の体なんか考えてはおられませんよ」

と答えた。すると山梨が急に思いもよらぬ話題に転じた、

「君、白楽天《はくらくてん》の詩を読んだことがあるかね。ぼくはいま白楽天を勉強しておるがね、いい詩があるよ。

野火《のび》焼ケドモ尽キズ、春風吹イテ又生ズ

まあ、今は焦《あせ》ってもどうにもならんな。焼野の草も、いずれ春風が吹けば、また生ず、さ。なあ君、白楽天はよいことを言っているじゃあないか」

それだけいうと――そしてそれだけでその場に居合わせた人々には、山梨大将が和平を大臣にすすめているのがわかったという――山梨大将は祝田橋の方に歩み去った、というのである。またその前後に山梨大将から白楽天の詩句を聞いた人の中には高木惣吉海軍少将もいた。少将は日記（『高木海軍少将覚え書』毎日新聞社）にその詩句を書き記した。

離離原上草　離離《りり》たり　原上《げんじょう》の草
一歳一枯榮　一歳《いっさい》に一たび枯榮《こえい》す
野火燒不盡　野火《のび》　焼けども盡きず
春風吹又生　春風　吹いて又《ま》た生ず

山梨大将は一方ではこのように大局を見渡しながら、他方では学習院長として職域《しょくいき》で公《こう》に奉じていた。富士川鏡一事務官は昭和十七年の夏の終り、山梨院長からこう言われた（『輔仁会雑誌』第一九一号）。

「君、伊豆の修善寺の入口に、昔大正天皇様が皇太子の時にお住いになったことがある藤屋ホテルという温泉旅館がある。一晩ゆっくりお湯につかって、二百人位が生活できるか五十人位が講話が聞けるような部屋の設備があるか調査してくれ。それに近頃軍が借上げるようだから交渉があったら学習院へ知らせるようによく頼んで来てくれんか」

富士川さんは修学旅行の下調べかと簡単に考えて一晩お湯につかり良い気分になって帰って来た。——ところがそれは本土空襲を見越した山梨大将が学習院の生徒疎開《そかい》のために先手を打ったのである。昭和十九年九月、初等科の生徒が沼津遊泳場とともにこの藤屋ホテルへも分散疎開することとなった時、富士川事務官は院長の先見の明に驚くほかなかった。また一旦沼津へ疎開した皇太子殿下にさらに奥日光の湯元へ移っていただいたのも、本土決戦となれば平野部は一挙に敵上陸軍に蹂躙《じゅうりん》されると予想してのことである。しかも、その日光での皇太子の日常を「国体護持」が人々の念頭にのぼった昭和二十年八月十一日に新聞に写真入りで紹介し、「殊のほか御立派に御成長」の由を記者をして報ぜしめた。また最悪の事態に備えて、湯元から軽井沢ないしは新潟方面へ避退する陸路も近衛師団の森師団長と研究打合せずみであった。湯元には同師団の一個中隊が警備に来ていた。ただし山梨院長がもっとも懸念《けねん》したのは終戦の詔勅が出た後、その警備中隊の青年将校が錦旗《きんき》を翻《ひるがえ》して皇太子を擁《よう》する動きに出るのではないか、ということであった。幸いそれは風評に終り、殿下は十一月七日になって湯元を引揚げ、東京にお帰りになるのである。そのころはもうブライスさんが学習院の教師となる相談が始っていた。店頭には英会話の教科書が溢れ、NHKは毎夕六時から平川唯一《ただいち》の「カム・カム・エヴリボディ」を放送していた。

「天皇に関する覚書」

なぜ終戦後、三ヵ月近くも皇太子は湯元に残っておられたのか。東京の治安が不安だったからである。降伏を肯《がえん》じない日本軍が銃火をまじえるかもしれない。米軍が進駐して乱暴を働くかもしれない。人民が蜂起《ほうき》して皇族を襲うかもしれない——そうした懸念があったからこそ日光の山奥に学友とともに滞《とどま》られたのだ。

もっともその湯元までもアメリカ軍のジープは遠慮会釈《えんりょえしゃく》なく現れたが。その当時、大多数の日本人は、
「戦争で死なずにすんだ」
という安堵《あんど》感もあってほっとしていた。しかし天皇家の人々にとって事態はまだ決着しておらず、予断は許されなかった。

昭和二十年九月二十七日、天皇はマッカーサー元帥を訪問した。おそらくマッカーサーは「天皇の訪問があれば喜んでお会いする」と日本側に答えた時から、日本占領を成功裡《せいこうり》に完遂するためには天皇を利用する方が良い、という腹だったのだろう。だがしかしマッカーサーが利用価値ありと一旦認めたとしても、その後で見捨てた近衛文麿《このえふみまろ》公のような場合があったことを忘れてはならない。天皇の扱いをめぐって総司令部内で議論が沸騰したのは、天皇がマッカーサー元帥を訪問した直後であった。十月二日、高級副官ボナー・フェラーズ代将は元帥に「天皇に関する覚書」を提出した。フェラーズは一九三五年、マッカーサーがマニラでフィリピン軍養成の任に当っていた時からの腹心《ふくしん》の部下で、いわゆるバターン・ボーイズの一人である。その中でも第一の日本通をもって任じ、元帥もその能力を認め、戦時中は元帥麾下《きか》で対日心理作戦の長を勤めた。

『マッカーサーの日本』（新潮社、一九七〇年）を編んだ『週刊新潮』編集部が後年インターヴューしたところによると、フェラーズ代将は当時総司令部内に少からずいた、「ヒロヒトを裁判にかけろ」という軍人連に辟易《へきえき》したらしい。フェラーズは新潮記者に「天皇はヒトラーとは違うんだ……」、総司令部の軍人たちは「何しろ日本を知らないから」と言ったという。それで元帥に説明するべく「天皇に関する覚書」を作成した。『マッカーサーの日本』によると、その際、後述の一色《いっしき》ゆりを通して知りあった旧知の河井道女史の意見を参照したといわれる。日本のＹＷＣＡの幹事として活躍した河井さんはまた東京経堂のミッション・スクール恵泉女学園の創立者として知られる教育家で、昭和二十年九月八日に再会した当時は六十八歳だっ

た。この「覚書」は占領軍関係の資料中もっとも興味ぶかい文書の一つである。主要部分を抜萃して掲げたい。

天皇に関する覚書　一九四五年十月二日

日本人の天皇に対する態度は一般的には理解されていない。キリスト教徒と異り、日本人は霊的に交わるゴッドをもっていない。日本の天皇は日本人の祖先の美徳がその御一身の中にあるとする、民族の生きた象徴である。天皇は誤謬《ごびゅう》や悪事を犯すことのできないとされた、国民精神の体現者である。天皇に対する忠誠は絶対であり……天皇を他の一般国民ないしは政府役人と同列視することは神聖冒瀆《ぼうとく》になりかねない。この天皇を戦争犯罪人として裁判にかけることは単に冒瀆不敬であるばかりか日本国民の精神の自由をも否定するものである。

フェラーズ代将は日本国民の中で天皇が占める精神的位置をこのように強調し、ついで今次大戦は必ずしも天皇の志すところではなかったことを言い、さらにアメリカ人の良識に次のように訴えた。

いかなる国民も自分で自国の政治形態を選ぶ固有の権利を持つというのが我々アメリカ人の基本的な考え方である。日本人はそのような機会が与えられるなら、必ずや天皇を国家の象徴的元首として選ぶであろう。民衆の裕仁《ひろひと》天皇に対する忠誠心は特に根強い。八月十五日、玉音《ぎょくおん》放送によって天皇が直接国民に呼びかけたために、民衆はかつてなく天皇を身近な親しい存在に感じている。終戦の詔勅は国民を安堵《あんど》せしめ静かな歓びで満たした。人々は天皇がもはや操り人形ではないことを知っている。この天皇を維持することは日本国民が自由に自分の政府を選ぶ際の障害となるものではない。

フェラーズ代将はまた次のように政策論的見地を強調する。

我々アメリカ軍は天皇の協力を求め、日本への無血侵入を成功裡に遂行した。七百万余の日本軍将兵が武器を捨て、急速に陸海軍が解体されたのは天皇の命令による。この天皇の行為によって、数十万の米軍将兵は死傷を免れた。戦争も予期された時日よりはるかに早く終結した。このように一旦天皇を利用した上で、その天皇を戦争犯罪を口実に裁くならば、日本国民はそれを信義にもとるものと見做《みな》すであろう。しかもポツダム宣言受諾による無条件降伏とは天皇を含む国体維持を意味するものと日本人は考えている。もし天皇を裁判にかけるならば、日本の統治組織は崩壊し、民衆の蹶起《けっき》は不可避である。他の一切の屈《くっ》辱《じょく》に耐えてもこの屈辱に日本国民は耐え得ないであろう。武装こそ解除されたが、混乱と流血は免れない。かかる事態に立ちいたれば、日本統治に必要な行政官数千名を含む厖大《ぼうだい》なるアメリカ遠征軍を日本へ派遣せねばならない。占領は長期化し、米国軍と日本国民との間には深い溝《みぞ》が出来るであろう。

アメリカ合衆国の長期的利害を考えるならば、東洋との友好関係は必要である。それは相互の尊敬、信頼、理解に基くものであらねばならない。長期的に判断するならば、日本がアメリカに対し怨恨《えんこん》敵意を将来にわたって抱かないということこそ我国にとっての最重要事なのである。

マッカーサー元帥が晩年に書いた『回想録』は史実を必ずしも正確に伝えるものではないが、マッカーサーの主観的な感情や、彼が日本や天皇に対して抱いていたイメージはよく示されている。それから察すると、マッカーサーはこのフェラーズの意見に同感であったように思われる。

ハーンの愛読者

「日本人の天皇に対する態度は一般的には理解されていない」とフェラーズが述べたのには根拠もあった。一九四四年四月、『フォーチュン』誌が日本特輯号で行った世論調査、

問、日本国民にとって天皇とはなにか。

に対しては、

独裁者	16・4%
英国流の国王	5・7%
名目上の飾り（宗教面は除く）	18・6%
天皇は日本人にとって唯一の神である	44・2%
無回答	15・1%

という回答が出た。編輯部の正解は「天皇は名目上の飾り《フィギュアヘッド》」だが、高率回答に押されて「天皇は日本人にとって唯一の神である」というのも全然見当違いというわけではない、という註釈もつけたほどである。日本語のカミはゴッドと同じではない。しかしカミがゴッドと英訳され等価値のものとして扱われたために、西洋人は日本の神道を誤解した。戦時中日系米人がハワイにあった神社に参拝することすら許さなかった。戦死者を軍神として靖国神社に祀ることにも怪訝の念を示した。西洋キリスト教の唯一神のゴッドが支配する世界とは違って、日本では人が死んで神となる（西洋では人間はゴッドによって創られた被造物《クリーチャー》にしか過ぎない）。いや日本には生きながら神として祀られる人もいる……

フェラーズ代将が「覚書」の第二の句で日本人がキリスト教の概念によるような神《ゴッド》は持っていないのだ、と指摘したのはその種の誤解を解こうとしたからである。陸軍士官学校《ウエストポイント》の出身者だったフェラーズ代将は日本語を勉強した人ではなかった。しかしこのマッカーサーの高級副官が、日本の天皇は国民の崇敬の的となってはいるが、それは英語のGodの意味においてではない、という区別を承知していたのは貴重であった。

イリノイの農村出身で熱心なクエーカーだったフェラーズの日本知識は、彼がインディアナ州リッチモンドのアーラム大学に一九一三年入学した時、二年生に渡辺（後の一色《いっしき》）ゆりがいて、彼女と親しくなり、「日本を理解するにはラフカディオ・ハーンをお読みなさい」と言われたことに由来する（令嬢ナンシー・フェラーズ談、一九九三年一月五日付『ジャパン・タイムズ』）。また新潮記者に語ったところに従えば、マニラ在勤中日本に立寄り、ＹＷＣＡのリーダー格の女性の案内で日本を見て歩いた。それでさらに日本に魅せられたとのことである。フェラーズはハーンの著作を次々と読んだ。……

この説明は納得がゆく。西洋人で神道に深い理解を示した作家はハーンをおいて他にない。彼ほど巧みに神道のカミがゴッドと違うことを説明してくれた人はいない。「稲むらの火」で知られる濱口儀兵衛の物語も、もとを正せばハーンが神道の生神様とはなにかを説明するための文章である。フェラーズがもしかりにハーンでなくてチェンバレンの『日本事物誌』や後にその付録として添えられた『新宗教の発明』などを読んでいたなら、「天皇に関する覚書」はあるいは別様の色調を帯びたかもしれない。しかしフェラーズはハーンを好み、ハーンの著作を通じて日本を知り得たと、良かれ悪しかれ、確信していたのである（詳しくは平川著『小泉八雲と神々の世界』、本著作集第十二巻に収録、特に第六章を参照）。彼がいかほどハーンを敬愛したかについては確実な証言がある。それはほかならぬハーンの長男小泉一雄の回想の一節で、一雄は『父小泉八雲』（小山書店、一九五〇年）の中に旧友フェラーズ代将との再会を次のように記した。文中先妣《せんぴ》とあるのはハーンの妻小泉節子（昭和七年没）を指している。

しかし、戦後最も感銘を受けたのは、当時マックアーサー元帥の軍事秘書官のボンナー・フェラーズ代将の墓参態度であつた。終戦後最初に陛下のお手を執つて御先導申上げた外国将官だけに（平川註、天皇が昭和二十年九月二十七日マッカーサー元帥を赤坂のアメリカ大使館に初めて訪問した時、元帥の副官として玄関まで出迎え挙手の礼をしたのがフェラーズである。天皇は手を出してフェラーズに握手を求めた）、実に礼儀正しい紳士であつた。先妣存在中、氏が中尉時代からの交友で、戦時中若しやマニラ辺で捕虜となり苦しんで居られはせぬかと案じていた其人であつた。氏は終戦と共に日本へ飛来、同時に私共一家の安否を気遣われ、八方手を尽して探された。遂に第一相互ビル六階で面会した時には、緑眼に涙を浮べて老生を抱擁され、「妻子は何《ど》うした？」が第一声であつた。日本はアメリカに戦争で負けた。科学で負けた。が今、私は人情でも氏に負けた。論語巻頭の「朋あり遠方より来る亦楽しからずや」の一語がこの時頻りと脳裡に浮んだ。

フェラーズはアメリカ陸軍士官学校の教官として、ウェスト・ポイントの士官候補生に、ハーンの東京大学における講義録を用いて英米文学を教え、新婚旅行当時からたびたび来日し、ハーンの著作を愛読、遺族の小泉家を訪ね、一家と親しくしたのである。これは並大抵の打込み方ではない。フェラーズ代将は一九四六年に帰米するが、それに先立ち米国大使館で送別パーティが催された。小泉一雄はその席へ招かれたただ一人の日本人であった。くつろいだ会合であったが、天皇が話題となった際、総司令部の局長級の諸氏が態《わざ》とらしからぬ敬虔な態度であることに小泉さんは心打たれた。この証言は小泉一雄がフェラーズの「天皇に関する覚書」のことなど一切知らない時に書いたものだけに一層貴重といえよう。

フェラーズ代将は多忙中に寸暇を得て、雑司ヶ谷墓地に小泉八雲の墓を詣でた。ハーンの霊前に芍薬《しやくやく》の花を供え、墓地にいる間中脱帽していたこのアメリカ軍将官の謙虚な態度に、一雄はすくなからず感動した。

当時の占領軍関係者に聞くと、フェラーズ代将はスマートなフランス語の上手な人だったという。彼は日本語は出来なかったが、戦時中、対日心理作戦の責任者として日本語の出来る者を部下に集め、宣伝ビラの製作等に当った。野戦の将軍たちは「なに、あれはただの紙作りだ」と冷笑した。士官学校でも日本でなら、文官が担当する英米文学の講義を命ぜられた人である。しかしフェラーズとしてみれば、こうした日本人の心理のわからぬ将軍どもに勝手な裁判などやらかされてはたまらない、という気持がそれだけ一層つのったのだろう。フェラーズ代将は新潮記者に、マッカーサーは皇室のことが問題となるたびに「天皇に関する覚書」を引出しから出して何回も読んでいた、と言った。根拠のない自慢話ではないと思う。

ところでそのフェラーズ代将の下へ動員され、宣伝戦に従事した一人にハロルド・ヘンダーソンがいた。ブライスさんが総司令部内での天皇に関する意見を山梨院長に伝えることが出来たのはこの「旧知」のヘンダーソンに会ったからである。

「旧知」の人ヘンダーソン

神戸の抑留所から釈放されたブライスさんが上京して一時職を連合軍総司令部に求めようとした話はすでに述べた。その時、ＣＩＥ（民間情報教育局）のハロルド・ヘンダーソン中佐に会った。次に述べるようにもともと民間人だが、戦時中動員されたため中佐の軍服を着ていたのである。当時すでに五十代の半ばを過ぎていた。

ヘンダーソンは父親が有名な日本美術の蒐集家で、我国とはもともと縁の深い人であった。大学で化学を専攻したにもかかわらず、昭和五年から八年にかけて京都や奈良で三年間を過した。ニューヨークのメトロポリタン美術館の極東部長に勧められたからだという。日本語も習い、俳句にも興味を覚えた。いちはやくコロンビア大学の日本学科の創設委員の一人となり、その仕事で戦前さらに数回日本と往き来した。第二次世界大戦の勃発直前、ニューヨークの日本館の館長は前田多門《たもん》氏であった。前田氏は東久邇《ひがしくに》、幣原《しではら》両内閣の文部大臣を勤めた人だが、連合軍総司令部の民間情報局でダイク代将の下に勤めていた人物が旧知のヘンダーソンであるのを知った時はほっとしたという。なにしろ総司令部には日本事情もよくわからぬ癖に漢字廃止・ローマ字採用に使命感を覚えるホール某のごときタイプも混っていたからである。

ブライスさんは総司令部でヘンダーソン中佐に会った。旧知と書いたが実際に会ったのはこれが初めてだった。ヘンダーソンは一九三三年（昭和八年）に *Bamboo Broom*『竹ぼうき』という俳句についての一小冊を刊行していた。ブライスさんはその著書を京城へ取寄せてすでに読んでいたのである。宮森麻太郎の英訳俳句選集 *An Anthology of Haiku, Ancient and Modern* と並んでブライスさんはその『竹ぼうき』を珍重した。そして昭和十七年、北星堂から出した *Zen in English Literature and Oriental Classics* の序文でその書を「小さいながら傑作」と呼び、ヘンダーソンの芭蕉解釈には同調しかねる点もあるけれども、「その種の解釈も多分（当座は）必要であろう、俳句の内容が貧弱でなく趣味なきものではないことを西洋人読者に理解させるためには」、という好意的な論評さえ下していたのである。（もっとも「古池や」の句の水の音をヘンダーソンのように Plash と訳すのは言葉の誤用だ、とも批評した。）

ヘンダーソンはブライス氏から右の『禅と英文学』を贈られ、自分の旧著が “a little masterpiece” と呼ばれているのを知った時、旧知に会えるがごとき心地がしたに相違ない。ブライスさんをしきりに総司令部が陣取った第一生命ビルへ招いた。その当時を回顧してヘンダーソンは一九五八年に出した *An Introduction to Haiku* ――これが先にふれた北米におけるハイク流行の起爆剤《きばくざい》となった著書である――の序文でブライス氏についてこう語っている。彼の四巻本の俳句研究はモニュメンタルなものだが、「氏との私的な交際は、俳句以外の世界においても、すこぶる刺戟に富めるものであった」

二人は戦前、戦中、戦後の日本についても多く語り論じたことだろう。その中にはフェラーズ代将の天皇に関する意見も含まれていたに相違ない。「天皇は日本人にとってのGodである」という米英人の解釈が間違いであることは、ブライスさんにはもちろんわかっていた。西洋キリスト者は「西洋にはゴッドがある、日本にはそれに相応するものとして天皇がある」という安直な類推を下していた。またそうでも考えなければ神風特別攻撃隊のごとき自己犠牲は説明できなかったからである。ブライスさんは神道や天皇についての日本人の気持は俳句にも出ていると考えていた。内藤鳴雪《めいせつ》のこんな句が良い例だと思っていた。

元日や一系の天子不二の山

そしてこう訳した、

The First Day of the Year :
One line of Emperors :
Mount Fuji.

煤煙《ばいえん》を吐く工場が空襲で焼けたため、一望千里《いちぼうせんり》となったせいで、その年の冬、目白と高田馬場の間から、富士山がかつてなく美しく見えた。ブライスさんも千歳橋《ちとせばし》の学習院の官舎のあたりからその風景に眺めいったことが何度もあったろう。

進駐軍の策略か

山梨勝之進学習院長は白楽天の漢詩のみかシェイクスピアもロングフェローもよどみなく口をついて出てくる、稀に見る教養人であった。その英語を使いこなす力は実に見事なもので、学習院の英文科の教授で山梨さんに及ぶ人はおそらくいなかったであろう。ブライスさんは最初一目会った時からこの山梨院長に傾倒した。院長もまた抑留生活で体をいためたブライスさんとその一家のことをなにかと気をつかったに相違ない。ブライスさんに出た学習院教師の辞令は昭和二十年十二月一日付だが、その前後二人は会って話を交すことが多かった。小は職場の学習院の存続から大は天皇制の存続まで、連合軍総司令部がなにを考えているか、山梨大将は総司令部に友人をもつブライスさんにたずねたのに相違ない。

かねて敗戦を見越していた山梨院長は、ＧＨＱから指令が出る前に次々と先手を打った。まず華族の子弟を教育する小人数の学習院を、ただ単に有爵者の子弟のみならず一般市民をも機会均等に教育する学校に改め、石渡宮内大臣にはかって昭和二十年十月ごろ裁可を経た。後に学習院を宮内省から切りはなして私立学校とし、当時の時価で五千万円であった宮内省所有の学習院の土地建物を、日本政府を経ないで、直接私立学習院に交付させた。それは山梨院長の意を体してブライスさんが総司令部で交渉した賜《たまもの》であった。安倍能成院長はブライス氏に対する告別の辞でこう述べている。

君は……前任の山梨院長とは特に親しく、戦後学習院の将に滅亡せんとする危機に当つて、ＧＨＱの枢《すう》機《き》に秉《へい》して居た同国人のバンカー氏と共に、それを救ひ、学習院の今日あるを致した尽瘁《じんすゐ》は、我々学習院関係者の永く忘れるを得ぬ君の功績であつた。

後にこの功績があったため、ブライスさんは「人間宣言」に関する雑誌情報（『サンデー毎日』昭和三十五年一月十日号の藤樫《とうがし》準二記者の「天皇かくて人間となる」、『現代』昭和五十五年一月号のオーテス・ケーリ氏の「初公開『天皇人間宣言』を書いた男たち」）では最初から宮内省とＧＨＱの連絡の役割を非公式に果すべく登場した人間のように誤って描かれてしまった。ケーリ氏の場合その記事の誤りは、ケーリ氏が依拠したウダードの著書（William P. Woodard: *The Allied Occupation of Japan 1945–1952 and Japanese Religions*, Leiden, E. J. Brill, 1972）の記述に、すでにその種の偏《かたよ》りがあったためである。

昭和二十年十二月一日付で学習院教師となったばかりのブライスさんは当初は非公式の連絡をしようにも、宮内省の人など誰も知らなかった。ブライスさんを通じて総司令部内の情報が宮内省側にわかるようになったのは、ブライスさんの上に山梨院長がいて、二人がコンビになって働いたからにほかならない。ブライスさんが昭和二十一年になって学習院の存続のために総司令部のマーカットほか有力者と交渉するのも、山梨院長が采配《さいはい》を振ったからである。――そのような日本側とブライスさんのつながりを考えるなら、ブライスさんが昭和二十年十一月、お濠端の第一生命ビルへ行ったのは、最初は就職の口を求めたのであり、学習院に職を得てからは俳句研究に打込む同好の士ヘンダーソン中佐に会うためだった、と見るべきである。そのころ総司令部民間情報教育局でダイク代将のすぐ下にいたヘンダーソン中佐は占領業務に追われていた。自分たちが扱いに窮《きゆう》した教育勅語のこと――内容自体は別に悪くないかもしれないが、あの余りに仰々《ぎようぎよう》しい勅語奉読の儀式、あの **ceremonialism** だけはなんとか廃止できぬものか――十二月十五日に出る「国家神道の禁止に関する指令」のこと、また神格化され神話化された天皇のことなど当然話題としたに相違ない。総司令部は天皇が靖国神社へ参拝することは禁止した。だが伊勢神宮に詣ることは許した。日本の歴史に深く入りくんだ宗教上の問題に外部の者が迂闊《うかつ》に容喙《ようかい》すればかえって逆効果を生みかねない。

「天皇は日本人にとって **God - Emperor** ではないのだな」

という話がまた出た。その通りだ、それならば日本側でその事実をそのまま勅語なり詔書なりで宣言して内外の誤解を解いた方が得策《とくさく》ではないのか。

山梨院長に、

「GHQの連中は天皇制の存続について一体なにを考えている?」

と訊かれた時、ブライスさんはそのような私見を述べたのだと思う。藤樫毎日記者は、民間情報教育局長のダイク代将がブライス氏に総司令部の方針に協力するよう依頼した結果だというが、十二月一日に学習院に就職したばかりの英人英語教師が宮中に通じるパイプになり得るなどとは、総司令部の誰一人も思わなかっただろう。ブライスさん自身も思わなかったろう。総司令部の関係者の誰一人、ブライスさんに会った日付を正確に記憶していないのもそのためである。またウダード氏ら研究者が「人間宣言」の工作がすでに十一月から始ったかに誤って推理したのも、ブライスさんの学習院就職の日付を知らなかったからである。

「進駐軍の策略か」という藤樫記者の見解や日本側の過剰反応説《かじようはんのう》は巷間《こうかん》に流布《るふ》しているけれども、それは当時の一連の改革はことごとくGHQの指令で行われ、日本人はありとあらゆる面で受身に立たされた、とする発言者の心理の逆投影にほかならない。だが、占領下の日本にも皇室外交と呼ぶべきものは存在したのだし、天皇と天皇制のためにイニシアティヴをもって驚くべき短時日のうちに果敢に行動した人はいたのである。

石渡宮相の名において

昭和二十九年十一月に出た石渡荘太郎《いしわたそうたろう》伝記編纂会編『石渡荘太郎』では、天皇の「人間宣言」について、
この詔書はもちろん陛下の御趣旨に出たものであるが、石渡宮相が幣原首相と話会ひの上、あの形のものに持つて行つた。幣原首相は御趣旨に添つて形をつけ、文相の前田多門と協議の上、自ら英文のものを執筆した。御趣旨を伝へてその内容を整へたものは、石渡であつた。このときの宮内大臣としての石渡の

措置は、当時としては、全く英断的な立派なものであつた。

と出ている。この石渡伝に従うと、当時の宮内大臣であった石渡荘太郎（一八九一―一九五〇）が重要な役割を演じたことになる。ウダードもその説を引いている。ただし注意せねばならぬ点は右に引いた一節は山梨勝之進の談だということである。（「山梨勝之進談」とはその直後に印刷されている。ウダードは戦前から岡山、北海道、朝鮮で伝道に従事したというが、例の漢字が読めない宣教師の一人だったのではあるまいか。山梨大将の名前についてもKakunoshinなどと綴っている。）

宮廷記者として前後四十年宮内省に出入りした藤樫準二はしかし石渡伝とは全然違う、きわめて具体的で詳しい事実を並べて、昭和三十五年一月十日『サンデー毎日』に「天皇かくて人間となる」の記事を発表した。

「宮内省のことはわたくしよりもよく知っている」

と山梨さんが苦笑したこの『毎日新聞』の記者は、総司令部内の動向はつかめる人ではなかったが、宮中関係者の動きはよくわかるヴェテラン記者だったのだろう。藤樫記者は昭和二十年の暮、山梨院長が学習院の詰襟の制服を着て、人目を避けて宮内省三階の大臣室あたりを出入りしているのを数回見た。その記事に従うと、山梨院長が「天皇がみずから神格否定の詔書を元旦に出されては如何か」と提案したのに対し、石渡宮内大臣は、

「こんなことを陛下に自発的に出していただきたいと申し上げるのは、私の気持としては忍びない」

と言って断ったという。山梨大将は海軍次官当時から大蔵省にいた石渡氏をよく知っていた。昭和二十年六月、氏が宮内大臣になった時から、上長として仕えていた（学習院は宮内省の管轄下にあった）。山梨さんが『石渡荘太郎伝』に述べた言葉を引くと、

（石渡さんは）実に気持のいゝ男惚れのする人、実に珍しい人柄の人でした。神経質な細々としたところが少しもなく、一口にいへば、まことにあつさりした人です。口数は少いが要所要所はしつかりと握つて応待された。

山梨院長にとってこの石渡宮内大臣は頼みの綱だったが、その石渡大臣が「良心的に不本意だから」と逃げてしまった。それで、藤樫記者に従うと、山梨院長は「皇室の御意見番」として定評のあった宗秩寮総裁松平慶民子爵に事の次第を打明けた。松平総裁は、石渡宮相の後をうけて最後の宮内大臣となる人だが、「とにかく陛下にお目にかかってみましょう」と引受けてくれた。当時は親任官待遇の学習院長といえども、じきじき陛下にお目にかかることは許されない慣例であったから、山梨院長の考えはこのような経過を辿らなければ陛下の耳に達しなかったのである。陛下は提案に御賛同になった。それで山梨院長は一方では政府筋へ、他方ではブライスさんを使って総司令部筋へ働きかけるのである。陛下が御賛同になると、石渡宮相は行きがかりにとらわれず実行を山梨院長に委せたに相違ない。山梨、ブライス両氏は宮内大臣の名において行動した。またそれだからこそ山梨さんは功績を石渡宮相に帰しているのである。山梨大将は昭和四十年六月二十二日、かつてアメリカ占領軍の宗教顧問であり、先に原題を掲げた『連合軍の日本占領（一九四五―一九五二）と日本の諸宗教』の著者となるウダード氏の面会を受けた。話が「人間宣言」に及ぶと山梨大将は聾になった、という氏の報告は、日本海軍の三羽烏といわれたくらい英語が堪能《たんのう》だった大将の外交術を示して面白いが、山梨さんはその際も後から書翰をウダード氏に送ってやはり功績を石渡氏に譲り、“(It was all due to the) merit and great achievement of Imperial Household Minister Ishiwata who relying on others always led and supervised these matters.”と述べている（この手紙の原文は日本語）。

あの占領時代について書かれたものを読むと国民性が如実《によじつ》に示されていて面白い。アメリカ側関係者はほとんど誰もが自己の功績を自己顕示的《じこけんじ》に述べている。日本の農地は私が改革した。婦人は私が解放した。財閥は私が解体した。言論は私が自由にした。新憲法の草案は私が書いた。……

これらの米国人にとって一九四五年から数年間の日本ほど自分の思いのままにできた体験は、アメリカ本国においては前にも後にもなかったろう。あの数年間は彼等の人生における花だったのかもしれない。旧占領軍関係者は千九百八十年代になっても年に一度、マッカーサー記念館のあるノーフォークに集会して研究者に昔を語る。しかし率直に言って、私は一度立会って実に妙な気がした。それはその会の雰囲気が日本における旧満洲関係者の昔を懐しむ集いにあまりにも似通っていたからである。もしアメリカ人の力でもってそれほど改革が出来るものなら、なぜ米国が関与した他のアジア地域で改革が成功しなかったのか。改革とは所詮その土地の人の問題ではないのか。

しかし知的に怠惰な内外の新聞記者にとって天皇の「人間宣言」が総司令部の圧力で作製されたものであることは、調べずとも既定の事実として受取られた。『ニッポン日記』のマーク・ゲイン、『マッカーサーの謎』のジョン・ガンサー、『日本の五人の紳士』のフランク・ギブニー、『天皇ヒロヒト』のレナード・モズレー、そして『マッカーサーの二千日』（中央公論社、一九七六年）の袖井林二郎……　占領時代の秘密文書はアメリカでは次々と公開されているが、では「天皇は私が人間にした」と名乗り出るアメリカ人ははたしているだろうか。それとも真実は『石渡伝』にあるように石渡・幣原両相の合作《がっさく》であろうか。

藤樫記者が石渡説を否定した時、山梨大将はさすがにもうそれに反駁《はんばく》はしなかった。昭和三十九年六月四日、東京の旧丸ビル精養軒で宮城県人会が開かれた際、仙台人同士の内輪の会という気やすさもあって、山梨さんは「石渡さんのお手柄である『人間宣言』の経緯」について次のように述べた（『山梨勝之進先生遺芳録』）。大将はまず朗々と「人間宣言」の一節を読みあげた。

朕ハ爾《なんぢ》等國民ト共ニ在リ、常ニ利害ヲ同ジウシ休戚《きうせき》ヲ分タント欲ス。朕ト爾等國民トノ間ノ紐帯《ぢうたい》ハ、終始相互ノ信頼ト敬愛トニ依リテ結バレ、單ナル神話ト傳説トニ依リテ生ゼルモノニ非ズ。天皇ヲ以テ現御《あらひと》神《がみ》トシ、且日本國民ヲ以テ他ノ民族ニ優越セル民族ニシテ、延《ひい》テ世界ヲ支配スベキ運命ヲ有ストノ架空ナル觀念ニ基クモノニ非ズ。

そして昭和二十年の歳末を回顧してこう言った。

（あの時は）政府とともに、天皇陛下も、いまお読みしたような意味のことを国民全般におっしゃりたかったと拝察するのである。国民もあの日本の国が混乱の中でどうなるか。天皇陛下がどうなるか。皇太子がどうなるか。そういうことが一切不明な場合に、なにがしかこういうような意味のことを知りたいと欲したのではなかろうか。また、マッカーサーとしても、連合軍の立場、アメリカの立場として、こういうものが何かないといけない、（と）欲していた。だが、マッカーサーが注文してそんなことを言ったら大事になるわけで、だれも言えない。そうなれば立ちすくみで、いつまでもそのままで、そういう危険至極な大事なことは言えない。こっち側だけ出してもマッカーサー連合軍、アメリカが横を向くのでは値打ちがない。向こうのいうことを聞いてこっちが書くのでも意味がない。どうしたらこういう危い、重大な問題が解決できるかということを考えたのである。

「考えたのである」の主語は略されているが、もちろん山梨大将が考えたのである。アメリカ側がそっぽを向くような詔書を出しても値打ちはない。山梨院長はブライスさんに総司令部へ行って天皇は自分の神格化を否認したい意向であるが、と相手の内意を聞きにやらした。ふだん自転車のブライスさんが宮内省の車でお濠端の総司令部へ急行したのは山梨院長の配慮だろう。

形而下の世界よりも形而上の世界に思いを馳せている観のブライス先生は、実務の世界にうとい人と私は勝手に決めていた。しかし実際は、頼まれればすばやく人の世話をする人であったらしい。ずっと後の話だが、日本大学の渡辺敏郎氏はブライス教授とこんな手紙のやりとりをした。

今年の春、数人の卒業予定者について「相談」のお手紙をさしあげた時、私はその末尾に“I shall be waiting for your earliest possible and kindest possible reply.”と書いた。折返しの御返事は次の文で始っていた、“I am writing with the least possible delay and the least possible unkindness.”

山梨院長の意を受けた日のブライスさんも、「可能な限り最小の遅れ」と「可能な限り最小の不親切」をもって行動したのである。渡辺氏の場合は「相談」に括弧《かっこ》がついていることから察すると、卒業予定者の及落についての配慮が問題だったに相違ない。だが山梨院長から受けた相談は「天皇陛下がどうなるか。皇太子がどうなるか」という問題だった。

ここで昭和二十年八月、ポツダム宣言受諾に際し日本政府がつけた唯一の条件であったいわゆる国体護持について何が言われたかを振返ってみよう。バーンズ米国務長官は、

降伏ノ時ヨリ、天皇及日本国政府ノ国家統治ノ権限ハ、降伏条項ノ実施ノ為、其ノ必要ト認ムル措置ヲ執ル聯合軍最高司令官ノ制限ノ下ニ置カル、モノトス。……

日本国政府ノ確定的形態ハ「ポツダム」宣言ニ遵《したが》ヒ、日本国国民ノ自由ニ表明スル意志ニ依リ決定セラ

ルベキモノトス。

と回答してきた。当時の日本側の危惧《きぐ》は、連合軍に占領された日本は抵抗不可能であり、占領軍は思いのままに日本を弱体化するのではないか、という点だった。事実、アメリカ占領軍はポツダム宣言を恣意《しい》的に解釈し、「民主化」の名の下に日本改造の壮大な社会工学的実験を開始した。日米対決の決着はまだこれからである。天皇制の将来は、日本国民の大多数の支持があるとはいえ、連合軍総司令部の一存にかかっていた、皇族梨本宮守正が戦争犯罪人容疑者として指名逮捕されたのは昭和二十年十二月二日である。山下奉文に死刑が宣告されたのは同七日、近衛文麿が服毒自殺したのは十二月十六日である。アメリカ側の報復意図は明らかだ。天皇陛下が戦争犯罪人として処刑されるという可能性さえなくはないのだ。しかも連合軍がそれを強行すれば、日本の大新聞の中には必ずやその処置を良しとする「邦人記者」が次々と出るだろう。いまこの際、天皇陛下が進んで内外の誤解をとくに足る詔書を出された方が良くはないか。もちろん詔書を出す行為そのものも「聯合軍最高司令官ノ制限ノ下ニ置カ」れている。慎重な山梨さんはブライスさんに依頼してどのような趣旨であれば総司令部としては異存がないか、それを聞きにやらせたのだと思う。ワシントン会議以来の知己《ちき》である幣原首相にたいして山梨院長があらかじめブライスを通して打診することについて了承を取ってあったことも間違いないだろう。

黄色い紙に書いた示唆

十二月のある日の昼前、ブライスさんはヘンダーソン中佐の事務室に現れた。そして言った。——以下ヘンダーソンが一九四六年秋上司のダイク代将に言われて書きのこした記録（ウダードの前掲書に収む）を訳す。

天皇は神格を放棄したい、それもなるべく早く放棄したいといわれる。大体、天皇御自身、自分が神だとは信じておられないのだ。その神という観念を軍部がいかほど悪用したか天皇は御存知で、そうしたことの二度と起らぬよう天皇は望んでおられる。

そしてヘンダーソンに、

「君なにか示唆はないかね?」

と言ったのである。この時ブライスさんはあのいつもの微笑を浮べたに相違ない。

ヘンダーソンは驚いたが、上司のダイク代将はその日留守であった。

「一、二日待ってくれないか」

「時間がない。なに、個人的な非公式な示唆を書きつけてくれればそれで良いのだ」

それでヘンダーソン中佐は第一ホテルに戻って昼食の時間に、意図は明瞭だが皇室の威厳を傷つけることのないような一文を気軽に書いた。署名はしなかった。非公式文書だと思ったからである。ブライスは宮内省の車ですぐ学習院の山梨院長のもとへ戻った。

翌日ヘンダーソンにとっては「阿呆らしい」ことが起った。ブライスがまた現れて宮内省の役人がこう言ったと伝えたからである。

「この黄色い紙を私の目の前で焼いてくれ」

そしてその紙は「厳そかに」焼かれてしまった。ウダード博士が後年山梨大将に面会した時、大将は一見聾のようであったが、話題がこの紙片に及ぶと、

“Do you have that paper ?”

と突然鋭い声で質問し、ウダード氏がそれに答えて、

"No, You asked them to burn it."

と言うといかにも安心された由である。どうやらその紙を相手の目の前で焼かせたのは山梨院長だったに相違ない。山梨さんは「向こうのいうことを聞いてこっちが書くのでも意味がない」、しかし「こっち側だけ出してマッカーサー連合軍が横を向くのでは値打ちがない」。それで相手の示唆を求めたのだ。ブライスさんは紙を焼いた日にヘンダーソンに修正した案も見せたという。肝心の、"The ties which bind Us and Our people……"で始る一節は、除かれた only の一語の他は、自分が書いた通りであったようだ、とヘンダーソンは記憶する。先に引用した「人間宣言」の「朕ト爾等國民トノ間ノ紐帯ハ……」に始る七行である。この箇所を山梨大将が宮城県人会の席上で読みあげたことは意味ぶかい。これは天皇もまさにそう言うことを望まれたし、総司令部でもそう言ってもらいたいところだったのだ。いま英文を掲げる。

The ties between Us and Our people have always stood upon mutual trust and affection. They do not depend upon mere legends and myths. They are not predicated on the false conception that the Emperor is divine, and that the Japanese people are superior to other races and fated to rule the world.

この肝心の一節を含む山梨・ブライス修正私案は幣原首相をはじめ関係者に（おそらくヘンダーソンを通して総司令部にも）手渡されたに相違ない。『サンデー毎日』が掲載した学習院関係者が邦訳したといわれる一文は、この私案を基にしたものだと私は思う。参考に掲載する。

今や新年であり、新日本にとり新しき年であり、世界は今や国家より人類を最大の目標となす新理想を有するのである。同胞愛は自然の愛情に基くものであり、家族の愛情であり、国民の愛情であり、しこうして人類の愛情に基礎を有するものである。わが国においては、家族愛と国民愛とは常に特に強かった。されば人類愛へと努力しよう。天皇と国民とは非常に強く結ばれている。しかしかかる結合は、神話、伝説のみによるものでなく、また日本人は神の子孫であり、他の国民よりすぐれ他を支配する運命を有するという誤れる観念に基くものではない。幾千年の献身と熱愛により練出《ねりだ》された信頼の絆《きずな》であり愛情の絆である。

忠節は常に我々の信仰上にも政治上にも信念として最大の特質であった。過去から忠節至上主義で来たが、将来もそのとおり継続しよう。家族の間において、国民の間において、互に忠節であろう。しこうして国家への忠節は家族へのそれより偉大であるように、人類に対する忠節は国家への忠節の上に行くものである。わが大都市の現状、社会にみなぎる失業、貿易の停滞、貧者の困窮は誠に悲しむべき断腸《だんちょう》の思いがする。都市を再建し各人に職を与え必需品を製造して、新しき自由な日本として世界の友邦に伍《ご》して行こう。われらの勇気と忠節と再建能力の理想愛において、わが国は他に類をみないことを世界に示そう。そしてかくして人類の幸福と安寧に一途に貢献しよう。

陛下は、ご自分の人格のいかなる神格化あるいは神話化をも、全面的にご否定あらせられる。

週刊誌のことだから、掲載時に勝手に漢字を平仮名に改めたり、新仮名づかいにしたのだろうが、それにしてもいかにも拙《せつ》な直訳文という感じがする。それでも昭和二十年の末、この訳文は英文の読めない関係者に参考に手渡されたに相違ない。宮中の人々の目にふれもしたのであろうか。

昭和三十五年一月、藤樫記者がこの訳文を公開した時、その基となった山梨・ブライス私案と思われる三百語の英文は、まだ浅野長光学習院事務官の手元に保存されていた。たまたま『サンデー毎日』に冒頭と結びだけが英文のまま引かれているのでその部分を引用したい。

This is a New Year, a New Year for Japan, a new world with new ideals, with Humanity above nationality as the Great Goal.

この「ヒューマニティーをナショナリティーの上に置く」という発想は平和主義者ブライスさんが書いた英文ではあるまいか。その結びは詔書としては露骨な言葉づかいの（そのためか「人間宣言」では消えている）、

His Majesty disavows entirely any deification or mythologizing of his own Person.

という句で終っている。

藤樫記者はこの英文こそダイク代将がブライス氏を通して日本側に渡した「秘密メモ」である、と総司令部の圧力を推定したが、それは誤りに違いない。またウダード博士はヘンダーソンの私人としての発言をＧＨＱの強い意向であると山梨院長やブライス氏が誤って過剰に解釈し、それで事が拡大したのだ、という見方を混じえるが、それもやはり誤りに違いない。

前田多門氏の執筆

「人間宣言」成立のそれから先の過程は、関係者の証言によって比較的はっきりしている。幣原内閣の文部大臣であった前田多門氏は昭和三十七年三月『文藝春秋』誌に「『人間宣言』のうちそと」という一文を発表した。

それによると昭和二十年十二月二十三日日曜日、幣原首相は前田文相を総理官邸に呼んだ。首相は早速ポケットから西洋の書簡紙二、三枚ぐらいのものに英語で何かしたためてある書面を前田氏に差し示してこう言った。

「実はこのあいだうちから、学習院の英語の先生のブライスという人が、しきりに忠告してくれるのだが、こういう際に、天皇陛下が御自身で、いままでよく一般に言われておるような、天皇は神であるという説に対してこれを否定せられ、天皇は別に神ではないのだ。むしろ一人の人格として、敬愛関係によって国民と結びつけられて居るのであるということを御自身で宣言せられてはどうであろう。それはいま内外にわだかまっている幾多の疑惑を解いて、今後日本の進路を開いていくのに非常に具合がいいと思うんだが、ちょうど新年に差しかかっておるときだし、いわばお年玉に陛下がそういうことをおっしゃって頂くわけにいかんだろうかということをブライス氏がしきりに言う。それはこういう意味なんです」

ここで幣原首相がなぜブライス氏の名前を二度も出したのだろうか。ブライスが直接首相に会ったのか。それとも必ずや首相に会ったはずの山梨院長がブライスさんの「忠告」をことさら強調したのか。それとも秘密維持に気を配った首相が山梨院長の名を前田文相に対しても秘したからか。またその時幣原首相が書簡紙に書いて示した英文は誰の手になるものなのか。前田文相は、

それは手で書いたもので、非常に筆跡の見事なもので、英語で書いてある。

それが幣原さんの筆跡だか、それ以外の、ブライスという人の筆跡だか、幣原さんの筆跡を知らない私には知る由もないが、とにかく、きわめてなんというか、オフィシャルでない形式で書簡紙に認めたもの

であった。

私はその文面の内容は、かりに同じではないにせよ、山梨・ブライス私案にきわめて近かったものと次の理由から推定する。次田大三郎書記官長の協力を得て前田文相は秘密裡に詔書の草案を書いた。前田氏は回想する、「然レドモ朕ハ爾等國民ト共ニ在リ」の第五節目の文句は「ほとんど、(英語)原文通りと言ってよいほどだと記憶する」「さらに原文には戦禍を受けたわが国の現況が悲惨な事を述べ、しかし、国民の奮発によって、必ずや立派に再建ができ、やがて世界人類の福祉に貢献なし得る時が来るであろうという意味があったと思うが、それが詔書の第二節目である。それから第三節目にある家国を愛する心が延いては人類愛にまで発展すると言う点も、表現方法は違うが、その意味はやはりあのメモのなかにあったと思う」

この前田多門氏の回想する第五節、第二節、第三節は私が山梨・ブライス私案の邦訳と呼ぶ『サンデー毎日』に報ぜられた学習院関係者の邦訳文にすでに出ている。前田さんは文部大臣として、「公民生活ニ於テ團結シ、相倚リ相扶ケ、寛容相許スノ氣風ヲ作興スル……」の第六節は自分の発意でつけ加えた。氏はこれに関連して、一つの経験話を述べている。

私が文部大臣に任命されたのは八月十八日であったが、九月ごろGHQ(マッカーサー総司令部)から呼び出しがあって、教育方針について主任者に話をしてもらいたいと言う要求があった。ところが、その当時はまだ司令部のほうも陣容が十分整っておらないで、教育の事柄は、マッカーサー元帥の高級副官のフェラーズ代将が、高級副官のかたわら責任を持って居たらしい。

この人は、軍人だけれども非常にものやわらかな紳士的な態度の人で、開口一番、私に問うには、あなたはいま文部大臣として、今後どういう方針でやっていこうとして居られるか、それを聞きたいという質

問であった。私は言下に答えて、
「今後の教育の方針は、日本にはまだシヴィックスというものが打ち立てられて居ない。この精神を樹立するのが教育の要務と考える」
と言ったら、彼はにっこり笑って、
「それで結構です。そう言う方針でおやりなさい」
問答はそれでお仕舞いであった。

「人間宣言」の英訳の中に civic life という語が出てくるのは、こんなエピソードがあったからである。フェラーズは自分でも知らぬところで「人間宣言」にさまざまな跡を留めているのだ。

天皇陛下御自身もこの「人間宣言」の起草には関与しておられる。前田文部大臣が素案を御覧に入れた。『文藝春秋』の記事を引くと、

その時私が深く感じたのは、陛下は極めて平然たる御態度でこれをお受取りになり、むしろこれを待ちもうけておられたというような積極的な御様子で、早速案文を御点検になり、ある部分は低い御声で発声して朗読されたように私はいま記憶しておる。

天皇はすでに山梨院長の提案に賛同された時からこの案を待ちもうけておられたに相違ない。そして天皇は静かな口調でこう言われた。

「これは結構だが、詔書として今後国の進路としてかように進歩的な方向を指し示す場合に、その事柄

がなにも突然に湧き上がったというわけでなく、わが国としてはすでにかような傾向が、明治大帝以来示されて居るのであり、決して付焼刃ではないという事をも明らかにしたい。そのなによりの例は、明治の最初のときに、明治天皇が示された五箇条の御誓文である。

……そういうような意味も詔書のなかに含ませてもらえないだろうか」

昭和二十一年一月一日の詔書いわゆる「人間宣言」は付録に掲げるが、その冒頭第一節に五箇条の御誓文が置かれているのは、昭和天皇御自身のこのいかにも適切な発意によるものである。

前田文相は昭和三十五年週刊誌の記事となるまで山梨院長がブライス氏と共に動いたことを全く知らなかったそうである。前田氏は「真偽はもとより知らないが」と前置きしてその時こう回想した。

それにつけて想い出すのはブライス氏の山梨氏に対する傾倒ぶりである。詔書問題のずっとあと、……田島道治氏の許に夕食に招ばれ、席上初めてブライス氏にお目にかかった。……そのときのブライスさんの話に、自分は日本でいちばん尊敬する人間が二人いる。その一人は山梨さんで、いま一人は鈴木大拙さんである。もし日本が、山梨さんを総理大臣にして、鈴木大拙さんが大僧正になるような国になったら、日本はけだし理想的な国になるであろうと、まじめな顔をして言われたことを記憶する。本問題とは関係のない枝話だが……

枝話ではない。山梨勝之進をいちばん重んじた人はほかにもいた。『我が心の遍歴』を後に書く長與善郎《ながよよしろう》は、武者小路實篤、安倍能成、和辻哲郎、小宮豊隆、志賀直哉ら『心』の同人とともに昭和二十年代の半ば宮中に召され、昭和天皇を囲み、親しく座談の席に列したことが幾度かあった。和辻博士が日本倫理思想史

を御進講した日も、後は座談に寛《くつろ》いだ。長與はその時ざっくばらんに天皇に向い、

「陛下はずい分いろんな重臣や軍人の思い出をたくさん持っていらっしゃるでしょうが、その中で一番篤く御信任なすったのは誰ですか」

とお訊ねした。陛下は言下に答えられた、

「山梨勝之進」

国体の護持

稲田周一が藤村義朗に語ったところによると（『水交』、一七六号）、侍従次長として和辻博士の御進講に陪席《ばいせき》した稲田も陛下が長與善郎の問に答えてそう言われるのを聞いた。稲田は言う、

「山梨大将は、海軍を退役されてから、学習院長に成られる迄の約七年間、清貧に甘んじ、孤高を守って、庭で薔薇を作っておられたということを陛下もよく御存知で、そのようなことをおっしゃられたこともありました」

先の昭和天皇ほど皇国神話に悩まされた方はないであろう。「国体の精華」「惟神《かむながら》の道」「肇国《ちょうこく》の大業」「日本精神」「忠孝一本」……それらの標語は戦時下の日本で熱気をこめて唱えられた。だが考えてみれば昭和五年、一旦調印されたロンドン軍縮条約にたいして「統帥権干犯」の非難があがったその時から、おだやかでリベラルな裕仁天皇自身の意志にそむく――ほかならぬ天皇の名においてそむく――政治神話が猛威をふるい出したのではなかったろうか。立憲君主制を良しとする陛下は天皇機関説をも良しとされた。だが機関の語自体を神聖冒瀆とするイデオロギー的粛清は、美濃部達吉博士をはじめ多くの人を沈黙せしめた。ロンドン会議の際、陛下の同情は軍縮条約の締結を良しとし、国際協調を重んずる重臣たちの側にあった。聡明な陛下は、山梨勝之進の名をその時はっきりと記憶されたのであろう。

昭和二十年十二月、天皇の神格化の否定を内外に宣言するよう山梨院長がおすすめした時、陛下をはじめ幣原首相、吉田外相等は即座に賛同した。関係者はいずれも天皇にまつわる政治神話のために過去において手痛い目にあった人々であった。考えてみると、明治憲法それ自体に内在する欠陥もあって、立憲君主制という世俗的政治原理が天皇絶対化というイデオロギー神話によって破れたのが千九百三十年代の日本の右翼化の歩みではなかったか。

長尾龍一東大教授によれば、天皇の神格化を否定する「人間宣言」は戦後日本最大の思想運動であって、信仰体系としての「国体論」はこれで命脈を断たれた、と言う（長尾龍一『日本国家思想史研究』、創文社、一九八二年、一一ページ）。しかしそれは天皇絶対化の政治神話が崩壊したということであって、日本国民が八月十五日、素朴な感情で願った国体の護持は「人間宣言」によって実は達成されたのではないだろうか。庶民の絶対多数にとって国体の護持とは天皇制が続くというその一事であったからである。そしてその天皇制の維持・永続ということは、とりもなおさずそこに自分自身の投影を見る私たち日本国民の永生の願いのあらわれでもあるのだ。

ワシントン時間の一九四五年八月九日、日本政府がポツダム宣言受諾の条件として「天皇ノ統治大権」を通知して来た時、バーンズ国務長官の周辺には条件無視を主張した人もいた。しかしその条件をつけてきた日本国民の「騎士道」に心打たれたアメリカ人もいたのだということを忘れてはならない。敗戦国は普通、領土の保全を願うものである。賠償の軽減を申出るものである。そしてそのためには責を君主におしつけることをいとわぬものである。第一次世界大戦の終結に際し、ドイツにおける君主制の廃止は、いわばその条件そのものとなった。ところが日本国民は領土・賠償など物質的条件については一言もいわず、君主の保全をこの期《ご》においてもなおもっぱら問題としている……　実際、敗戦後の日本において、君が臣を庇《かば》い、臣が君を庇った事実は特筆に値いする。天皇が安泰であることに安堵《あんど》して死んでいった人々について私たちは

——その人たちが刑死した場合をも含めて——その心事をいますこし汲んでもよいことではあるまいか。

連合軍総司令部は日本国民が広くわかちもつこの心情を察知した。それだからこそ海外からの圧力や軟《なん》弱《じゃく》呼ばわりにもかかわらず、マッカーサー総司令官は、天皇神話の脅威を取除いた上で、天皇制の維持に同意せざるを得なかったのである。いや、喜んで同意したともいえるのだ。昭和二十一年元旦、天皇の詔書が公布されたことは内外の誤解を解いた。マッカーサー元帥は十二月三十日に日本政府から英訳文を受取っていたが、一月一日ただちに声明を発した。

天皇の新年の詔書は、はなはだしく私を喜ばせるものがある。この詔書によって天皇が日本民主化に指導的な役割を演ずることは明らかにされ、自由主義の線に沿う将来の天皇の立場が正当かつ明確にされた。

日本の天皇制の将来も連合軍総司令官のこの声明によって保証されたといっても過言ではない。山梨大将は昭和三十九年六月の宮城県人会の先の話を最後にこう言って締めくくった。まず陛下のお気持と山梨院長の御提案やブライス教授の意見の一致について——

そうして、客観的にいろいろみると、よく古くさい言葉だが「動かずして変ず、なすことなくしてなる」という。これは『論語』に出ている。客観的に、静かに拝見して、いまの陛下の御徳というものは、こういう風に動くものかということをひしひしと感じた。実際言えば、何の某がどういう風に動いて、何の某がどういう手紙を書いた、何の某が何時《いつ》やった、ということではない。ただ、そういうものが動くようになった機運が、どこから動いてきたかということを、もっと高い次元から考えてみると、見えない非常な力のものが動いている。

手を叩いて音が出る。どっちの手が先か、音が出るのはどっちの手が先かと言うのと同じである。火打ち石を打ったようなもので、火は出るがどっちが先か、一緒に出る。そういうようなものがあるのだなあということを、無学な我々でもつくづくと感銘した。それで、ああいうこととなって動いていった。陛下のああいう勅語になって、それですっかり内外の情勢が落着いたのである。

山梨大将はあくまで謙抑《けんよく》であったが、大将の言わんとするところはよくわかるような気がする。これは韜《とう》晦《かい》ではない。しかし大将が両手を空にあげて、ぱしっと叩き、

"Which hand made the sound?"

と問うた時、ウダードは公案に答えることの出来ぬ者のように、禅僧の面影を宿したこの老提督のもとを辞去せざるを得なかった。

「架空ナル観念」

クリーマーズ神父は『第二次世界大戦後の神社神道』(Wilhelmus H. M. Creemers : *Shrine Shinto after World War II*, Leiden, E. J. Brill, 1968)で占領軍が行った諸改革に注目した人であった。当然天皇の「人間宣言」にもふれた。しかし私にとって興味があったのは、本書にブライス氏が著者の質問に答えた手紙(一九六二年七月十四日付)が一通載っているからで、週刊誌や雑誌などに話が洩れた以上、話してもよいと思ったのであろう、ブライスさんは「人間宣言」にふれて、

連合軍総司令部はその事にほとんど無関係でした。……すべては日本側から出たものです。もし貴君が小生を日本側にかぞえてくださるならばです。

と言い、先に話題としたキリスト教のゴッドと神道のカミの違いにも触れている、「この問題は日本文化の背景をよほどよく理解していないと、ちょっとやそっとでわからない」

ヘンダーソンも同書の中で言っている、

「日本では誰もキリスト教の語の意味で、天皇がdivineだとは思っていない」

そう言われた時、クリーマーズは愕然《がくぜん》としたに相違ない。なぜなら「人間宣言」の英訳文中には、

“the false conception that the Emperor is divine”

と出ている。この「架空ナル観念」を抱いたのは一体誰なのか。詔書は日本国民に向けて発せられたが、勝手に取り違えていたのはアメリカ人であったのか。戦時中、米国民の半ば近くが「日本人にとって唯一のゴッドは天皇である」と思っていたが、それこそが「架空ナル観念」であったのか。

ブライス氏は、

「日本の天皇はもともと持っておられないdivinityを放棄したまでだ」

とも説明した。

ヘンダーソンはつけ加えて、

「しかし日本語の意味でカミであるという天皇信仰も、陛下のために喜んで死ぬ、という幾百万の兵士を生み出したのだから、その危険の除去は意味があった」

という趣旨を述べた。クリーマーズは「人間宣言」の原文を調べた。そして、

天皇ヲ以テ現御神トシ……

の「現御神《あらひとがみ》」は"*Kami* in human appearance"と訳すべきだ、などと考えた。——そんな訳語をつけたところで諸外国に通じるはずのない一九四六年一月という時日のことは忘れて。

The Japanese Emperor's Renunciation of Divinityとして海外に報道され、新聞の第一面を飾った英文は幣原首相が書いたものである。ブライス草案の骨格は日本文にも残っていたから、そこはほとんどそのまま彼の英文を使った。前田文相が補った部分は首相が自分で英訳した。その英文は全体としていかにも達意であり、またそれだけに海外で反響を呼んだともいえる。しかしその巧みさが同時に疑惑《ぎわく》の種ともなった。真の執筆者は総司令部内部の者に相違ないという反応である。日本語の格調の高さで知られる明治二十三年の「教育勅語」も、日本政府の公認の英訳は「おそるべき文体」（サンソム、『西欧世界と日本』）であるという、atrocious style…… それなのに「人間宣言」の英訳文のこの巧みさは一体何故なのか。

「我國民ハ動《やや》モスレバ焦燥ニ流レ、失意ノ淵ニ沈淪《ちんりん》セントスルノ傾キアリ」

その訳には"the Slough of Despond"などの熟した表現さえ見られる。だが「失意の淵」の部分は前田文相が補った部分なのだ。だとするとバンニャンの『天路歴程』に由来するこの言いまわしも幣原首相の筆から出たのだろうか。そうに違いない。そういえば一連の著作の中でブライス氏がバンニャンを引いた例を私は知らないのである……

年頭の詔書が出るや『ニューヨーク・タイムズ』はDeity Idea Blasted（「神という考えはふっ飛んだ」）などの見出しもつけた。「日本に革命」と打電した記者もいた。「（日本國民が）克ク其ノ結束ヲ全ウセバ、獨リ我國ノミナラズ全人類ノ爲ニ、輝カシキ前途ノ展開セラルルコトヲ疑ハズ」の言葉に対して『ロンドン・タイムズ』は、「連合軍総司令官の思いのままになる、退位寸前とも伝えられる、敗戦国の弱々しい君主の言分《いいぶん》としては奇妙ではないか」と冷笑も混じえた。しかし米国側の新聞はおおむね好意的であった。この詔書によって憲法改正の道が開けた、とする観察も出た。重要な論説は一月三日の『ワシントン・ポスト』紙で、天皇を破壊せずに日本軍国主義を破壊することは出来ぬ、という主張はこの天皇の宣言で効果を失った、と述べた。日本占領が抵抗なく順調に進むことに同紙の記者ははなはだ満悦している態であった……

それに対して、

天皇の新年の詔書は国内でよりも海外においてさまざまな論評と注目を惹いたかに見受けられる。どうやら驚愕したのは日本人よりも外国人であったらしい。

という皮肉とも取れる社説が一月五日の日本の英字新聞『ニッポン・タイムズ』に出た。「日本人は愕然として天皇の詔書を今朝の新聞で読んだ」という東京発の特電は、『ニューヨーク・タイムズ』が一月二日付で報道したものである。そのニュースの信憑性《しんぴょうせい》を否定するがごとき社説を占領下の日本で『ニッポン・タイムズ』に書いた新聞人は誰だろうか。その度胸《どきょう》は日本人ばなれがしているではないか。私はカズオ・カワイ――日系人として米国で育ち、米国の大学の教壇を捨てて日本へ帰り、戦中戦後『ニッポン・タイムズ』の論説委員として健筆をふるった人――ではないかと想像する。カワイは帰米して一九五一年から再び米国の大学で教壇に立つが、アメリカ占領当時の日本を書いた著書（K. Kawai : *Japan's American Interlude,* Chicago University Press, 1960）で天皇を論じ、西洋キリスト教徒のカミ概念の理解不足が誤解のもととなったと指摘しているからである（七三ページ）。

その『ニッポン・タイムズ』の社説に意表をつかれた『タイム』誌の記者は、すぐさま東京の街頭へ出て道行く人々に質問した。するとその誰しもが、

「天皇陛下が神様でないことなど前から知っていた」

と答えた。

「これこそ謎の日本人である」

面喰《めんくら》った記者はついにその旨『タイム』一月十四日号に報ぜざるを得なかった。日本歴史上、先例を見ない空前の「神格否定」と米英の各紙が一斉に報じた詔書のはずであったのだが。

などてすめろぎは……

前田多門氏の記事によると天皇の「人間宣言」の公布にたいして当初予想した右翼方面の反撥はたいしたことはなく、「ただ一人だけ、老人の方が反対の意味を持って面談に来られたが、ただそれだけであった」反撥は昭和三十五年藤樫記者が記事を書き、三十七年前田氏がメモワールを発表した後になって出て来た。その人は個人的に山梨勝之進をよく知っていた。

そして国体とは？　私は当時の国体論のいくつかに目をとほしたが、曖昧模糊としてつかみがたく、北一輝の国体論否定にもそれなりの理由があるのを知りつつ、一方、「国体」そのものは、誰の心にも、明々白々炳乎《へいこ》として在つた、といふ逆説的現象に興味を抱いた。思ふに、一億国民の心の一つ一つに国体があり、国体は一億種あるのである。軍人には軍人の国体があり、それが軍人精神と呼ばれ（た）。そして万世一系の天皇は同時に八百万《やほよろづ》の神を兼ねさせたまひ、上御一人のお姿は一億人の相ことなるお姿を現じ、一にして多、多にして一、……しかも誰の目にも明々白々のものだつたのである。

この明々白々のものが、何ものかの手で曇らされ覆はれてゐると感じれば、忽ち剣を執つて、これを討ち、明澄と純潔を回復しようと思ふのは、当り前のことである。二・二六事件将校にとつて、統帥大権の問題は、軍人精神をとほしてみた国体の核心であり、これを干犯する（と考へられた）者を討つことこそ、大御心に叶ふ所以だと信じてゐた。しかもそれは、大御心に叶はなかつたのみならず、干犯者に恰好な口実を与へ、身自ら「叛軍」の汚名を蒙らねばならなかつた。
……かくも永く私を支配してきた真のヒーローたちの霊を慰め、その汚辱を雪《そそ》ぎ、その復権を試みようといふ思ひは、たしかに私の裡に底流してゐた。しかし、その線を手繰つてゆくと、私はどうしても天皇の「人間宣言」に引つかからざるをえなかつた。

山梨院長がその才能を愛《め》でた青年。その青年が昭和十八年学習院高等科を首席で卒業し、天皇陛下から恩賜の銀時計を頂いた時、山梨院長は侍立《じりつ》してその式次第を見守った……　山梨勝之進が平岡公威の名で記憶したその青年こそ昭和四十一年、『英霊の聲』を書く三島由紀夫である。右に引いた『二・二六事件と私』は、三島がいかなる情念に押されて、その作品を書いたか、なぜ、

などてすめろぎは人間《ひと》となりたまひし

という怒りと慨《なげ》きを発したかを説明している。三島の『英靈の聲』は天皇の「人間宣言」によって裏切られたとする、昭和二十一年一月一日の詔書に対する世にも稀な批判の一つとなっている。三島が『英靈の聲』で憎んだ人は幣原喜重郎であった。彼は幣原を、「軍縮会議以来の軟弱な外交政策の責任者、英米崇拝家であり天皇の信頼を一身に受けていた腰抜け自由主義者」と罵った（『二・二六事件について』）。しかし三島は直接幣原喜重郎を知っていたわけではない。『英霊の聲』に登場する幣原首相、

陛下の前に立つてゐたのは、いろいろ苦労を重ねてきた立派な忠実な老臣だつた。……皺だらけの自由と理性の持主、立派なイギリス風の老狐だつた。

そのような「昭和のはじめから、陛下がもつとも信頼を倚せたまうてゐた一群の身じまひのいい礼儀正しい紳士たち」――その紳士たちの中に三島が見た人は実は山梨勝之進だったのではあるまいか。

平岡青年にとって山梨院長はなにかと心にかかる存在であった。それはかつて白樺派の青年たち、武者小路實篤や志賀直哉らにとって乃木院長がなにかと心に重くのしかかる存在であったのとすこぶる似通っていた。彼等が皇室神話化に反撥する貴族の子弟であったとするなら、三島は皇室非神話化に反撥する反時代的精神であった。国体が明々白々であり、それが何ものかの手で曇らされ覆われていると感じれば、国体明徴のため断乎として相手を討ってよい。このような主張は実は作家のエゴティスムの表現ではないのか。私は三島の文学に詳しくないけれども、彼が天皇の「人間宣言」に対し昭和二十一年一月には反撥せず、その成立経緯を知るに及んでルサンチマンを燃やした心の動きに、作家三島が自覚していなかったのかもしれぬ往年の平岡生徒の院長に楯つく感情を仮定するのである。『假面の告白』に次のような一節がある。

私はそれよりすこし前に異様な感銘でうけとつたこの宿命といふ言葉を記憶してゐた。高等學校の卒業式のあと、校長の老海軍大將と御禮言上に宮中へ行つた自動車の中で、この目やにの溜つた陰氣な年寄が、私が特別幹部候補生の志願をせずにただの兵卒として應召するつもりでゐる決心を非難して、私の體では列兵の生活にはとても耐へられまいと力説した。

「でも僕は覺悟してゐます」

「あんたは知らんからさう言ふのだ。しかし志願の期日もすぎてしまつたし、いまさら仕方がない。これも君のデステネイだよ」

彼は宿命といふ英語を明治風に發音した。

へした。

「は？」
と私はききかへした。
「デステネイだよ。これも君のデステネイだ」
――彼は老婆心と思はれまいと警戒する老人特有の羞恥のうかがはれる無關心さで、かう單調にくりかへした。

この自伝的な一節に描かれている人物が山梨院長であることは明らかだろう。平岡生徒がこの「目やにの溜つた陰氣な年寄」に激しい嫌悪感を抱いたことも、その悪意を含んだ描き方からして、明らかだ。ひよわな平岡公威の体では人並みの兵役生活は勤まらない。だが院長のその指摘は、たといそれが自明のことであったにせよ、なお後々まで尾を曳く屈辱の種となった。仙台弁の山梨大将は英語にも仙台弁の名残りがあって、イとエの区別がはっきりしない時があったが、三島が destiny を「デステネイ」と表記すると山梨さんの口調がいかにもその通りに甦える。それをしも明治風と呼ぶか……

だがなぜ平岡公威は特別幹部候補生を志願せず、一兵卒として応召するつもりでいたのか。なぜ山梨院長の人生智のこもった忠告にそれほど反撥したのか。なぜ自己が強弁したい思想に、死にいたるまで、すがりついたのか。

それにしてもこの天分に恵まれた三島由紀夫が『英霊の聲』の中にスケッチする昭和二十年晩秋の風景がなんとまた見事であることか。

天皇制は列國の論議のうちに、風に揺られる白い辛夷《こぶし》の花のやうに、危険な青空へ花冠をさしのべてゆらいでゐた。

第四章　ヴァイニング夫人

天皇の発意

石渡宮内大臣は陛下にまずいことを言ったとその時山梨院長は思った。石渡は、

「アメリカから女の英語の先生を雇われたらいかがでしょう」

と申しあげたのである。それは陛下の夢となって皇太子が中等科へ進む昭和二十一年春、東宮御教育係の穂積重遠と山梨院長に陛下から、

「アメリカから先生を雇って、中学一年から英語の教育をしようと思うがどうであるか」

というお尋ねがあった。『山梨勝之進先生遺芳録』によると、穂積も山梨も反対であった。――どんな女が来るかわからない。気まぐれの人が来て、いろいろことを言いだしたら、喧嘩も出来ず、黙ってこちらは我慢しなければならない。そのうえ金もかかる。それよりは外国人の英語の先生が欲しければ、イギリス大使館に言えば、立派な夫人や令嬢がいくらでも喜んで皇太子様に教えに来てくれる。安くて簡単で、間違いはないし、悪ければ代えるだけの話だ――山梨院長も穂積教授と同意見で陛下にそう申しあげた。ところが陛下はなにも言われない。陛下には陛下の勘があって二人の意見を採られなかった。


昭和二十一年三月五日、イリノイ大学のストッダード教授を代表とする教育使節団が来日し、官僚統制の排除、六・三制など教育の民主化を勧告した。この使節団が帰国する際、ストッダードは陛下に御挨拶した。陛下はその時自分から、「アメリカから皇太子の英語教師を呼びたい」とその推薦方を依頼された。そこで

山梨院長は帝国ホテルへストッダード教授に会いに行き、年齢、既婚・未婚の別、給料など細かい点について打合せた。「ファナティックな信者は困る」と院長は言った。四ヵ月ほど過ぎて二人の候補者の名が送られてきた。その際、博士号を二つ持つ若い独身女性を取らずヴァイニング夫人に決めたのは、山梨院長が霊南坂教会の小崎道雄とブライスさんに相談した上のことである。

「やはり夫を持ったことのある人で、世間の苦労を味った人の方がよい」

それが山梨院長の意見だった。ヴァイニング夫人が平和主義のクエーカーである点を小崎牧師もブライスさんも良しとした。履歴を見ると夫人はエリザベス・グレイの名で児童向けの書物をすでに数冊出していた。ノース・カロライナ大学図書館に司書で勤めていた時ヴァイニング教授と結婚したが、その夫を自動車事故で亡くしたという。

ニューイングランドの田舎町ジャーマンタウンで生れた彼女は、生れてから飛行機に乗ったことがまだなかった。来日の際も船で、それも大勢が一緒に寝る相部屋でやって来た。そんな彼女がＶＩＰ（特別重要人物）の扱いを受け、内外の視聴を集めたのは、日本の皇室が皇太子の教育にアメリカから家庭教師を招いたことが特別のニュース価値を帯びたあの時代なればこそである。「民主主義を日本に教えるアメリカ」――ヴァイニング夫人はいわばそのシンボルとなったのだ。

ヴァイニング夫人の来日は連合軍総司令部の発意ではない。そのこともあって横浜港に着いた彼女は船上でアメリカ人記者団に取囲まれ、意地悪な質問を浴びて返答に窮した。

「米国はいまなお日本と戦争状態にあることをあなたは知らないのか?」

「このような時期になぜあなたは日本の天皇ごとき者の使用人となるべく渡来したのか?」

「給料は?」

記者団の質問には日本と皇室とに対する敵意が露骨に出ていた。一九四六年（昭和二十一年）十月十五日のアメリカ人の対日感情には、まだそのような粗々《あらあら》しいしこりが残っていたのである。記者会見は次の質問で終った。

「ヴァイニング夫人におたずねするが、日本の皇室があなたに新聞記者とは会見せぬよう特に依頼したことを、あなたは御存知ないのか？」

それが根拠のない質問であったことは後でわかったのだが、生れて初めて記者会見に臨んだヴァイニング夫人は動顚《どうてん》した。彼女が岸壁《がんぺき》で総司令部関係者や日本側委員の出迎えの挨拶を受けても半ば上の空だったのはそのせいである。しかし車に乗せられた時、隣りで低い穏やかな声がそっと囁いた、

「I am Tané Takahashi. あなたの助手としてお手伝いする高橋たねでございます」

その声は、自分はアメリカで勉強したことがある、自分もクエーカーです、と言った。東京を目指して走る車の中は暗くて顔は見えなかったが、声を聞くうちに、よく気のつく思いやりのある人柄であることが知れてきた。その時ヴァイニング夫人はほっとしてこう思った。——誰かが私を助けてくれる丁度《ちようど》いい人を見つけてくれた。その誰かは特別な配慮でもってこの人を探してくれたに相違ない。日本側に誰か私のこの仕事がうまく行くよう心から願っている人がいるのだ。日本側がうまく行くようにと願い、私が立派にやろうと心に決めている以上、私たちの仕事の見通しは明るいはずだ。そう思った時から不安も心配もいっさい消えた。

横浜から東京までの街道は左右一面、焼野原である。英語で「一号線」と標示されているのが嘘のようであった。それでもやがて右手にビル、左手に濠が続く都心にはいった。

「あの奥に宮城があります」

とたねが言った。

高橋たねさんはその後四年間、ヴァイニング夫人の秘書、通訳、案内、タイピストの仕事を一切引受けた

人である。夫人の日本語が一向に上達しなかったのも、こんな有能な助手が身のまわりにいたからに相違ない。

ヴァイニング夫人を教育する

ヴァイニング夫人が初めて両陛下にお目にかかって帰宅した時、山梨院長は玄関で待っていた。大きな花瓶を運んで来たのは、夫人が両陛下から頂いたコスモスの花をいけるためである。高橋たねを助手に見つけてくれたのもこの山梨院長だったことがじきにわかった。ヴァイニング夫人は山梨勝之進の人となりを次のように書いている。

山梨さんは背は低いが、背筋のぴんと張った年老いた紳士で、古い象牙の彫刻にあるような、柔く熟した、強い、親切な顔をしていた。その眼は非常に鋭く、時々遠方をじっと見やるが、その様子は出帆に際して海面はるかを凝視《ぎょうし》する海将のそれであった。と思う間にその眼はにわかに私の方を向いた。私ははっと悟った、人間を見る眼力のある人がいま私の人物を見通したのだ、と。

四十七年前の一九〇〇年（明治三十三年）、山梨さんはイギリスへ留学した。そしてその国民とその風光とその詩を生涯にわたり愛するようになった。山梨さんの口からさまざまな英語の詩句がいかにも適切にぴたりぴたりと引用されて出て来るたびに私は驚かずにはいられない。

ヴァイニング夫人は山梨さんの人柄に魅せられたのである。山梨大将の閲歴を紹介して、こんな私見も混じえた。「軍部の主流と意見を異にしたために軍事参議官の職を辞したこの人が、一九三九年皇室によって維持されている学習院の院長に任命されたことは、宮中が軍部の推進する政策をどのようにみなしていたかを示唆するものではなかろうか」

ヴァイニング夫人は個人個人の責任を問わず、旧軍人を一律に公職から追放した占領軍の「パージ」がいかに不当なものであるかを身にしみて感じた。日本では元軍人というだけで人々は職を失う、山梨さんも学習院長の職をやがて辞するという……

それでも山梨院長はその残された日々のうちに、ヴァイニング夫人が落着いて仕事が出来るよう十分の注意を払った。夫人が拝謁《はいえつ》から戻って来た日、一部始終を報告すると、山梨院長は注意深く耳を傾け、そしてうなずいた。

「万事非常にうまく行っています。これから先、厄介なことはなにもないでしょう」

そして来日後二十日も経たぬ日、ヴァイニング夫人を無理に促して関西へ旅行させた。「西洋だけがすばらしいのだ」と夫人に思ってもらいたくなかったからである。考えてみると、山梨大将の目配りは、後に海上自衛隊幹部学校で講話する際にも同じように東西両洋に向けられていた。たとえば「アメリカ海軍とファラガット提督」を論ずる際にも、本論に入る前に東洋の統帥《とうすい》に必ず触れた。それは学生が誤って「西洋だけがすばらしいのだ」と錯覚することのないよう配慮したのである。

京都・奈良の旅に同行したのは「人間宣言」の際も共に仕事した浅野書記官とブライス教授、それにブライス夫人富子と高橋たねであった。京都では俵屋に泊った。しかし幸か不幸かヴァイニング夫人はこの旅を通して見るよりも見られることの方が多かった。新聞社の写真班はいたるところでフラッシュをたくし、子供も大人も彼女のまわりに群をなしたからである。いたるところでもてはやされた彼女は法隆寺では、

「皇太子を第二の聖徳太子にしなくては……」

などと口走った。過去において聖徳太子を通して日本に仏教がひろまったというのならいま皇太子を通して日本にキリスト教を……という考えがその時ヴァイニング夫人の頭をかすめなかったといえば嘘になる。日本側は英語教師として彼女を招いたが、米国側には彼女を通して皇室の民主化、さらには皇室のキリスト

教化に希望を寄せた人も少なからずいたからである。それに嘘かまことか、皇室関係者が聖書を読んでいる、讃美歌をうたっている、という噂もやがてひろまった。宣教的使命感の人並はずれて強いマッカーサー元帥は、多数のアメリカ人信者がそうであるように、国家と宗教との分離についての自覚のはなはだ薄い人であった。合衆国は貨幣にも In God We Trust と彫りつけてはばからない、ある意味では無宗教の自由を認めない国である。片山哲氏が昭和二十二年五月総理大臣に指名されると、元帥は東アジア三国の総理がことごとくクリスチャンとなったことを公然と祝した。ある日、元帥はブライス教授を総司令部に呼出して、日本皇室のキリスト教信奉についていろいろ意見を述べた。元帥は西洋人のブライス教授が仏教徒である、などということは夢想だにしなかったのだろう。ブライスさんは、

「信仰は強制ではいけない。自発的でなければならない。しかしキリスト教に対する理解と関心が生れるようには努力する」

と答えた。

ヴァイニング夫人の周囲には皇室のキリスト教化をすすめる者が絶えなかった。彼女は、自分は英語の教師である、宗教は注射すべきものではない、と答えた。しかし心中では英語を通して語学以上のなにかもっと貴重なもの、自分の頭で考えるアメリカ風民主主義を教えよう、と決意していた。ヴァイニング夫人が一九五二年に出した『皇太子の窓』（邦訳、文藝春秋）は、彼女のその四年間の日本生活の報告である。それはヴァイニング夫人が日本で教えた記録だが、また同時に日本が彼女に教えたことの記録ともなっていた。

ヴァイニング夫人とアンナ夫人

ここで皇室外交という見地からヴァイニング夫人来日の功罪《こうざい》について考えてみたい。世間はヴァイニング夫人を皇太子をはじめ皇室の人や学習院の生徒に英語を教えた人としてまず考えるであろう。それがヴァイ

ニング招聘《しようへい》の名目であった。しかし英語を教えたのはなにも彼女だけではない。ブライスさんも教えた。風呂敷に教科書を包んで教えに来るブライスさんが日本化しており、そのため東大ではブランデン氏の人気に及ばなかったことは先にも述べた。それと同じことはブライスさんとヴァイニング夫人の間にもあったといえる。ただし東大の場合は学生の人気が問題だったが、宮中の場合は内外ジャーナリストの人気が問題の焦点となった。ヴァイニング夫人はブライス教授とは違う。彼女は天皇に指名されて皇太子に教えるためにわざわざアメリカから海を渡って来日した……

彼女はその意識のために不必要に頑張って失礼な事もした。学習院中等科の生徒にアダム、ビリー等々のクリスチャン・ネームをつけて呼んだのもその一例である。皇太子にジミーとつけた。皇太子は、

"No. I am Prince."

ときっぱり答えた。中学一年の皇太子が抗議されたのは立派である。大体、彼女の動機がよくなかった。昔ペンシルヴァニアの田舎町の学校に外人教師が教えに来て、生徒の名前を上手に発音することが出来ず、笑われて権威を失墜《しつつい》した。その轍《てつ》を踏むまいと思ってジョンだのトミーだのの「改名」をしたのだという。しかしそれはまだ教室内での教育技術的なことだから許せる。問題は、教師と生徒の間には普通公表してはならぬ職業的秘密に類したなにかがある。それなのにヴァイニング夫人は帰国して『皇太子の窓』を書いた時、普通ならその信頼関係のうちにしまっておくべきことも次々と書いてしまったということだ。

例えばこんな事があった。

ブライスさんはヴァイニング夫人にいろいろ手ほどきをした。皇太子のこと、学習院のこと。そして自分が日本に一度帰化願いを出したこともそのまま語った。「この人は現代のラフカディオ・ハーンだな」というのがヴァイニング夫人の感想であった。ブライスさんは微笑してこんなことも言った。

「明日あなたが皇太子に初めて会うと、殿下はあなたに"Thank you for coming so far to teach me."というで

しょう。するとあなたが“Thank you for welcoming me so kindly.”といわれるだろうと殿下に申し上げてあります」

これはずいぶんわざとらしい挨拶だな、とこのアメリカ女性は思った。しかしそれでも翌日はともかくそう言うつもりでいた。しかし実際はお土産を差出したので皇太子は彼女に、“Thank you for candy.”と言った。殿下は自分の頭で考えたと、ある先入主に対する反射が働いて、ヴァイニングは喜ぶのである。

こんな事もあった。皇太子の英語が上達したら総司令部に連れて来るように、とマッカーサー元帥から伝言があった。一九四九年（昭和二十四年）六月二十七日、皇太子は夫人と二人きりで総司令部を訪ねることとなった。小泉信三氏がヴァイニングに、

「これは日本の歴史に残りますぞ。日本で初めて皇太子が西洋婦人と二人きりで西洋人に会いに行くのですから」

と言った。（彼女はもちろん得意でそう書いたのだが、「歴史に残りますぞ」は大袈裟《おおげさ》だ、という書評はアメリカの雑誌『サタデー・リヴュー』一九五二年五月十七日号にも出た。どうも小泉氏は多少夫人をスポイルしたようにも思える。）十六歳の皇太子のマッカーサー訪問は二十分ほどでくつろいだ雰囲気のうちに終った。元帥は「キャンディーを贈物に差上げてよいか」とたずねた。夫人がうなずいたので皇太子は一鑵頂いて帰る……

この種のエピソードをちりばめた『皇太子の窓』は一九五二年（昭和二十七年は対日平和条約が発効した年である）、アメリカで出版された時、二十七週間連続ベスト・セラーのリストに載るという驚異的な売行を示した。『ニューヨーク・タイムズ・ブック・リヴュー』紙でジョン・ガンサーは絶讃する。

ヴァイニング夫人はユーモアと、品位と、常識と、なにが問題の目標点であるかをはっきりと自覚して、

彼女の任務に取組んだ。……この書物はヴァイニング夫人の感銘深い使命をつつましやかに伝えたものである。これに比肩すべきものとしては『アンナとシャム王』しかないであろう。

『ニューヨーク・タイムズ』紙でオーヴィル・プレスコットはいう。

まことに興味津々《きようみしんしん》たる書物である。……千載一遇《せんざいいちぐう》の個人的な体験をつつましやかに自分を表に出さずに書いてある。……この本を読むと彼女が気の利く、辛抱強い、生き生きとした好奇心に富める人物であることがわかる。温い共感と想像力に富む創意工夫の人なのだ。……ヴァイニング夫人は我国のもっとも優雅で人々に広く称讃された大使であった。このような代表を他のいかなる国も日本に送りこむことはできなかったであろう……

ヴァイニング夫人が日本の宮廷を改革して行く話がアメリカ読者の自尊心を快くくすぐったのである。彼女は侍従《じじゆう》たちを手古摺《てこず》らせた。「陛下は御立派な方であります。なぜ陛下は皇太子と御一緒にお住いになって皇太子を御自分で教育なさらないのですか、またなぜ皇太子は弟宮と御一緒に生活なさらないのですか」。山梨前院長にもしきりと手紙を寄越した。そのヴァイニング夫人の言動に批判的な人もいたようだが、しかし夫人の提案は現在の皇太子御一家の生活に反映しているように思える。その点、彼女は改革者として間違いなく成功したのだ。小泉信三氏は「絶えてアメリカの尺度をもって他国の事物を測るということをしなかった。……夫人が日本の上下の心からなる敬愛と信頼とを受けたのは、夫人にこの謙遜と雅量とがあったためであった」（『平生の心がけ』）とヴァイニング夫人の人柄を高く買った。だが小泉氏は『皇太子の窓』を正確に読んだのであろうか。氏はキリスト教西洋文明と日本の関係を教師と生徒の関係になぞらえるヴァイニング夫人——およびその夫人の態度を歓迎した多数のアメリカ人読者——の姿勢が、『王様と私』のアンナの姿勢とパターンとしては同一のものであることに気づかなかったのであろうか。夫人に宣教師まがいの偏見がなかったというわけではないことは、その書物の中で良き人はクリスチャンであり、そのために齋藤茂吉も勝手にクリスチャンとしている程度の日本認識からも察せられる。

もとより師を手厚く遇するのは儒教社会の良き伝統である。後からする非礼な批判は慎まねばならないが、ヴァイニング夫人の『皇太子の窓』を読んで、はたしてこれでよかったか、と思わずにいられぬ箇所があるのもまた事実である。ガンサーは『アンナとシャム王』を思い出した。『サタデー・リヴュー』の書評者は、

占領下の日本は幾多のまことに高尚な民主主義理論のいわば実験場の役割を果したわけである。ヴァイニング夫人はいまでは自分の役割がシャム宮廷でのアンナ・レオノウエンズのそれに擬《ぎ》せられることがあまりに多いのでさだめしうんざりしていることであろう。

と述べた。

しかし日本では『皇太子の窓』は評判の良い本であるらしい。私が、

「ヴァイニング夫人と日本皇室の関係が、アンナとシャム王室の関係に擬せられては、やはり私たちとしては愉快でないでしょう」

と言っても、すぐ了解する人もいるが、そうでない人も意外に多い。

「『王様と私』ですか。あれは面白かった」

と答えるナイーヴな人が実に多いのである。ユル・ブリンナーが主役を演ずるミュージカルをブロードウェイで見た人もいれば、ブリンナーが扮するモンクット王とデボラ・カーが扮するアンナを一九五六年製

作の映画で見た人もいた。染五郎や越路吹雪が出演した日本製ミュージカルを見た、という人もいた。日本でミュージカルに仕立てるくらいだから、なるほど日本の観客一般は『アンナとシャム王』を不愉快な作品と見做してはいないわけだ。

しかしタイの人の反応は違う。ロン・サヤマノン『タイの歴史』（二村龍男訳、近藤出版社）には次のように出ている。なおここでモンクット王が多妻多婚であるといって嗤《わら》う前に、近年のいわゆる女性の自立なるものの結果、離婚に離婚を重ねるアメリカ社会のことを考えてもらいたい。共時的か通時的か、という軸の取り方が違うだけで、多婚《ポリガミー》に相違はないではないか。

モンクット王には八十二人の子供が三十九人の妻から生れ、……特に一八五三年九月二十日ラムポェイ王妃が生んだ長男、チュラロンコーン親王がもっとも成長した。……王は英語の重要性を認めていたので、息子たちに英語の知識を充分取得させることにした。王は……シンガポールからイギリスの未亡人、アンナ・レオノウエンズを教師として採用した。彼女はバンコクに一八六二年に到着して、五年間働き一八六七年にタイを去った。……彼女は二冊の本『シャム王室の女家庭教師』及び『ハーレムのロマンス』を書き、それぞれ一八七〇年及び七三年に発行した。一九四四年に発行されたマーガレット・ランドンの『アンナとシャム王』、及びタイ国内で論争を起した評判のミュージカル劇及び映画『王様と私』とによって、アンナ夫人の名は世間の関心を呼ぶようになった。映画はタイ国では上映禁止になった。西洋人がこの劇や映画をどう見ようとも、これらは、それを見て楽しむ人たちから金をとるために巧妙に作成された一種の余興でしかないと見るべきである。

私はバンコクに留学中の友部愛さんを通してタイの女子学生の感想を聞いてみた。アメリカや日本へ留学したことのあるその学生は映画を見て「私はタイ人として恥しい」と言った。「タイの王様はあのようにして笑ったり、踊ったりはしません。モンクット王には髪がありました。ユル・ブリンナーのように髪の毛を剃るなどとんでもないことです。タイの歴史の上でこの王はいろいろな貢献をしたと記録されています。王は国王になる前は僧侶でした。だからこの映画はタイのことを侮辱したと私もほかのタイ人も思います。もし本当の映画を作りたかったら、もっと真剣なことを入れて欲しい。もちろんこれは元の本がタイについて良いことを書いてないからで、タイではこの本はかなり批判されています。『王様と私』という映画は、（アンナから見た）片面だけでなく、全面のことを表わせば、一つの良い歴史映画になり得ると思います」

私自身はそんな問題意識をもってニューヨークでミュージカル *King and I* を見たものだから、いかにも知能の足りないように演技するシャム宮廷の東洋人たちが実はタイ人の俳優でなくて、日系や韓国系の演劇志望者であると知り、己れを卑しめるものと遺憾に思った。もっともその遺憾の意を伝えたところ、自分たちの数少い活動の場を妨げるつもりか、と逆に厳しく抗議された。

『皇太子の窓』には日本の皇室を揶揄《やゆ》するような口調は一つもない。その点で本書が日本人に好評なこともうなずける。しかし問題はパターンとして考える時、ヴァイニング夫人とアンナ夫人には共通する姿勢がある、ということである。米国で『皇太子の窓』が『アンナとシャム王』に比せられるなら、どこかおかしい、と感ずる神経が日本側にあってもよいのではないか。

私がヴァイニング夫人に言いたい苦情の一つは、彼女はなんでもかでも自分こそが陋習《ろうしゅう》を破って天地の公道を日本の皇室内に初めてもたらしたようなことを言うが、そうしたアンナに類した言動の中には、多くの思いあがりがあったということである。皇室に英語を教えたのは彼女ひとりではない、というだけではない。皇室は天皇陛下の弟君秩父宮殿下を戦前すでに英国留学に送られた。そうした進取の姿勢は五箇条の御誓文の時以来、続いていたのである。仄聞《そくぶん》するところによると、後年のヴァイニング夫人は、多くの家庭の崩壊に伴い少年非行や犯罪が桁違いに多いアメリカ社会が全面的に日本社会の模範になるなどとはもはや思っていなかった、とのことである。夫人はアメリカ社会の崩壊の原因をヴェトナム戦争に帰したようだが、私はその原因はもっと根深いところにあるのではないかと感じている。

皇室外交

しかし皇室外交という見地からいえば、昭和天皇の勘は鋭かった。それはものの見事に当った。ヴァイニング夫人が来日したことで、アメリカの日本皇室に対するイメージは一変したのである。人類学者シーラ・ジョンソンの研究によると、戦後日本について書かれた一連の書物の中で『皇太子の窓』ほど広く読まれた本はほかにないという。ジョンソンはその成功を次のような仮定で表現した。この好転した皇室イメージをいま一度逆転させるためにはもう一度日米が太平洋戦争を戦わねばならないだろう……　山梨勝之進がヴァイニング夫人に書き送った手紙の一節に、

「広い意味での教育の問題でありますが、政治・外交面に限りなく大きな影響を持つものである。実際いかなる国の歴史においてもユニークなものであります」(原英文)

この文面の意味は、そうした事情を広く見渡す時、了解されるのである。

昭和二十年の秋、日本の天皇制は「風に揺られる白い辛夷《こぶし》の花」であった。しかしヴァイニング夫人が四年の滞日の後、帰米し、一九五二年に『皇太子の窓』を出版すると、皇室にまつわる誤解は氷解した。そればかりでなく、他の誤解もいろいろとけた。アメリカにとってもっとも憎むべき日本人《ジャップ》であった、あの真珠湾に不意打ちを喰わせた山本五十六が、実は日米戦争の回避に努力した海将であったことが米国民に知られるようになったのも、山梨さんが山本元帥についてヴァイニング夫人に懇々《こんこん》と説ききかせたからであった。

実際、『皇太子の窓』に出て来る一連の挿話は米国人読者の意表をつくものであった。ヴァイニング夫人

が伝える極東国際軍事法廷のローリング判事の言葉など、たまたま鎌倉の海岸でローリング氏と知りあった竹山道雄氏が『昭和の精神史』に引いた言葉とすこぶる似た趣旨である。ローリング氏はヴァイニング夫人に打明けた、

「私はオランダ人として日本に対する憎悪《ぞうお》をもってこの国へ来た。しかし法廷に判事として連なるうちに私の意見は変った。被告たちの中には実に立派な人物がいる。彼等はナチスの指導者とは違う。……私はやがてこの日本から帰らねばならぬと思うと残念だ」

「私も残念です」

と言ったヴァイニング夫人は帰国して七年後、ペンクラブの招待を受けて日本を再訪した。しかし夫人の近作 *Virginia Exile* を読んだ人は、招待した日本側の作家にも宮中関係者にも一人もいなかった。座は白けた。しかしこんなことがあった。ある日夫人を自宅に昼食に招いた主人役の小泉信三氏が席を階下の客間から二階の座敷に移すと、八十歳を越えた山梨勝之進氏がヴァイニング夫人の隣りに坐った。山梨さんは縷々《るる》*Virginia Exile* の読後感を語り出した。彼女は嫣然《えんぜん》とした。居合せた人は山梨さんが話す英語の魅力ある声音と彼女のじっと聴きいる嬉しそうな表情に見とれた。山梨大将がヴァイニング夫人の心をとらえたのは理由のないことではなかったのである。

第五章　君子交淡如水

「禅と俳句」の増補の一節

ここでブライスさんの戦後の著作と晩年を語るに先立ち、私的な回想を混じえることを許していただく。私は昭和二十九年九月末、フランス郵船のヴェトナム号で留学生として渡仏の途に上った。神戸を出た翌日であった。二等船客のデッキでブライス著 *Haiku* の「春」の部を読んでいるフランス人令嬢を見つけた。

「その著者は私の教授です」

というのが会話のきっかけで、船旅が続くうちに私たちの間にはいつか友情が結ばれた。彼女はハーンを読んで日本に惹かれ、単身出雲の国を訪ねた帰りであった。パリへ着いてからもノルマンディーのその人の家へ呼ばれて俳句について語り合ったこともあった。——その人の結婚に際し私はブライス氏の『俳句』全巻を取揃えて贈物とした。折返し父君から返事があった。

「素晴しい御本の贈物を頂戴し幾重にも御礼を申し述べます。しかしながら娘カトリーヌは新婚旅行中、自動車事故のため即死し……」

胸騒ぎのする黒枠の手紙ではあったが、それを受取った時の驚愕は忘れられない。

私は贈る前にブライスさんの本を長い間手元に置いてあった。その時よく読んだつもりでいたが、今回このブライス先生小伝を書くに際して、昔の自分が見落していた箇所に気がついた。それは *Haiku* の第一巻と第二巻が橋本作男氏に、第三巻と第四巻とが日本銀行総裁一万田尚登氏にそれぞれ献呈されている、という

ことである。その謝辞には、

「その義侠心と愛国心とにより本書の刊行は可能となった」

と金銭的援助に対する感謝が述べられていた。橋本作男は実業家で、文士が集って鎌倉文庫を開いたことを良しとして金銭的援助を申し出た人の由である。ブライスさんが *Haiku* の第一巻の第一刷を出したのはその鎌倉文庫であった。それ以後はもっぱら北星堂が出版した。中土さんにその間の事情を聞くと、

「昭和二十年代の中頃だったかな。ブライスさんが本を出すのにいくら要る、とたずねる。それで『五十万』と返事した。そしたら暫くして『その金を受取りに行け』といわれた。いえ、一万田総裁には会いませんでした。会計は名前は忘れたけれど元中将がやっていた。その時の感じではあの白足袋の人、そう、吉田茂。あの人が裏で面倒を見てるらしかった」

以下は全くの推測に過ぎない。しかし昭和二十四年から二十七年にかけてのブライスさんの *Haiku* 四巻の出版に、背後でそれとなく口を利いてくれた人も、もしかすると山梨さんだったのではないだろうか。ロンドン会議当時から山梨海軍次官と吉田外務次官とは親しい仲であった。吉田氏が首相のころ日銀総裁を勤めた一万田尚登氏は国際基督教大学の設立にもその筋から頼まれて募金の委員長などをつとめた人である。天皇の「人間宣言」で日本のために尽してくれた英国人に関係者はそのような出版助成の形で感謝の微意を表していたのかもしれない。

ブライスさんの四巻本の *Haiku*、二巻本の *A History of Haiku* は後に海外でも珍重されるにいたった。はやりということもあって米国の一部では経典視されているといっても過言ではない。（ただし、米国の日本学界でブライスさんの業績への言及は none といってもこれも過言ではない。）長年オレゴン州の大学で教えていた中井義幸氏が訳したケルアックの『ジェフィ・ライダー物語』（講談社文庫）は、西海岸の詩人ゲーリー・スナイダーをモデルとしたものといわれるが、スナイダーが学生時代、森林警備員のアルバイトをし

ながら読みふけった芭蕉もこのブライス氏の著書を通してであるという。

しかし出版元の話ではブライスさんの本は当初、売行がよくなかった。例の禅僧的な発想の英文が読者に馴染《なじみ》づらかったからであろう。ブライスさんも人の子だから、超然としているようで、存外読者の反応を気にしたのかもしれない。『鈴木大拙選集』追巻第三巻（春秋社、一九五七年）に寄せた一文に次のような挿話が出ている。

戦後鈴木大拙が円覚寺に住んでいた頃、ブライスさんは何度か大拙に会いに行った。（そのことはお負けについて行った娘のナナさんもよく憶えていた。大拙はナナさんにとっては「エプロンのおじいちゃん」だった。ベアトリス夫人にしつけられて、大拙は食事の際は大きなナプキンをつけた。その習慣は夫人の没後も変らなかった。その恰好が小さなナナさんの目にはそのように見えたのだろう。）その時までにブライスさんは俳句に関する著書をすでに数冊出していた。ところがある日、「おまえは俳句を全然理解しておらぬ。個々の俳句もわからぬばかりか俳句の心も解しておらぬ」という一老人の手紙を受取った。ブライスさんは怒り心頭《しんとう》に発した。丸三日間憤った。そして大拙に会いに行った。怒り続けたことを打明け、「自分は俳句は多少知っているにしても、どうも禅の理解は全くないようです」とうなだれた。ブライスさんは叱責され、教え諭されるのを待った。すると大拙が言った、

「ブライスさん、詩人の心を持った人はほかの人よりも物に感じやすい。だからなかなかそんな事が忘れられないんですよ」

叱られるかわりに褒められたブライスさんはその場で泣き出した。叱るかわりに褒めるのも――それも禅だ、とブライスさんはその時思った……

鈴木大拙は *The Eastern Buddhist*（一九六五年九月号）に寄せた追悼文の中で、「華山大義老師に会って以来、ブライス氏の思考は禅と密接に結びついた、しかし必ずしも常に正統的な伝統によるものとは限らなかっ

た」と述べている。それは事実を述べたまでであって、フロム氏が悪く言うような、ブライスの Zen は禅とは違うものだ、という含意《がんい》ではあるまい。

『俳句』を出しても必ずしもすぐ世間に認められなかったブライスさんにとって嬉しかったことは、尊敬してやまぬ鈴木大拙がその著書にブライス氏の論を引いたことだろう。一九三八年に出た D. T. Suzuki : *Zen Buddhism and Its Influence on Japanese Culture* は後に *Zen and Japanese Culture* と改題・増補され一九五九年プリンストン大学出版局から刊行された。『禅と日本文化』『続禅と日本文化』の題で邦訳されている書物である。『鈴木大拙全集』第十一巻（岩波書店）にも収録されている。しかしどうしたことか訳文には「主な異同」の一つである、ブライス氏の論を鈴木氏が借りた条りが、本文にも編集者註にも欠落している。ここでまた見落されてはいかにもブライス氏に気の毒な気がする。それで、拙訳で恐縮だが鈴木氏が一九五九年版に増補したそのごく一部を訳しておきたい。鈴木大拙の俳句と禅についての意見は、

日本人を知ることは俳句を理解することを意味し、俳句を理解することは禅宗の「悟り」体験と接触することになる。

というのであった。（またそれだからこそブライスさんは禅と無関係な近代俳句は全くといってよいほど評価しなかったのである。）いうまでもなく芭蕉の、

松の事は松に習へ竹の事は竹に習へ……習へといふは物に入つてその微のあらはれて情感ずるや、句となる所なり。

という教えは禅に由来する。大拙は言う。

俳句研究の権威R・H・ブライス博士から引用すると「俳句は束の間の悟りの表現で、その中に事物の生命が見える」という。「束の間」であるかどうか知らぬが、芭蕉はその十七文字の中に物の本体への意味深い直観を示している。

ブライスは続けて言う、「それぞれの事物は絶えず法（dharma）を説いている。しかしこの法は物それ自体と違うなにかではない。俳句とはこの事物が説くところを、頭脳による歪みや情緒による汚染を除いた物を呈示することによって明らかにすることである。いいかえれば俳句は、ものを同時に心の内にも外にも存在するがままに、完全に主体であり、対象から分離していない我々を、また我々とその根源において一致している客体を、そのままに示すものである。……それは自然の性質へ回帰する一つの道である。我々の月の性、我々の桜の性、落葉の性、手短かにいえば仏の性に回帰する道である。その道に従えば、氷雨《ひさめ》も、夕燕も、暑い日盛りや冬の夜長さえも真に生き生きしたものとなって、我々の人性の中にはいりこむ。そしてそれぞれの黙ってはいるがいかにも表現力に富める言語を話すのである」

ブライス博士が月の性 the moon nature 、桜の性 the cherry - blossom nature 等々と呼ぶものは、物のそれらしさ、物そのまま suchness ということ以上のものではない。キリスト教の語を借りれば、天使としての天使の中に神を見ることであり、蚤《のみ》としての蚤の中に神を見ることである。

天使の事は天使に習え蚤の事は蚤に習え、と鈴木大拙は外国読者に向けて言っているのだ。そしてその先に、西洋人は「頭脳による歪曲」や「情緒による汚染」のために詩を認めないけれども、日本人がひとしく俳諧を感ずる芭蕉の句、

蚤虱馬の尿する枕元

を例に挙げている。

Fleas, lice,
The horse pissing
Near my pillow.

この訳はブライス氏である。

些事だが私はこんな事も見つけた。鈴木大拙の英文著書には右の『奥の細道』の句が Uma no nyō suru と出ている。「尿《ねう》する」は鈴木氏の間違いだろう。ブライス氏が『俳句』の夏の巻に uma no shito suru ときちんと一般の読みに従っているのに、（もっとも岩波古典文学大系本『芭蕉句集』では曾良に従って「馬の尿《ばり》する」という新釈が出ているが）、鈴木さんは西洋が長かったばかりに、普通の日本人ならしないようなこんな読み違えをしたのだ。

「鈴木さんは本を書く時、指一本でタイプを打つんだよ」

松ヶ岡文庫で鈴木さんと禅や俳句を論じて帰って来たブライスさんは、ナナさんたちに楽しそうにそう語った。鈴木大拙が初対面の坂東性純氏に向って「春の海ひねもすのたりのたりかな」の「のたりのたり」、「大螢ゆらりゆらりととびにけり」の「ゆらりゆらり」などの例を挙げて、これら和語の表現を英語に移すことの難しさにふれたのも（『鈴木大拙全集』第二十八巻月報）、大拙がブライスの英文『俳句』を読んで、日本語の reduplicative（反覆語）の特性に思いをいたした時期だったからだと思う。

A huge firefly,
Waveringly,
Passes by.

これも右の大螢の句のブライス氏の英訳だが、「ゆらりゆらりと」をWaveringly, unsteadily, unreliably, discontinuously, fluctuatingly, vibratingly, unquietly 等々の英語副詞のいずれに訳してみたところで、概念的になってしまう。それに反して「ゆらりゆらりと」は疑いなく絶え間ない動きを表現している。それだけではない。それは自由な、わずらいのない、品位のある感情を示唆している。「ゆらりゆらりと」は外的なものによってせかされることのない、ゆったりと自分の時間を過している感情を示している……　鈴木大拙が「禅と俳句」の章にこのような適切な論を補い得たのも、ブライス氏の著書に啓発されての結果だったのだ。

互いに啓発し合う仲はしかし大拙とブライスさんの二人だけではなかった。坂東性純青年は小田原の禅寺で開かれたブライス氏の講話を聞きに行った。それは事もあろうに、“Why I dislike Buddhism”「なぜ私は仏教を嫌うか」と題されていた。集った人はもちろん大半が仏教の信者、それも熱心な信者であった。

「皆さんがもしかりにクリスチャンなら」

とブライス氏は皆をじろりと見つめて話し出した、

「それなら私はこの題で話す」

ブライスさんは黒板の「なぜ私は仏教を嫌うか」の「仏」を消して「キリスト」と書いた。

「それはイズムだからである。主義だからである。教《きょう》だからである。そのような語尾をつけることによってそれらの教えは自分から何物かを閉め出してしまった。それらの教えは窮屈な殻の中に閉じこもっているからである」

ブライスさんは蓮如聖人の言葉、「本尊《ほんぞん》ハ掛破《かけやぶ》レ。聖教《しょうぎょう》ハ読破《よみやぶ》レ」をもそれと同じ聖像破壊的《イコノクラスト》な意味に解した。だが後で坂東青年がその解釈に異論を呈して説明すると、あれほど激しい口調で語ったブライスさんが、お茶を飲みながら、実に柔和な顔付で坂東さんの説に耳を傾け、自説のいたらぬ点を認めるにやぶさかでなかったという。蓮如の言葉を、方便法身絵像の掛軸が破れるまで、また真宗の教典がぼろぼろに破れるまで弥陀仏へのお勤めをきちんとつとめなさい、というごく普通の意味に坂東青年は解したのである。

大磯の家、鶴見の家

六十歳を過ぎたころブライスさんは目白から大磯へ移った。停年になれば学習院の宿舎からいずれ出なければならない。それに、外人教授はふだんの給料こそ高いけれども年金はつかない。

——ブライスさんが材木を買って自分で家を建てている。家の敷地にはえている老樹を惜しみ、伐らずに逆に天井に穴を開けさせたそうだ、それで屋根から大樹が突き抜けて生えている。——ブライスさんも鈴木大拙もコンコードの詩人ソローが好きであった。『ウォルデン』には自力で小屋を建てた話が出ている。私たちはそんな話を聞いた時、ブライスさんがきっとソローにならって丸太小屋を建てて暮しているのだろうと思った。

この噂は半ば事実で、半ば事実でなかった。ブライスさんは大磯の見晴しの良いすばらしい土地に、古びているけれども立派な大きな家を求めて住んでいたからである。なんでももともと澁澤栄一の女婿で第一銀行頭取だったとかいう人の屋敷という話であった。ところがそれだけ立派な邸があるのにブライスさんはその裏山の急斜面へ材木を運んで、自力でさらに二階建ての小家を建てたのである。中から樹が突き出ているのはその小家であった。図面も引かずに仕事にかかって、二階の廊下は後になって外からつけ足したという。その素人大工をやっている最中、一度は屋根から滑って軒にぶらさがったまま助けを呼んだこともあった。だがそんな大工仕事こそブライスさんの性来の趣味にかなうものだった。真夜中まで金槌を叩いてやめない……

「土地が広いから隣近所に御迷惑にはならなかったと思いますけれど」

とナナさんは笑った。

この閑静な地所をブライス家のために見つけて周旋してくれた人も、矢張《やは》り山梨さんなのであった。八十歳を過ぎた山梨さんが、自分で大磯町の役場へ足を運んだ後、

「道路拡張にもかかりません。新幹線にもかかりません」

と図面を見て報告してくれた。山梨院長は昭和二十一年十月、公職追放令によって院長の職を辞したけれども、学習院の存続に尽力した功労者ブライスさんの退職後に後顧の憂いがないよう、なにかと気を配ってくれたのだ。「私の方が年は一まわり君より上だが、先には死なんよ」と山梨さんはよく言った。

ブライスさんが昭和三十九年十月に亡くなった後、富子夫人はナナさんを連れて鶴見に山梨家を訪問して生前の厚意に礼を述べた。六畳と三畳の二間きりの住いに山梨大将夫妻は暮していた。壁面は洋書、和書、仏典でぎっしりとおおわれていた。——

ここでその二間に落着くまでの山梨勝之進の来しかたを振返っておきたい。山梨さんは仙台の名門の出であった。

五月二十四日というのは、青葉様のおさがりで、政宗公の御霊《みたま》を奉安した御輿《おみこし》が通るので、その時甲冑、鎧に兜をかぶった者が五十人ぐらい揃って御輿《みこし》のまわりに集って行列をやった。七つの時だったが覚えている。八十年ぐらい前の話である。その時はそういう鎧が揃ったが、いまは揃わない。その時の光景がい

ま考えても目に浮んでくる。十銭もあれば、お赤飯と鮪の照焼と、立派な御馳走ができた時代の話で恋しくてたまらんのである。

勝之進は明治十年、伊達藩士山梨文之進の長男として仙台市中島丁の武家屋敷に生れた。二千七百余坪の敷地であったという。年輪を重ねた樫の大木や、それと並んだ楓の古木二本——楓は勝之進の母みき子が植えた——は山梨さんの郷愁を誘うものだった。だが山梨さんは大正末年、横須賀海軍工廠長として在任中、その土地を宮城師範付属小学校のために安く手放した。いま県立第一女子高等学校の管理下に整備されているあたりがそれだという。

ロンドン会議の前後、辞職を覚悟した山梨さんは千歳船橋に五百坪の土地を求めた。野に下って薔薇を作り、シェイクスピアの『ジュリアス・シーザー』の中の句、"There is a tide in the affairs of men."を感銘をもって読んだのもそこの家であった。それが昭和十四年、潮時が変り、学習院長に任ぜられた。大将はただちに四谷荒木町の小さな借家へはいった。

昭和二十一年秋、職を失うと片瀬の西浦へ移った。晴耕雨読の日々に六十九歳の提督はまた戻ったのである。加藤ぬいは娘時代に山梨家で行儀見習いをした縁で、たびたび山梨家へ出入りしていた。昭和二十二年、片瀬の家を訪ねあてると「旦那様」は百姓仕事をしていたが、加藤に気づくと、

「ぬいさん、よくわかったね……　奥さんは、うちにいるよ」

とさりげなく言った。だがその姿を見たぬいは口もきけずただ涙だけが流れた。

昭和二十五年、品川鮫洲《さめず》の仙台育英会五城寮舎監となり、夫妻でそこに住みこんで後進の育成にあたり、昭和三十三年にいたった。それから先は鶴見馬場町の女婿の家の離れの二間に住んだことは前に述べた通りである。

その間絶えず皇太子明仁殿下の御成長を見守っていた。昭和四十一年十二月、殿下の御誕辰に、山梨学習院名誉院長は殿下に対し敗戦以来皇太子が置かれた地位を述べ、今後の殿下に期待するものを説かれた。言々切々悲痛の趣きがあり、児玉幸多教授をはじめ参列者は山梨院長の遺言とも思って聴いたという。はたして三ヵ月後大将は脳溢血で臥し、昭和四十二年十二月十七日、満九十歳で世を去った。

橋口収氏は「忘れられた海軍大将」(『饒舌と寡黙』、サイマル出版会、一九七七年、所収)という一文で、「海軍軍人としての山梨氏は、もうすこし早くか、もうすこし遅く、この世に生を享けて、海軍の道を志していたならば、その世間的栄光は、はるかに大きいものがあったろう」と心残りを述べた。官僚階梯を進んだ橋口国土庁次官は山梨大将の運命にたいし口惜しさを感ぜずにはいられなかったのである。しかし私の意見は違う。晩秋の一輪の薔薇は他のいかなる薔薇よりも高雅だというではないか。国敗れて余人が茫然としてなすべき術《すべ》を知らなかった時に、尽すべきことを尽した大将に、国敗れてのみ見ることのできる高貴なる面影を私は見るのだ。

「變動百出鬼神不可端倪」

山梨さんのこの書はいま海上自衛隊幹部学校に掲げられている。この語はただ単なる戦術上の教訓ではあるまい。山梨大将は、一国の平和を守る真の気概がしからしめたのであろうが、生涯にわたり自己陶冶《とうや》と自己研鑽《けんさん》とを忘れなかった。だからこそこの人の行動はアメリカ軍占領下の日本にあっても端倪《たんげい》すべからざるものがあったのである。

私は晩年の山梨大将に接して水交社や東郷神社などで大将の講話をうかがう機会に恵まれた。(あの頃は大将を大学へお招きすることは周囲に差障《さしさわ》りがあった。)大将の周到に準備された講義はそれは見事なもので、三ヵ月かけて綿密に準備した内容を三時間の講演に語り尽すの趣きがあった。「山梨ごとき智恵ある人にはかなはず」と末次信正が言ったのはなるほどこれだな、と思った。要点箇条書のメモとノートは持っておられたが、ほとんど寸分違わず、前に海上自衛隊幹部学校で話された通りの内容を話された。私は幹部学校にも特に許しを得て聴講に行ったりもしたのである。

大将は自伝を書くことを私ごとき者がすすめても、

「人間自分のしたことなど口にすべきでない。自分のことは他人が言ってくれるのだ」

と首を横に振った。

「海軍のことを海軍の者が書いても駄目である。あなたの先生の島田謹二さんが『廣瀬武夫』を書いてくれたから嬉しいのだ」

とも言われた。

大将は私に三笠艦の甲板の上質の木で出来た文鎮をくださったが、大学紛争中、学問を廃めることのなかった私たちの研究室が占拠された際なくしてしまった。海軍で水兵が暴動を起した場合いかに処置するか。第一回目は理由のある騒ぎに相違ないから相手の言分《いいぶん》をよく聞いて処置する。第二回目、相手がつけあがって暴動のための暴動を起した場合は……　いま大将の講話集をひもとくと、その教訓は第四話「ナポレオンの活躍とイギリス海軍」の中のイギリス海軍の反乱の一節となっている。

山梨提督には隠れた支持者や理解者が多かった。その余熱は今日まで冷えることなく多くの人の心を温めている。かつて学習院で山梨院長に習った一生徒がそう書いているが、それは事実だと思う。大将没後、『朝日新聞』に載った画家小倉遊亀さんの投書は「声」欄の文章とは思えぬ真実の気品がただよっていた。山岡鉄舟と、鉄舟の薫陶を受けた遊亀の亡夫鉄樹居士を通して山梨大将の人柄を偲んだものであった。たしか「山梨勝之進先生の御遺稿が一日も早く世に出ることをこいねがうものである」という言葉で結ばれていたように記憶する。

『歴史と名将』（毎日新聞社、昭和五十六年。なおほぼ同一内容の書物が同社から『戦史に見るリーダーシップの条件』〈上・下〉として ペーパーバックで出ている）の題でまとめられた大将のその遺稿は、さいわい静かに広く読まれていると仄聞する。

かえりみると山梨勝之進の生涯は、

雪ヲ擔《にな》ツテ古井《こせい》ヲ塡《うづ》ム

の句のように、自分でその跡を消してしまった感があった。そういえばブライスさんの生涯もどこかそれと似ていた。ブライスさんの好きな句も『禅林句集』の、

雁無遺蹤之意
水無沈影之心

であった。月光の明るい湖水の上を一列の雁が飛ぶ、飛び去ったあとはただ月と水だけである——

戦前戦後を通じてブライスさんと同僚であった新木正之介教授がブライスさんからある日もらったペン書きの字もやはりこの句であったそうである。

不來子古道照心居士

ブライスさんの長女の春海《はるみ》さんは教育大付属高校でも学習院大学でも颯爽《さつそう》と馬に乗っていた。馬術部にこわい先輩がいて、いつも「春海」と呼びつけにした。その吉川《きつかわ》先輩がある日現れてブライスさんに結婚の許しを求めた。

「春海をお嫁にください」

と申し込もうとして、あわててその日に限り「春海ちゃんを」と言ったので妹は笑った。偶然にも吉川の父君をブライスさんは知っていた。陛下にお仕えする式部官だったからである。日を決めて先方の両親が御挨拶に見えた。ブライスさんは玄関先で、

「お宅とどうも親戚になるらしいですね」

と言い、

「お宅は天皇、うちは殿下だから負けますよ」

と言った。天皇に仕える吉川式部官にたいして自分は皇太子殿下に英語を教えるブライスだから、というユーモアである。しかも話しているうちにその昔、教育大付属小学校で東海道五十三次の駕籠《かご》舁《かき》リレーで「前の奴が遅い」と思ったその相棒が吉川さんとわかった。元式部官の吉川さんは齢八十でいまなお乗馬をするという壮健な方だが、ブライスさんの運動神経には若い時も及ばなかったのだろう。

結婚後職をカリフォルニアに求めた夫君に従って春海さんが羽田空港を飛び立った時、ブライスさんはわっと泣き伏した。最後に病いが重くなった時も次女のナナさんに、

「今日は学校へ行かないでくれ」

と頼んだことがあった。それでも吐けば、また吐いた分だけ食べる、という剛毅さは失わなかった。春海さんがブライスさんに再会したのは亡くなる三十分前であった。危篤の報に飛行機で帰国し病院へ車で直行した。昭和三十九年十月二十八日の夜遅くのことであった。

雑誌『英語青年』がブライス教授に冷淡だったのは、故人の業績が俳句、禅の方面で、英米文学の枠内におさまるものでなかったから、当然のことかもしれない。ブライスさんが李王垠殿下と共著で出した英文『朝鮮語入門』（北星堂、一九五一年）など改訂九版を重ねたというが、それを買うのが日本の大学の英語の

先生であるとは思われない。没後も「ブライス教授追悼号」は編まれなかった。しかしあれだけ方々の大学で教えたブライスさんであると思うとすこし淋しい気がする。

それでも昭和四十年一月号の『英語青年』の編集後記にS・Aの署名で――荒竹三郎現十文字短大教授のイニシアルであろうか――こんな記事が出た。

▲約一週間ぶりに編集部の机にもどって、*The Times Literary Supplement*（十月八日）を見ていたら、R. H. Blythさんの*A History of Haiku*の書評が目にとまった。「詩に対する深い愛情はもとより、あらゆる点で最適任の著者」だと評してあった。それから二十日後に亡くなったBlythさんは、この評を日本で読んだであろうか。

ブライスさんの二巻本の『俳句の歴史』は、日本以外、日本語以外にもついにひろまった俳句の発展にふれている。この本を『タイムズ文芸付録』はa deep and independent love of poetryの著作として手放しで絶讃した。だがブライスさんはそれを読むことなく逝ったのである。S・A氏はこんなことも思い出した。

▲帝銀事件の平沢被告の再審理が認められたという新聞の報道で、Blythさんの言葉をあらためて思い出した。帝銀事件の翌日、東京文理大の教室にあらわれたBlyth先生は、開口一番、「銀行で毒殺を行った犯人は鬼畜のような人間だ、と新聞は騒ぎたてているが、つい数年前は、人を殺せば殺すほど賞められたものだ」と話した。Blythさんは、重大な事実に対する価値観がこんなに逆転してよいものか、と言いたかったのであろう。

円覚寺の朝比奈宗源師も生前のブライスさんと親しかった。

「よし貰っちゃおう」

と言って朝比奈師はすらすらと「不來子古道照心居士」と戒名を書いた。鈴木大拙が、

「ブライスさん、あなたはなかなか鎌倉へ来ないね。Blyth は不來子《ブライス》だね」

と言ったのを記憶していて、それをそのまま戒名に選んだのである。朝比奈師の「安骨香語」は次の通りである。

四十餘年住日東
愛探禪道與蕉翁
而今高臥松丘上
夢穩翠杉修竹中

松丘上というのは大拙が建てた鎌倉東慶寺松ヶ岡文庫の奥の杉と竹の林の中にブライスさんの墓があるからである。その鈴木大拙も二年足らずの後、昭和四十一年七月十二日に満九十六歳で亡くなった。だからいま東慶寺の山の手の一隅に二人の墓は、師弟並ぶがごとく、立っている。

付録

詔書

茲ニ新年ヲ迎フ。顧ミレバ明治天皇明治ノ初國是トシテ五箇條ノ御誓文ヲ下シ給ヘリ。曰ク、

一、廣ク會議ヲ興シ萬機公論ニ決スヘシ

一、上下心ヲ一ニシテ盛ニ經綸ヲ行フヘシ

一、官武一途庶民ニ至ル迄各其志ヲ遂ケ人心ヲシテ倦マサラシメンコトヲ要ス

一、舊來ノ陋習ヲ破リ天地ノ公道ニ基クヘシ

一、智識ヲ世界ニ求メ大ニ皇基ヲ振起スヘシ

叡旨公明正大、又何ヲカ加ヘン。朕ハ茲ニ誓ヲ新ニシテ國運ヲ開カント欲ス。須ラク此ノ御趣旨ニ則リ、舊來ノ陋習ヲ去リ、民意ヲ暢達シ、官民擧ゲテ平和主義ニ徹シ、教養豐カニ文化ヲ築キ、以テ民生ノ向上ヲ圖リ、新日本ヲ建設スベシ。

大小都市ノ蒙リタル戰禍、罹災者ノ艱苦、産業ノ停頓、食糧ノ不足、失業者增加ノ趨勢等ハ眞ニ心ヲ痛マシムルモノアリ。然リト雖モ、我國民ガ現在ノ試煉ニ直面シ、且徹頭徹尾文明ヲ平和ニ求ムルノ決意固ク、克ク其ノ結束ヲ全ウセバ、獨リ我國ノミナラズ全人類ノ爲ニ、輝カシキ前途ノ展開セラルルコトヲ疑ハズ。

夫レ家ヲ愛スル心ト國ヲ愛スル心トハ我國ニ於テ特ニ熱烈ナルヲ見ル、今ヤ實ニ此ノ心ヲ擴充シ、人類愛ノ完成ニ向ヒ、獻身的努力ヲ效スベキノ秋ナリ。

惟フニ長キニ亙レル戰爭ノ敗北ニ終リタル結果、我國民ハ動モスレバ焦躁ニ流レ、失意ノ淵ニ沈淪セントスルノ傾キアリ。詭激ノ風漸ク長ジテ道義ノ念頗ル衰ヘ、爲ニ思想混亂ノ兆アルハ洵ニ深憂ニ堪ヘズ。然レドモ朕ハ爾等國民ト共ニ在リ、常ニ利害ヲ同ジウシ休戚ヲ分タント欲ス。朕ト爾等國民トノ間ノ紐帶ハ、終始相互ノ信頼ト敬愛トニ依リテ結バレ、單ナル神話ト傳説トニ依リテ生ゼルモノニ非ズ。天皇ヲ以テ現御神トシ、且日本國民ヲ以テ他ノ民族ニ優越セル民族ニシテ、延テ世界ヲ支配スベキ運命ヲ有ストノ架空ナル觀念ニ基クモノニ非ズ。

朕ノ政府ハ國民ノ試煉ト苦難トヲ緩和センガ爲、アラユル施策ト經營トニ萬全ノ方途ヲ講ズベシ。同時ニ朕ハ我國民ガ時艱ニ蹶起シ、當面ノ困苦克服ノ爲ニ、又産業及文運振興ノ爲ニ勇往センコトヲ希念ス。我國民ガ其ノ公民生活ニ於テ團結シ、相倚リ相扶ケ、寛容相許スノ氣風ヲ作興スルニ於テハ、能ク我至高ノ傳統ニ恥ヂザル眞價ヲ發揮スルニ至ラン。斯ノ如キハ實ニ我國民ガ人類ノ福祉ト向上トノ爲、絶大ナル貢獻ヲ爲ス所以ナルヲ疑ハザルナリ。

一年ノ計ハ年頭ニ在リ、朕ハ朕ノ信頼スル國民ガ朕ト其ノ心ヲ一ニシテ、自ラ奮ヒ、自ラ勵マシ、以テ此ノ大業ヲ成就センコトヲ庶幾フ。

御 名 御 璽

昭和二十一年一月一日

内閣總理大臣

各 國 務 大 臣

peace, a bright future will undoubtedly be ours, not only for our country, but for the whole humanity.

Love of the family and love of the country are especially strong in this country. With more of this devotion should we now work towards love of mankind.

We feel deeply concerned to note that consequent upon the protracted war ending in our defeat, our people are liable to grow restless and to fall into the Slough of Despond. Radical tendencies in excess are gradually spreading and the sense of morality tends to lose its hold on the people, with the result that there are signs of confusion of thoughts.

We stand by the people and We wish always to share with them in their moments of joys and sorrows. The ties between Us and Our people have always stood upon mutual trust and affection. They do not depend upon mere legends and myths. They are not predicated on the false conception that the Emperor is divine, and that the Japanese people are superior to other races and fated to rule the world.

Our Government should make every effort to alleviate their trials and tribulations. At the same time, We trust that the people will rise to the occasion, and will strive courageously for the solution of their outstanding difficulties, and for the development of industry and culture. Acting upon a consciousness of solidarity and of mutual aid and broad tolerance in their civic life, they will prove themselves worthy of their best tradition. By their supreme endeavours in that direction, they will be able to render their substantial contribution to the welfare and advancement of mankind.

The resolution for the year should be made at the beginning of the year. We expect Our people to join Us in all exertions looking to accomplishment of this great undertaking with an indomitable spirit.

THE IMPERIAL RESCRIPT OF JANUARY 1, 1946

In greeting the New Year, We recall to mind that Emperor Meiji proclaimed, as the basis of our national policy, the Five Clauses of the Charter Oath at the beginning of the Meiji Era. The Charter Oath signified :—

1. Deliberative assemblies shall be established and all measures of government decided in accordance with public opinion.

2. All classes, high and low, shall unite in vigorously carrying on the affairs of State.

3. All common people, no less than the civil and military officials, shall be allowed to fulfill their just desires, so that there may not be any discontent among them.

4. All the absurd usages of old shall be broken through, and equity and justice to be found in the workings of nature shall serve as the basis of action.

5. Wisdom and knowledge shall be sought throughout the world for the purpose of promoting the welfare of the Empire.

The proclamation is evident in significance and high in its ideals. We wish to make this oath anew and restore the country to stand on its own feet again. We have to reaffirm the principles embodied in the Charter, and proceed unflinchingly towards elimination of misguided practices of the past, and keeping in close touch with the desires of the people, we will construct a new Japan through thoroughly being pacific, the officials and the people alike, attaining rich culture, and advancing the standard of living of the people.

The devastation of war inflicted upon our cities, the miseries of the destitute, the stagnation of trade, shortage of food, and the great and growing number of the unemployed are indeed heart-rending. But if the nation is firmly united in its resolve to face the present ordeal and to seek civilization consistently in

原本あとがき（一九八二年十月）

本書は『新潮』昭和五十三年十一月号に掲載した『平和の海と戦いの海』と『新潮』昭和五十七年十一月号に掲載した『「人間宣言」の内と外』の二部から成り立っている。いずれも太平洋戦争にまつわる政治的事件を日米双方の当事者の眼を通して再考し、再構成したものである。関係者の魂の交流を描いた点が、歴史研究でありながら同時に文学作品として認められ、はからずも『新潮』誌の巻頭を飾る栄に浴した。その編輯の御配慮に深く御礼申しあげる。太平洋が平和の海から戦いの海と化し、ふたたび平和の海に戻るまでを扱ったこの第一部と第二部とであるから、本書の総題も第一部と同じく『平和の海と戦いの海』とした。

私が前に『新潮』誌に掲載して新潮社から単行本として出した作品には『夏目漱石――非西洋の苦闘』（昭和五十一年）と『小泉八雲――西洋脱出の夢』（昭和五十六年）とがある。いずれも比較文学の手法を用いて作家の軌跡を辿ったものである。今回の『平和の海と戦いの海』は研究対象こそ文学者ではない。しかしほぼ同様の手法を用いて、グルー元駐日米国大使、齋藤實・鈴木貫太郎両提督の平和への努力を跡づけようとした作業である点においては、本書第一部は前二作と異る性質の作品ではない。また来日した外人教師の生涯を描いたという点においてはラフカディオ・ハーン（小泉八雲）を扱った前書も、ブライス教授を扱った本書第二部第一章も、同じ範疇に属するものである。

いうまでもないことだが、学術作品が同時に文学作品となり得るか否かは、取りあげた対象が文学者であるか海軍軍人であるかによって左右されることではない。そうではなくて研究が言語芸術作品として自立し得るだけの特性を備えているか否かにかかっていることである。私は駒場の東京大学大学院比較文学比較文化課程に学んだ一人で、昭和三十六年、島田謹二教授が比較文学研究の手法を『ロシヤにおける廣瀬武夫』（朝日新聞社）に応用した時、その成果に快哉を叫んだ学生であった。島田教授のその方向転換に、私は、丁字戦法を用いて敵前回頭をあえてした司令長官を見る思いがした。その島田教授の方向転換の学問的意義をいちはやく認めた人に『坂の上の雲』の司馬遼太郎氏がいた。私どもの間では比較文学研究の方法をその時代の最優質の人間に適用することの意味はそのようにほぼ自明のこととなっているが、保守的な見方にこだわる一部の文芸評論家の間にはどうしたことかいまだに抵抗が見られるようである。いうまでもないことだが、ヒューマン・ドキュメントから受ける感動は、文芸的感動の根源である。齋藤夫人の振舞い、ブライス教授の極東における人生、山梨勝之進大将の出処進退、それらに人の心を打つものがあり、それらをもし筆者が過不足なく描くことが出来たとしたならば、私の学者としての、また文学者としての欣快はこれに過ぎることはない。憾むらくはその二重の課題に対して私の力のなお及ばざる点が多々あることである。

本書の中で筆者は二・二六事件、日米両国の終戦工作、天皇の「人間宣言」などの政治的事件を取りあげた。その中で従来の日米の通説や通俗的理解を覆す説を提出した。私が嬉しかったことは国際政治の学者たちが非常な知的関心をもってこれらを迎えてくれたことである。私が憮然としたことは一部の人が、主に匿名批評の形であったが、感情的反撥をもってこれらに対したことである。私はそのようなアレルギー的反応が真の意味での文学に関心を寄せる人々の大勢ではないことを信じている。

ここで筆者が読者から再三問い合せを受けたある小さな一点について説明を加えておきたい。林健太郎氏は『文藝春秋』（一九八二年十月号）に「鈴木貫太郎とトーマス・マン」という随筆を寄せ、その両者の関係をはじめて取りあげた論文は小堀桂一郎氏の『宰相鈴木貫太郎』（『諸君』一九八一年十一月号、後に文藝春秋より単行本）であるかのように述べられたが、実は小堀氏に二人の関係を教えたのは『新潮』一九七八年十一月号の拙稿である。林氏が誤解したのも、国際関係論の専門家諸氏が不審の念を持たれたのも、小堀氏がしかるべき説明や脚注を付けなかったために起ったことである。鈴木貫太郎は日本海海戦で敵戦艦二隻を沈めたが、秋山参謀に頼まれてそのうち一隻については功を他へ譲った人である。その大功に比べればこうしたことなど取るにも足らない。私も鈴木首相の終戦努力にまつわる一連の調査のことについては解釈が大切なのであるから、プライオリティーをいわず、黙っていようと思ったが、しかし鈴木大将も『鈴木貫太郎自伝』の中では二隻撃沈の経緯を明らかにしている。それで私は東大駒場の比較文学比較文化研究室の学者間の相互刺戟の愉快を伝えるためにも、また上に立つ者として学生にフェアな学問的規律を促す位置にある者としても、その点を明確にしておくこととした。小堀氏は拙稿を丹念に読んで、帰国した私をつかまえてマンはドイツの聴取者向け放送の中で「日本帝国の首相」と言っているところを平川は「日本帝国の鈴木貫太郎首相」と訳した、とも指摘した。私は日本の読者にわかりやすいよう明確化をはかったので、その種の補足は許されることと考えている。しかし実はマンにこのラジオ放送があったことを私に最初に教えてくれたのはやはり同じ研究室出身の杉田弘子さん（後に武蔵大学教授）であった。一九七五年十月、私が「イソップ物語・比較倫理の試み」の材料を集めにアメリカのベセスダへ行き、杉田家に泊めていただいた時、杉田さんはマンの一九四五年四月十九日の放送文を読んで日本人として嬉しかったことを語り、ほろりと涙をこぼした。その時、私も外国にいて祖先の美談を聞く時に覚える感動に心打たれたのである。

私はその後、第一部の「あとがき」に記したようにワシントンのウッドロー・ウィルソン・センターに一年、プリンストン大学に八ヵ月滞在した。私が米国に長期滞在したのはこの時が初めてであった。私が昭和十年代から今日にいたるアメリカと日本との関係について正面から考えたのも実はこの時が初めてであった。私は自分の考えがアメリカ社会や日本社会で通念として受取られている歴史観とずれがあることを感じ、そのために非常に重苦しい感情にとらわれた。しかしその体験がなかったならば、終戦前後のさまざまな事件を日米双方の資料を用い、日米双方の視角から検討するという本書のごとき研究は生れなかったであろう。

平川をウィルソン・センター、プリンストン大学へ招いてくださった関係各位の御配慮に御礼申しあげる次第である。小堀桂一郎氏の『宰相鈴木貫太郎』は「言葉と行為と心術とは互いに照応する」という本居宣長以来の文献学《フィロロジー》を実践し、それによって史料を解釈した見事な作品であるが、平川の本書は日米双方から問題点に迫っている、いわゆる複眼的アプローチにおいて特色があるかに筆者自身は考えている。その出来映えの評価は読者諸賢におまかせすることとしたい。

ここで私たち昭和一桁生れの世代が太平洋戦争や米国による日本占領期の事件にたいして、なぜこれほどの関心を持つか、という点も一考しておきたい。

戦時下の日本は情報統制下に置かれていたといわれる。その統制の厳しさは今日の共産圏諸国のそれに匹敵するものであったろう。しかし忘れてならないことはアメリカ軍占領下の日本も内外の情報規制の下に置かれていた、ということである。鎖国時代というと徳川時代のことと私たちは思いがちである。しかし昭和二十年八月末から七年間に及んだアメリカ軍による占領時代もまた日本史上稀有の鎖国時代であった。日本人には海外渡航の自由が全く与えられていなかったからである。この時期の日本は主観的には「第二の開国」などといわれながら、その実、日本人が国外へ出、直接国外の情報に触れることのおよそ困難な時期であった。敗戦後の日本人の激しい自己卑下に反比例して諸外国が薔薇色に理想化されたのもまたそのような状況下なればこそであった。昭和二十年代の半ばを大学生として過した私は、海外への狂おしい憧憬を持ちながら、自分自身は外国へ行くことは出来ぬという、息苦しいまでに狭隘な情報空間の中に押しこめられていたのである。講和条約は昭和二十七年に発効したが、その後もその条件にさしたる変化は起らなかった。私は昭和二十八年に大学を出、友人の間から外国へ行く人もあらわれたが、それがいかにも少数の選ばれた人であった証拠に、当時の日本の唯一の国際空港羽田の待合室はいま（一九八二年）の日本の地方空港（たとえば対馬空港）の待合室よりもはるかに貧弱な木造の小家であったことを記憶している。しかし外国へ出る口がそのように細ければ細いほど私たちの西洋への憧れは強まった。あのころの大学卒業生の職業選択には、将来その職に就けば欧米へ行けるか否かが大きなファクターとして働いたように思う。

それではその当時渡航する便に一番めぐまれたアメリカ行きのことを私が考えたかというと、私には負けたからといって時流に身を投ずる気持は比較的薄かったように思える。外国語教育に重きを置く新設の東大教養学科へ進学したので英語の授業にもよく出たのだが、しかし私は前田陽一教授のフランス分科へ進んだ。昭和二十五年秋、そんな進学選択のことが話題に出た時、かつて満洲国で勤務した友人の父君の千種達夫判事がこんなことを言われたのをいまに記憶している。

「中国でも日本軍が占領した土地で早速日本語を勉強するような中国人は軽薄なる連中で、第一級の人物ではない」

もっとも私は、第一部の「あとがき」にも記したように、日本が米国と戦って敗れた、という苛烈な現実を直視することを避けて、それでフランスの言語と文化を自分の第一志望に選んだのかもしれない。

私は幸い、昭和二十九年フランス政府給費留学生試験に合格し、五年間ヨーロッパに学ぶ幸運を得た。しかし日本という特殊な情報空間の外へ出たために、近代日本を見る視点が、年々日本の論壇の大勢とずれて行くことを感じないわけにはいかなかった。ハンガリア事変が起って助けを求める声が直接私のラジオ受信機に聞え、亡命者がパリで自分と同じ学生会館の一室に住むようになってみれば、雑誌『世界』で大内兵衛氏等が依然として語り続けたような社会主義社会への薔薇色の期待は薄れざるを得なかったのである。私はむしろ竹山道雄氏の「見て、感じて、考える」というアプローチに共感し、理念を先に掲げた「上からの演繹」を斥けるようになった。いやそれどころか竹山氏自身の論にも「上からの演繹」がそれなりに混じっているのではないか、と警戒するようになった。

昭和三十四年秋、帰国すると神田の古本屋で竹山氏の『昭和の精神史』（新潮社、二〇一六年現在は藤原書店『竹山道雄セレクション』）に引用されている二十数冊の著書の大半を買い求めて片端から読んだ。竹山氏はグルー『滞日十年』を石川欣一訳（毎日新聞社）で読まれたらしいが、私は英語原本を買って読んだ。その時の感動が本書第一部の出発点の一つとなっている。私は私なりに日本が第二次世界大戦に突入した経緯やその終りざまを検証してみたい、と思ったのである。ただ感情的に戦争反対を叫ぶだけでなく、歴史の実体に則して見直してみたい、と心掛けたのである。

私は自覚的に広く師を求めたからかとも思うが、自分が師運に恵まれた者であることを有難く感じている。先にふれたが島田謹二教授は昭和三十五年、明治の海軍軍人の外国体験に研究の照準を合わせた。先生にすすめられて私が古本で『鈴木貫太郎自伝』を買い求めたのは世間が安保騒動で騒然としていた時であった。私が『自伝』の面白さに感嘆を発すると、島田先生は、

「こうした本こそ岩波文庫にはいればいいがなあ」

と言われた。私は日露戦に参加した廣瀬、秋山、鈴木といった世代の人々が立派であるのに反して、その後の世代が、同じく海軍兵学校出身といいながら、別人のごとく品下ることを言うと、島田教授も同意された。終戦当時の軍令部総長豊田副武大将の手記のごとき一読して憮然たる思いを禁じ得なかった。

昭和三十六年七月『ロシヤにおける廣瀬武夫』が公刊された時、私は前年、兄の結婚によって遠縁で結ばれた山梨勝之進大将に一冊をお送りした。大将は、「島田先生の御著書は読めば読むほどたいした立派なもので実に稀れな御著書と感銘しました。後進の不肖等としても斯かる立派な廣瀬さんを先輩に有したことは真に光栄でまた一面日本民族の誇るべき事実として世間に出たこと……廣瀬中佐もこれで初めて完全なる人間の姿が世に紹介され世道風教に資すること非常のことと存じます。私は戦前佐世保、朝日艦上で用談したことがありました……」というお手紙をくださった。ここで戦前というのは日露戦争前という意味である。

私はそれが御縁で山梨さんにお目にかかった。私は海軍大将といえば大柄ながっしりした人と勝手に想像し

ていただけに目黒駅の改札口で私より背の低い一老人が現れた時は全く心外であった。ネクタイのしめ方もゆるく村夫子然たる山梨さんであった。

私は『ロシヤにおける廣瀬武夫』の次に『アメリカにおける秋山真之』を書こうとしていた島田教授を八十四歳の大将に紹介した。昭和三十六年八月二十八日のことでお二人は半日水交社で話して話の尽きることがなかった。私はその話に聞き惚れた。

島田「ロンドンの廣瀬の住所は間違いでございませんでしょうか？」

山梨「日本人は皆あそこにいたのですね。私はなぜ六十八番地へ引越すかと女中に言われましたよ。……武官は黒井さんでね、皆シルクのフロック。モーニングでなくフロック・コートなのですよ。その黒井さんに連れられて時計を買いに行ったら、時計屋の主人もフロック・コートで『海軍の方には割引をする』という。そこで鉛筆を出して計算をしたら主人が笑って、私は見さげられたような気がしましたよ。……川島中佐がアタッシェで宇都宮大佐などもおられたが、皆知識を世界に求める気宇の高さ、通有の時代思潮がありました。曙の時間といいますかね、太陽は東から昇る、といううららかな気持。そしていつかロシヤをやるんだ、という暴風警報。国民の意気が違いましたね」

これが明治三十三年、三笠の回航委員としてはじめて渡英した当時の山梨さんの回想のごく一端である。山梨中尉は夏目漱石と同じ時期にイギリスにいたのだ。私はそう思うと全身を耳にして山梨大将の言葉に聴きいった。私のその日の日記はそれだから大学ノートにして十五ページに及んでいる。引用したい箇所はいくつもあるが、ここでは後一つ山梨勝之進がもっとも尊敬した一人、加藤友三郎元帥の人物評を引くにとどめたい。

山梨「加藤友三郎さんは玲瓏明徹、磨きあげた鏡のようなclearな人、島村元帥が一番、加藤さんが二番、大酒飲みで、目を据えて、頭の良い人。松本烝治さんが法制局長官の時でしたかね。『加藤総理は法律家だね。加藤さんが閣議の時にいう言葉は一言の無駄もない。書けばそのまま法律の案文になる。自分は法律畑の人間だからとくに驚く』と言っていました。胆が坐っている。裁断する勇気と胆力、村正の名刀のような人でした。六十三歳で死ななかったら、日本も変っていたでしょうがねえ。……山本権兵衛は齋藤實さんを可愛がった。齋藤さんは春風に接するような人あたり。加藤さんは無口、心は非常に温い人だが、温いような顔をしない。そう思われるのがいやなのです。齋藤さんの絶対の信用は島村、加藤でした。加藤さんは長く軍事課長をして居った。報告でも美辞麗句を消す。一日家に居っても奥さんにもの言わぬこともある。しかしワシントン軍縮会議の時のアメリカでの加藤全権の評判は大したものでしたよ」

私はその後「山梨勝之進大将にものを聞く会」を幾度か組織した。「二等兵の話なら聞きに行くが大将の話なら欠席します」などという返事も混じる当時であったが、参会者は皆大将の講話に深い感銘を受けたことと信じている。私が「軍人の栄辱」と題して堀悌吉中将のことを拙著『西欧の衝撃と日本』(『平川祐弘著作集』第五巻)に発表したのも山梨大将の講話に啓発されてのことである。今回山梨提督にふれた章で「軍人の栄辱」と三ページほど重複する部分があるので、ここにお断りしておく。

このように書けば私が、本書中に引用したさまざまの文献のほか、どのような人に会い、いかなる心証を得て、本書を執筆したかおわかり願えたかと思う。なお誤解のないように言い添えるが山梨大将は、ブライス教授のような絶対的平和主義者ではなく、現実主義者であり、軍縮に功罪の両面があることを知悉していた。ワシントン会議の五・五・三の比率は、条約締結前の米英日の実勢も五・五・三であったから、それで凍結することを良しとしたのである。ただ軍縮による軍人・労働者の失業が、米英に比べて労働市場が狭く再就職が困難だった日本においてより深刻な問題となり、その怨恨の情が十年後ロンドン会議に際して暴発したという事実は否めない。

「おれはワシントン条約のあとで、予備役に編入された。……意志に反してだ。おれはそのとき潜水学校長の現職を去る気持は毛頭なかった。おれはすこぶる無念だった。……」

これは江藤淳氏の『一族再会』第一部「もう一人の祖父」の章に出てくる宮治民三郎の憤怒の言葉である。宮治が「海軍を辞めた事情を正確に伝えておきたい」と言った時、若き日の江藤氏はその祖父の語気に緊張して身ぶるいを覚えたという。ちなみに山梨勝之進と宮治民三郎は明治二十八年入学の海軍兵学校第二十六期生徒総員三十六名中の同期生であった。宮治は海軍兵学校卒業時の席次が七番であったため軍縮条約締結の後、いちはやく予備役に編入された。卒業席次の良かった山梨ごとき者は、たとい軍縮に手を貸そうとも、海軍省の赤煉瓦の中でぬくぬくと出世しておる。山梨ごとき者に委せたら日本海軍は駄目になってしまう……　軍縮で海軍を追われた人々は憤った。彼等はいわば自分の生き甲斐を奪われた人々である。宮治民三郎が日本が第二次世界大戦で破れた後、なお予備役編入の怨みを孫に言わずにいられなかった心情は、考えようによってはおかしくもあろう。しかし景清があくまで過去を語らずにいられぬのと同じように、宮治少将は大正十一年の春の海軍大演習の快心の出来栄えとその年の秋の予備役編入とを語らずにはいられなかったのである。宮治民三郎は『一族再会』の中でももっとも忘れがたい人物の一人として私には印象されている。

ブライス教授については本文中にも御教示にあずかった人々の名を記したが、令嬢武田ナナさんのお話がいかにも真実味に富んでいて有難かった。あつく御礼申しあげる。世間には無責任なことを言う人が多いもので、その一つにブライス教授は日本語を解さず、そのために家庭でもブライスさん一人が孤立していた、という説があった。しかしその説が嘘であることは、ナナさんに会って話を聞いた途端にわかった。ナナさんはお父さん子なのである。私はナナさんとお話してブライス先生が目の前によみがえるような気がした。なお本書で私は頌徳表でなくキャラクター・スケッチを念頭に置いた。それだから旧世代の人々には慎しみが無いように映じた記述もあったかもしれない。また新世代の人々には逆に人間の弱味を暴いていないように思われたかもしれない。しかしいずれにせよ、私はブライスさんが最晩年、病気で身も心も衰えた時の言葉を真実だとしてそれを強調する気はなかったのだ、ということは言い添えておきたい。『新潮』編輯部の坂本忠雄、冨澤祥郎両氏には雑誌発表時になみなみならぬお世話になった。私は入念な編輯者に出会う時、なににもまして日本に文化を感じる。単行本として出版するに際しては澁谷遼一氏をふたたびわずらわした。冨澤氏が国会図書館などで発見したデータのお蔭で本書は初稿よりもはるかに良きものとなった。

最後にこの国際的な主題についての研究に際し、日米両国の学者のみならず韓国の学者の御厚意にあずかったことも特記しなければならない。筆者は韓国の旧友の御配慮により、ソウルで漢陽大学英語学教授韓喬石氏にお目にかかることが出来た。韓教授がブライス教授を偲ぶ挿話の数々は本文中に書きいれさせていただいたが、韓教授は『新潮』掲載の拙稿に対してさらに感想を寄せられ、次のようなブライス教授を悼む手向けの二句も添えられた。外国人である韓教授がわざわざ日本の詩型を借りて俳句研究者ブライス博士を偲ばれたのである。私は新木正之介教授から一時間余にわたるお電話で御教示を戴いたことを記して謝意を表するが、しかし日本の学習院関係者が山梨院長とブライス教授の事蹟をきちんと書きとめることの少いのをいかにも残念に思っていただけに、韓国に根強く残っている師を尊ぶ伝統をひとしお有難いことに感じた。それで、日本列島から見て東の太平洋のみか、韓半島から見て東の海も西の海も、いつまでも平和の海であることを心から祈りつつ、お許しを乞うて、終りに韓喬石先生の二句を掲げさせていただく。

ブライス先生の霊前に
心せよ師の枕辺に秋の風
師は沈み寄りて帰りぬよその土《くに》

一九八二年十月二十八日

平川祐弘

講談社学術文庫版へのあとがき（一九九三年二月）

新潮社から一九八三年に出版され、その後しばらく絶版となっていた拙著『平和の海と戦いの海』がこのたび講談社学術文庫にはいることとなった。林健太郎氏が昨一九九二年名著『昭和史と私』（文藝春秋）の中で、二・二六事件と昭和天皇の決断にふれ、アメリカ側で第二次世界大戦末期、グルー国務次官が米国世論に抗して天皇制存続の意見を唱えたのは二・二六事件がグルー大使に強烈な印象を与えたからであるとし、その経緯にふれた拙著を「綿密な研究」と認めてくださったことが文庫入りの一つのきっかけである。感謝にたえない。

拙著にはすでに「まえがき」も「あとがき」もあり、これ以上書き加えるほどのことは特にないが、その後《ご》世に出た資料もあるのでそれを紹介しておきたい。

新潮社版の刊行が縁で私は一九八五年、エディンバラで開かれた英国日本研究協会に招かれ、その席上で本書第二部の要旨を発表することを得た。その **R. H. Blyth and Hirohito's Denial of the Divine Character of the Tennō** は *Proceedings of the British Association for Japanese Studies* に収められている。私は自分の日本語著書の内容をいつもなんらかの形で英文で発表してきた者なので、このたびもブライス先生や山梨大将のことを英国人に知らせる機会を得て嬉しかった。その訪英の折、ロンドンでお会いした福田晴子氏は大将の御親族だが、その方の手で山梨提督の事蹟はその後 Cortazzi et al. ed., *Britain and Japan 1859-1991*, Routledge の一章に書き留められた。しかしこの才媛の手になる英文にしてからが、朝鮮総督だった齋藤實《まこと》が Saitō Minoru (Commander-in-chief in Korea) などと誤って記述されている。「総督」という官職名は、植民地統治について範を英国に仰いだ日本人が英語の governor-general に当てた訳語であるに相違ない。それがいわばお里帰りの過程で、朝鮮軍総司令官にされてしまったので、これでは人違いと思われることであろう。日本の史実を正確に外国へ伝えることの難しさをこんな些事《さじ》にも私は感じた。

ブライス教授その人については新木正之介氏編『回想のブライス』(非売品、二三三ページ)が拙著の出た翌一九八四年に出た。昭和二十一年元旦の天皇のいわゆる「人間宣言」については、その中に五箇条の御誓文が加えられたのが昭和天皇の強い御要望によるものであることが、昭和六十三年天皇の御容態が悪くなられたころ浅野長光元学習院事務官の談話として新聞に出た。これは拙著に引いた前田多門氏の文章にすでに言われていることでとくに新味はない。注目すべき未発表資料は一九八九年四月三十日『読売新聞』に報ぜられた、その浅野元事務官の手元に保存されていた英文で、拙著ですでに述べた「山梨・ブライス私案」と称すべきものがこれであろうと思われる。そのような未公開資料が世に出た際、日本の新聞の悪い癖は、その英文そのものを掲げるという労は取らず、記者だかデスクだかイデオロギー先行の研究者だかが、自分たちの思いこみを「昭和天皇の『人間宣言』――GHQの意向だった」式にまずリードに大きく印刷してしまうことである。脚注や出典を欠いたまま執筆者が自分に都合の良いよう歴史を書き直すのは中国人の得意芸で私はそれを悪い癖と感じるのだが、日本でそれに類した文章が評伝とか歴史文学とかの名の下に許されていることは私にはいかにも淋しいことのように思われる。なおその英文は浅野氏の没後、学習院資料館に収められたが、門外不出とかで見る機会を得なかった。

そのような世間一般で再生産される先入主によって蔽われがちな、山梨学習院長とブライス教授が昭和二十年の晩秋に果した役割の真相について、それに側面から光を投ずるものとして注目すべき新資料は、一九八九年四月号の『文藝春秋』に載った侍従次長木下道雄の『側近日誌』(後に単行本は文藝春秋刊)であろう。そこには昭和二十一年一月一日の詔書案が弊原首相の筆になる英文であったこと、それもブライス教授の原文に首相が語句を加入したものであったことなどが記述されている。そしてそこには石渡宮内大臣もこの木下侍従次長も詔書の日本文の「英文和訳的の文体にはホトホト閉口の態」であったことも記されている。日本では保守系右翼の一部の人々の間でこの天皇のいわゆる「人間宣言」なるものは無用の詔書のように取沙汰されている。「人間宣言」があるいはその内容ゆえに、あるいはその修辞ゆえに、不評なことは私も承知している。しかしその内容ゆえに論難する人たちは、「三島由紀夫は天皇の『人間宣言』を非難したが、そのような反対は論理的におしつめて行くならば昭和二十年八月の終戦の詔勅そのものをも非難しなければならなくなるはずだ」という設問に対し、どのように答えるのであろうか。

昭和二十一年一月一日の詔書が、日本側のイニシアティヴもあって、いわば啐啄《そったく》同時に成ったことの政治的叡智を私は高く評価する。そのことは本文中にすでに述べた。昭和天皇が皇国神話に悩まされた方である以上、天皇絶対化の政治神話の崩壊は歓迎すべきことと私は考える。しかしそれと同時に天皇家に代表される日本固有の神道文化の個性は引続き大切に護持されなければならないとも考える。それで最後に僭越ではあるが、皇室が直面する二つの課題について私見を述べさせていただく。

日本の皇室は、これからの日本の指導層と同様、内外二つの問題を考量し、その両面の問題に自覚的に対処すべきだと思う。

第一は二十一世紀は地球社会の時代であり、日本は国際協調を必要とする。皇室はその際、五箇条の御誓文の精神を奉じて「智識ヲ世界ニ求メ」る範を垂れるべきである。

第二はしかしながら天皇家は日本の文化的伝統の体現者であり、日本国民のうちにひそむ神道的感情によって支えられてきたという歴史の重みを尊ぶべきである。それだから皇室も政府も国民も、天皇家の由緒ある伝統的な諸形式の維持に留意していただきたく思う。八月十四日の夜遅く、鈴木首相は暇乞いに来た阿南陸相の側近くに寄り、手を肩において、

「阿南さん、日本の皇室は必ず御安泰ですよ。何となれば陛下は春と秋の御先祖のお祭りを必ず御自身で熱心になさっておられますから」

と言った。万世一系の天皇家の安泰を願う日本人の心は民族の不死と永生を願う心である。君主制を美しいものにするか否かは結局はその国民の心構えによる。昭和の時代が戦いの時代と平和の時代を含む以上、それに対する内外諸家の評価が二つに分れることは避けがたい。だが昭和天皇が非命に斃れた者やその遺族のことをお忘れになったことはなかったと信じている。これから先も皇室の祭祀は君主の行なう伝統として永く行なわれるであろう。それがいまは亡き人の心をも含めて日本国民の願いであり、心であると信ずる。

最後に拙著に対し懇篤なる批評を寄せられた江藤淳、佐伯彰一、亀井俊介、近藤信行、中村隆英、杉田弘子、岡崎久彦、神山圭介、松本道介、曾根博義、吉田禎吾、下馬郁郎、ならびにこのたび解説の労を取られた五百旗頭《いおきべ》真の諸氏に深い謝意を表する。

一九九三年二月二十六日

平川祐弘

解題

五百旗頭《いおきべ》 真《まこと》

ヴァジニア州ノーフォークのマッカーサー記念館で毎年開かれていた日本占領会議にはじめて出席して、その雰囲気が日本の「旧満州関係者の昔を懐しむ集いに」似ていると感じた。そう本書で著者平川氏は述べている。それは一九七八年春であったと思われるが、その会議で私は平川氏を知った。

ハーバード大学を拠点に、アメリカの対日占領政策を研究していた私にとって、ワシントンでの資料調査に、そしてノーフォークの占領会議へと出かけるのは当然であった。普通でなかったのは平川氏の方であろう。氏はプリンストン大学に滞在しておられたが、『和魂洋才の系譜』で著名なこの方が、私の研究領域であるグルーや鈴木貫太郎を論題にかざしてアメリカで活躍されるとは想像もしなかった。比較文化史の観点から氏の語るグルーや鈴木は、私の同業者である国際関係や歴史学の専門家に比して自由自在であり、私にとって新鮮にして魅力的であった。その後、ワシントン地域とボストン地域でも氏と再会することができ、爽快な知的刺激を受けたことを想い出す。それぞれの学問分野には、方法、発想、問題設定などをめぐる傾向的な型があり、それは一種の文化の如きものを形作っている。その意味で、平川氏は私にとって異文化体験であった。アメリカまで出かけて、同国人との間で、いわば比較文化的な交流の機会を得たともいえる。

近ごろ、本を読んで感動するなど、あまり期待できなくなった。そうした中で、本書は例外であり、読者に迫ってくるものを持っている。うっかり油断していると、つい目頭が熱くなってしまう個所もいくつかある。その正体は何だろうか。一言でいえば、人間であろう。氏が歴史より呼び起こしたグルーや鈴木、山梨勝之進やブライスといった個性の鮮明な像が読者の網膜に焼きつけられる。著者が好んで描くのは、激烈な状況との苦闘のなかで、状況を越える人としての高雅さを示しえた群像である。状況の泥沼に勝利しえたか敗北したかはともかくとして、苦難の状況のなかで人として偉大さや香ぐわしさを顕現しえた個性が、以下の若干の引用でも明らかなように本書の主人公である。

「巡洋艦戦隊の一隊と堀悌吉一人と海軍に取ってどちらが大切なんだ。」（堀の予備役編入の報を聞いて、山本五十六が憤って発した言葉。第二部第二章）

「あの東洋の国日本にはいまなお騎士道精神と人間の品位に対する感覚が存する。いまなお死に対する畏敬の念と偉大なるものに対する畏敬の念とが存する。」（鈴木貫太郎首相のローズベルト大統領の死に際しての哀悼の辞を聞いて感動したトーマス・マンのラジオ放送の一節。第一部第三章）

「晩秋の一輪の薔薇は他のいかなる薔薇よりも高雅だというではないか。国敗れて余人が茫然としてなすべき術《すべ》を知らなかった時に、尽すべきを尽した大将に、国敗れてのみ見ることのできる高貴なる面影を私は見るのだ。」（山梨大将が、もう少し早くか、もう少し遅く、世に生を享けていれば存分に活躍できたろうにと惜しむ評に対しての著者の反論の言葉。第二部第五章）

こうした「人間の品位」「偉大なるもの」「高貴なる面影」といったものの成立要件を、著者はどこに見出しているのか。

簡明な返答を得るにはそれは重大すぎる問題であるが、著者自身は、人が自国文化と他国文化の双方に生き抜くなかで形成されるとの文脈においてかかる人士を取り扱っている。そして、それこそ比較文化史を専門とする著者が一貫して追求しているテーマに他ならない。

「平川氏が論じる鷗外は『二本足』の人だった。鷗外は自分自身の文化の中にすこやかに根ざしていたから、西洋に憧れて卑屈になることもなく、また西洋の重要性やその価値をむげに斥《しりぞ》けることもなかった。」これは、一九七一年の名著『和魂洋才の系譜』に対するプリンストン大学のジャンセン教授の適確な評である（『自由』一九七二年五月号）。圧倒的優勢を誇る西洋文明に対して、排外的日本主義に狂したり、盲目的西洋崇拝に溺れたりすることは、心理的にはむしろ易しいであろう。そうしたなかで、自国文化に「すこやかに根ざ」すがゆえに「西洋の価値」を全うに受けとめることができる。あるいは福沢諭吉流にいえば「一身二生」体験を享受することができる、それは類稀《たぐいまれ》な精神の健康に恵まれた者にしか望みえない営為であろう。

平川氏は、この問題に敏感であり、本書第一部のあとがきにも、ノーフォークの占領会議でアメリカ文化への追従に傾いた日本人に不快感を覚えたエピソードを語り、「私はいわゆる反米派ではないが、国家の威信ないしは個人の品位に無関心なほどに親米派ではない」と言う。余談であるが、氏がプリンストン大学を発つ際の送別会で、ジャンセン教授は「お国のために乾杯」と発声されたそうである。平川氏の日本での研究活動はどちらかといえば国際派に分類されるであろうが、当時アメリカにあって、氏は日本文化の名誉のために奮闘している趣がないではなかった。ジャンセン氏はこの戦後日本の学会にめずらしいナショナリスト教授を、温かさとユーモアをたたえて表現したのだと思う。

さて、「人としての品位」と「二つの文明の接触」という両軸によって織りなされている平川氏の豊かな比較文化研究のなかで、本書は文学者や思想家ではなく、国家の実事を担当する政治責任者たる軍人や外交官を主人公にしている点に特徴があろう。この作品が生れるうえでの研究史的前提は、一九七四年に刊行された『西欧の衝撃と日本』であり、とりわけその第九章「軍人の栄辱――日本における国家主義と国際協調主義」ではあるまいか。それは、「日本的伝統につながる繊細な心性の持主」であり、かつ「群を抜いて西洋につながっていた人」でもある海軍軍人堀悌吉を中心に、加藤友三郎、山本五十六など海軍の傑出した群像を描き出している。日本国家の生存と発展のための戦いを職務とし、（ヴィニーの描く、命令通りに死刑を執行した老艦長さながらに）国家の職務に殉じ切りながら、国際協調と平和の価値を洞察した提督たちを甦らせた。本書は、同じテーマを継承発展させ、齋藤實、鈴木貫太郎、山梨勝之進といった海軍の高峰を再評価し（何故、海軍ばかりなのだろうか）、それとグルーやブライスという西洋文明の使者との結びつきを解明し、われわれの知的共有財産を拡げた研究である。

近現代史において、西洋文明の世界より日本文化への深い理解者が時として現れる。他方、日本の知的文化的エリートの間にも、西洋文明の深い理解者が存在する。双方向からの高品質の異文化理解者の交錯が、錦糸のように日本近代史のなかに織り込まれている。その様相を甦らせることが平川氏の他の追随を許さぬ業績であるが、その幅広い視野と深層を読み解く能力が、ついに政治外交の分野にまで及んできたのが本書なのである。

そうであればこそ、私のような者が本書の解題を執筆する栄に浴することになったわけであるが、そうであればまた平川氏の比較文化史の観点から展開された研究が、政治史や国際関係の研究のなかにどう位置づけられるのかが私に問われてもいるであろう。たとえば、平川氏は、かつて鷗外の遺書を読み解くことによって論争を呼びつつ自己の世界を確立したが、本書でも、一人の人間のひとことの発言や一文に、その人が保持する小宇宙全体の意味を読み取る洞察に臆病ではない。そうした文化史的意味を持つ言葉は、しかし、ふつう政治史においてエピソードとしてノートされるかどうかも疑わしい。それが実際の歴史を、あるいは国際関係をどう動かしたか、その人物の言動が政治外交にどうファンクションしたかを問題にするのが、われわれの研究分野のたしなみである。人としての品位と偉大さが、現実の政治史に正の相関関係をもって作用した場合にはそれを無視しがたい要因として肯定的に論述しうるが、逆の相関関係である場合には、負の要因として斥《しりぞ》けるであろう。アクターの高貴さや善意ゆえに結果・効果の稚さを救うことにはならない。政治外交史は、通常政治指導者の心事や主観の世界への過度なコミットに警戒的であり、その点で平川氏の手法とは対照的であるのが普通である。

以上のように研究対象への焦点の合わせ方や方法に差があるので、本書を政治外交史的研究として評価するのは容易でなく、そもそも歴史家や国際政治学者の立場や好みは種々様々であるから、本書に対する評価についてもかなりのばらつきがあろう。しかし、総じて言うならば、本書はきわめて高い評価が与えられると思う。

何故なら、第一に本書はこれまで知られていなかった、もしくは歴史家に重用されなかった文献を用いることによって、鈴木貫太郎首相の政治指導の再評価を試み、さらに天皇の「人間宣言」の形成過程を全体的に解明することに成功している。歴史学は、実証的根拠をもって歴史の新たな局面に光を当てた場合、各研究者の立場の相違を越えて、それを評価することを約束事もしくは倫理基準としている。本書は実証的解明において、かなり大きな貢献なのである。こうも言えよう。歴史学者の多くが、小問題についての精密な大実証研究に没頭する傾向があるのに対し、本書は原資料の欠落は欠落のままに、利用可能な文献を縦横に活かして大問題の中心部に果敢に踏み込み、新たな見方を呈示することに成功しているのである。

第二に、本書は比較文化史の著者でなければ、到底気づかなかったであろう歴史の地下鉱脈を探り当てている。たとえば、鈴木首相のローズベルトへの弔辞について作家トーマス・マンが語ったことは、ふつう政治外交史家の関知するところではない。また、GHQの示唆、幣原《しではら》内閣の協力で生れたと想定されがちであった「人間宣言」について、山梨学習院長主導のもとブライス教授らが協力して、宮中、幣原内閣、GH

Qを動かして生れたことを本書は明らかにしたが、政治外交史家には学習院長と文学を専攻する一英国人教師が政治アクターとなることなど、視界に入るものではない。

マッカーサーの天皇観についても、本書は注目すべき鉱脈を発掘している。ラフカディオ・ハーンに傾倒し、日本のカミはゴッドではないという理解を会得したボナー・フェラーズ准将がマッカーサーの高級副官となり、象徴天皇制としての存続を説く「天皇に関する覚書」を一九四五年十月二日に起草した。同覚書がマッカーサーの天皇観と天皇政策を支えたのではないかと著者は推論しているが、私見ではその推論は控え目に過ぎると思う。一九四六年一月二十五日にマッカーサーがワシントンに送った天皇に関する電報は決定的重要性を持つが、その内容と議論の構成の同質性からフェラーズ覚書を下敷にしていることは明らかと思われるからである。ハーンの日本文化理解に誰よりも通じた平川氏にして始めて、このように政策のもとになった認識のルーツという鉱脈を発見しうるのではなかろうか。

また些細な点かもしれないが、「人間宣言」のなかの「失意の淵」(slough of despond)という一句が、バンニャンの『天路歴程』に由来する言葉であることを直ちに了解し、この部分の英文を草した幣原首相の達意の英語力のみならず、西洋古典の教養にも言及する能力は、われわれ近現代史家にはない。このような研究者がいなければ、死の家に横たわって歴史家の来訪を待つ史上の人物が満たされた気持で甦る日は訪れないであろう。

鈴木首相の一九四五年四月十二日のローズベルト大統領の死への弔辞と、六月九日の議会演説――太平洋はその名の通り平和の海でなければならず、これを戦争の海とするならば、両国とも天罰を受けよう、との観点を述べ、かつ米国政府がただ「無条件降伏」というのではなく、天皇制存続の保証を与えねば平和は望めないと示唆した――は、ともに米国向けの和平へのメッセージ、もしくはその布告であるとする著者の解釈には、かなりの説得力がある。同様に鈴木首相再評価――首相は老いて指導力と見識明察を欠き、危機のなかで動揺しがちであったとの見方を斥け、徹底抗戦論をとる陸軍を離反させることなく日本政府が全会一致的に、かつ勝者との交渉力を温存するための抗戦を続けつつ、終戦に至るために必要な二面的方策を採ったとの再評価――にも、かなりの説得力がある。少くとも、老首相無能論は史実を全体的に説明しえないであろう。歴史は純白と真黒の問題ではありえないが、平川氏によって切り開かれ、小堀桂一郎氏の研究によってセカンドされた鈴木再評価論は、ポツダム宣言「黙殺」に対する自他の批判にもかかわらず、市民権を獲得しつつあるものと思う。

鈴木首相の対米シグナルがどの程度グルー国務長官代理をふくむ米国政府指導層に通じていたかについては、私は本書よりもいささか懐疑的な見方をとっている。本書が描いたように、対日宣伝放送を担当していたザカリアス大佐らの情報機関との間に「無条件降伏の有条件化」による和平についてキャッチボールが行われたことは間違いないであろう。また、グルーやドーマンが旧友である鈴木の組閣に希望と期待を懐いたことは、ドーマンの回想に語られている。しかし、その後の鈴木首相の言動と日本軍の悲壮感みなぎる沖縄での抗戦は、そうした期待が甘いものであったことをドーマンに教えた。鈴木首相の真意がたとえ和平にあるとしても、陸軍を抑えることができない以上、鈴木内閣に期待することはできないとワシントンは判断するのである。

しかしながら、グルー国務長官代理は五月二十六日から、大統領が対日声明を発することにより早期和平を実現する工作を異常な真剣さで開始する。私はその中心的理由を、グルーがヤルタ密約と原爆開発の成功を知ったことに求めるが、あるいは本書が示唆するように鈴木首相の和平への合図がグルーには感取されていたのかもしれない。グルーが鈴木メッセージについて書いたことも語ったこともないが、五月二十八日に大統領に訴えた際に、日本の指導層も心のうちでは敗戦を認識しており、天皇制への理解さえ示してやれば早期和平は可能であると強調している。

他方、本書はスチムソン陸軍長官の対日姿勢については厳しい見方（相手が弱ってきた時に手をゆるめるボクサーはないとの観点）をとっているが、その後のスチムソンに関する拙稿（ちょうど鈴木首相が二面的対応を行ったのと対をなすように、スチムソンは他面で見識に富む対日配慮を持ち合わせていた）に対し、賛意を表するお便りを本書の著者よりいただいたので、現在書かれるのであれば、米国の政策過程については若干違ったニュアンスになる所があるのではないかと拝察する。

それにしても、こうした相違は、可能な解釈の差であって、どちらか一方が白で他方が黒という類のものではない。全体的に見れば、本書はこの分野の専門家が踏まえるべき知識や理解の多くを周到に押えている。歴史的人物の人間的魅力に溺れて国際関係や歴史の基本的理解を踏み外すといった弊が見当らない。人間を見る視座が確かな人は、政治についても確かな構成力をもって分析できる例といっていいであろう。そして、しばしばわれわれの業界が見落しがちな知識や理解を思わぬ所から提示している。さらに何よりも、居ずまいを正して拝すべき高雅な人間像を文化の奥行きを伴って再現し、われわれに歴史における人間の尊厳とは何かを教えてくれる作品であるといえよう。

（一九九五年当時神戸大学教授、現ひょうご震災記念21世紀研究機構理事長）

戦後の通俗史観を覆す人間ドキュメント

――平川祐弘著『平和の海と戦いの海　二・二六事件から「人間宣言」まで』――

岡崎久彦

歴史には継続性がある――疑う余地のない、これだけの真理を言うことが、戦後日本の風土においては決して容易なことではなく、時としては勇気の要ることでさえある。

現在ある日本の原点は敗戦後の焼け跡であり、過去の歴史はすべて清算され、日本は新たに生まれ変った、というのが戦後民主主義の基本的な歴史観である。

戦後の日本における歴史の継続性否定の風潮の原因はそれだけではない。それは戦後滔滔として日本に流入したアメリカのリベラリズムの特徴でもある。「我々の住んでいるのは旧大陸でなく新大陸である」という発想から始まって、十九世紀の権力政治の時代は去って二十世紀は道義と国際主義の時代である、というウィルソンの国際的理想主義を経て、「核兵器の出現で国際関係は過去のものとは基本的に異なる性格のものとなった」という、ケネディ時代以来のウィズ・キッド（戦時論の天才児）たちに至るまで、歴史の継続性の軛《くびき》を断ち切ろう、断ち切ろうというのがアメリカのリベラリズムの主張の一つの柱をなしている。

そして、それが戦後日本の政治思潮の中で種々な派生的効果を生み出して行った。戦前からのすべての伝統を否定する反体制思想、とくに、戦争前の日本の制度、伝統のすべてを軍国主義と定義して反撥する反戦平和思想は、少なくともそれが自民党政権、安保条約、自衛隊に反対するというかぎりにおいて、左翼勢力にとって都合の良いものであった。

また、より非政治的なレベルでも、過去の歴史や先達の経験によらず、社会の森羅万象を、コンピューター導入を中心とするシステム化ですべて解明し、解決できるという幻想を生み出した。

こういう傾向が、それぞれの政治勢力に及ぼした利害得失や、また、「システム的発想」が日本社会の発達のある側面において果たした貢献は別の問題として、それが日本人の精神面において、歴史を学ばなくてすますという怠惰な習慣を作らせ、更に、この人間の社会には、卓越した伝統と教育を背景とした、卓越した識見を有する人々が存在するという事実を認め、そういう人々は尊敬されねばならないと考えるという、人間の最も基本的な美徳である謙虚さを失わせた、ということは否定し得ない事実であると思う。

著者がまえがきの結びに、氏の恩師市原豊太先生の短歌を引用されているのは誠に含蓄深いものがある。歌に曰く、「我一人思ふ心はただ独り思ふに非ず祖先《みおや》の心」。

＊　＊

平川氏は数々の人物について、恩師、先輩として、深い愛情と尊敬の念をもって語っていられるが、この本は、表題が示すように、二人の偉大な海軍提督について語っている本だと要約することが許されよう。一人は鈴木貫太郎であり、もう一人は山梨勝之進である。

鈴木貫太郎は、日清日露の戦いで、最も危険の多い水雷攻撃を指揮して赫々たる武勲を挙げた猛将であり、戦争の末期に、首相に任命されても、徹底抗戦を主張する軍部に対し自分達を裏切らないという安心感を与えるに足る武功のある人物であった。ところが、実は鈴木は一貫して日米は戦争すべからずという見識を有していた人物であり、首相就任以来米国に対して、和平のメッセージを送り続けていたという事実を、平川氏はしっかりした資料に基いて論証している。

大正七年の遠洋航海において、鈴木は米国で講演して、日米戦争がお互いに労多くして益少ないことを説き、「太平洋は太平の海で神が通商のために置かれたもので、これを軍隊輸送に使ったなら両国共に天罰を受けるだろう」と述べた。そして昭和二十年六月の議会における所信表明において、閣議の反対をオーヴァー・ルールして、あえてこの一節を引用して、和平の意図を暗に内外に伝えている。

また、就任早々の四月、ルーズヴェルトの死去に際して懇篤なる弔意を表した。これも米国に対する明らかなメッセージであった。当時対独宣伝を担当していたトーマス・マンをして、ラジオ放送の中で、この鈴木首相の弔辞と、ドイツの新聞やヒットラーの非礼な反応を比較しながら、「かって世界で最も教養ある国民と自負したドイツ人が今ルーズヴェルト大統領の死に際してどのように振舞っているかを見ると、つくづくドイツのみじめさが身にしみて感じられる」と恥じしめている。

そして、降伏の決断を下すに際しての、鈴木首相と、米内海将、阿南陸将との腹芸のやりとりが見事に描写されている。

戦争中の指導者と言えば、すべて単純な軍国主義者であって国民の犠牲を省りみず狂信的な戦争の遂行以外の考えはなく、徹底的に批判され否定さるべきだという戦後の通俗史観に対して、戦争中の日本の指導者もまた、国際情勢と戦局の趨勢に正確な判断を持ち、和平のために勇敢かつ慎重に事を運んでいたということを、本書によって、読者は改めて知るのである。

＊　＊

山梨勝之進の章でも、歴史の継続性のテーマは荘重に奏で続けられている。海軍省が爆撃で焼失した時に米内光政を訪れた山梨は白楽天の詩を引用しただけで歩み去ったという。

離々たり、原上の草、
一歳にして、一たび枯栄す
野火《のび》焼けども盡きず

原文を引用すると、「そしてそれだけでその場に居合せた人々には山梨大将が和平を大臣にすすめているのがわかったという。」

山梨大将は学習院々長として、多くの俊秀、公子から、その人柄の立派な事を語り継がれている人物であり、著者もまた深い敬愛の念を以って、その人物像を描いている。その中で、ある日長与善郎が「陛下が一番篤く御信任なすったのは誰でしょうか」とお訊ねしたのに対して、陛下が言下に「山梨勝之進」と語られたエピソードも紹介している。

そして、筆者は、終戦後の「天皇人間宣言」を企画し陛下の御賛同を得た主役は山梨大将だったと推論する。その傍証は充分であり、説得力がある。しかし、その推理は山梨の人柄を抜きにしては成立し得ない。

筆者は石渡荘太郎伝の中に「この時の宮内大臣としての石渡の措置は、当時としては全く英断的な立派なものだった」とあるのを、これは山梨の話だという所に着目して、当時の新聞記者の証言を引用しつつ、実は山梨自身が主役を果して、その功績を石渡に譲ったのだろうと判断している。

これは、日本海海戦で敵艦二隻を撃沈しながら一隻は他の駆逐隊に功を譲ったと伝えられる鈴木貫太郎に寄せている著者の崇敬の念と同工異曲である。

旧帝国海軍が育てた人材の中で、広い国際的視野と深い洞察力を有し、しかも奥床しい人柄の人物が居て、歴史の蔭で、また歴史の中心部で、自らは誇らない業績を、今ある日本のために遺《のこ》していたという事実を、比較文学、比較文化という厳格な学問的手法《ディシプリン》の中で、それとなく読者に伝えようとしているという、これまた、深い洞察力のある、奥床しい本だと言っては言い過ぎであろうか。

（外務省調査企画部長、『文化会議』八月号、一九八三年）

判断意見　戦前のタブーと戦後のタブー

平川祐弘

終戦も人間宣言も……

記者　『平和の海と戦いの海』（新潮社）の御刊行おめでとうございます。二・二六事件で国際協調主義の斎藤実大将らの重臣は過激な将校の手で殺されましたが、そうした軍部を憎む点で、鈴木貫太郎とグルー大使は同じ心で結ばれていた。その鈴木は昭和二十年春、首相となり、日米相戦う中であったがワシントンのグルー国務次官と気持が通じ、それで天皇制維持の条件がほぼ認められ、八月十五日の終戦となった。

またワシントン軍縮会議やロンドン会議の時、世界における日本の実力を客観的に見つめることのできた軍縮賛成の海軍軍人だけが結局、終戦の際にも、昭和二十一年元旦の天皇の「人間宣言」の際にも、決定的な役割を果していたことが、この御本ではじめてわかりました。

平川　いままでの類書と違って、平川は日米双方の資料を調べ、双方の視点から複眼的に歴史を見ている。これで二・二六事件から敗戦を経て天皇の「人間宣言」にいたる歴史の実体が浮びあがったと貴誌の書評でお認めいただき有難く思います。

記者　二・二六事件の前夜、斎藤前首相夫妻や鈴木大将が米国大使館で楽しい一夕を過したというのは実に運命的、象徴的なことでした。弔問に駈けつけたグルー大使に挨拶する斎藤夫人の健気な態度には思わず感動に胸の底が激しくゆさぶられました……　御本の主題は、太平洋をはさんで相戦った日米の間にいかにして和平が回復し、天皇制がいかにして保全されたか、ということだと思いますが、反響はいかがでしたか。
平川　『新潮』に掲載した時はたちまち売り切れて編集部をおどろかせたと聞きましたが見当違いの悪罵を放つ者もいました。
記者　それはどうして？
平川　いわゆる「国体の護持」、いいかえると天皇制の保全について真正面から論じることはタブーにふれるからでしょう。
記者　戦前は天皇制を否定するような言動は許されなかったと聞きましたが、そのタブーのことですか？
平川　いや、あなたのいうタブーは戦前右翼から睨まれて口がきけなくなったタブーですが、戦後は左翼から睨まれて口がきけなくなるタブーが実は長い間ありました。天皇制を肯定するようなことは論壇の中央では表だって言ってはいけないことになっていた。

平和の書・鎮魂の書・指導者論

記者　しかし日本の庶民はたいてい天皇さまも皇室も敬愛していると思いますが……
平川　太平洋戦争は多くの人の心に傷痕を残しました。その諸悪の根源は日本の天皇制だという外国産の公式的な見方が戦後の論壇や文壇、大新聞や大学では一時は支配的でした。
それだから『平和の海と戦いの海』はその結論が実証調査に基く作品なのですが、戦後に出来上った観念的な見方にあっていない。それで悪罵を放つ人が多かったのです。
記者　言論の自由が保障された民主主義の日本にそんな古くさいタブーがあるのはなんだか妙な気がしますが……
平川　タブーはタブーをおそれて口をつぐむ人がいる限り存在するものです。ものを書く人は右顧左眄《うこさべん》しますからね。
記者　……
平川　日本が負けても、混乱の中で狼狽せず、尽すべきことを尽した山梨勝之進大将は真の意味で忠義の人だったと思います。しかしいまの日本で「忠義」の問題を取りあげたら、それはやはりタブーにふれましょう。
記者　「忠義」というと古色蒼然たる感じがしますが、シェイクスピアをそらんじ、白楽天の詩句もすなおに出てくる山梨大将はずいぶん近代的な教養人ではありませんか。ヴァイニング夫人は山梨さんを絶賛している。
平川　いや、斎藤大将、鈴木大将、山梨大将――要するに日露戦争以前に海軍兵学校を出た人の中には、封建武士の面影と教養ある文明紳士の風格を一身に備えた気品高き外交官が少数ながらおりました。それは後の昭和の大将たちとは、よほど違う立派な人物だった。
記者　戦前の日本のトップには、軍人でありながら軍縮に応じるような立派な指導者がいた。しかしそれでもなお日本は戦争に突入した。となるとこれから先、日本は丸腰で国際化時代を迎えて舵取りはいよいよ難しい。指導者の条件はますますきびしいものになりそうですが、なにか御意見は？
平川　『平和の海と戦いの海』は戦争や軍人を扱っていますが平和の書であり、鎮魂の書であり、同時に国際社会で働く人々のための指導者論です。昭和十一年の二・二六事件当時は外人をまじえてのパーティなど例外的なことでした。しかしいまは日本でも多くなった。そうした国際場裡で品位をもって交際する日本の男とその夫人に拙著を読んでいただければ幸いです。

（『プレジデント』一九八三年七月号、取材は西村記者）

著作集第六巻に寄せて
――開幕と閉幕の構図――

『平和の海と戦いの海――二・二六事変から「人間宣言」まで』の第一部『平和の海と戦いの海』は一九七八年春、米国の学会で発表した英語論文が核となっている。林健太郎は『昭和史と私』（文藝春秋、一九九二年）第七章「二・二六事件と昭和天皇の決断」でこう述べている。

二・二六事件はそれ以前に陸軍部内に激化していた皇道派、統制派の抗争に決着を与えたものであったが、これによってこの抗争に勝利した統制派はそれを利していっそう政治への介入を強化し、以後シナ事変、大東亜戦争を経て敗戦に至る歴史の責任者となる。しかしそれとは別に、この事件は立憲主義者、ファシズム反対者としての昭和天皇の存在を人々に知らせたという意味において注目すべきものであると思われる。それは戦前においてはきわめて厚かった「菊のカーテン」を通しても一般国民に知られたのである。まして国家の上層部にあった人々に対してこれは天皇に対する認識を決定したものであったろうし、それは東京に駐在する外国の使節においても同様であったろう。

この二月二十六日の前夜、この事件で殺された斎藤実と辛うじて死を免れ、後に終戦の立役者となる鈴木貫太郎は共にアメリカのジョセフ・グルー大使に招かれてその公邸にあった。……この事件がグルーに与えた印象がきわめて強烈なものであったことは言うまでもない。彼は翌二十七日斎藤邸を弔問して斎藤の遺体を見、あらためて夫人の態度に感動した。彼はこのことを友人に語り、また著書『滞日十年』（一九四四年刊）において、この事件当時の生々しい日記をそのまま公刊した。
以上のことを私は平川祐弘氏の綿密な研究、『平和の海と戦いの海』によって知ったのであるが、私は特にこれを歴史上の事実として重視するのは次のような意味においてである。
一九四五年日本が敗戦によって占領下におかれた時、戦勝国の中には天皇をヒトラー、ムッソリーニと同様の人物と見なしてこれを処罰しようとする意見が強かった中で、次第に天皇の価値を認めて天皇制を存続させる意見が有力となっていったのには、一九四五年四月以来アメリカで国務次官の地位についていたグルーの力が最も大きかったことは明らかな事実である（児島襄『天皇と戦争責任』、五百旗頭真『日米戦争と戦後日本』）。これはもちろん滞日十年に及ぶ彼の広い経験に基づくものであろうが、その中でも特にこの二・二六事件から彼の受けた印象が大きな役割を演じていることはまちがいないところであろうと思われる。

私は研究が林教授に認められて嬉しかった。二・二六事件と八・一五の終戦は、日米ともに同じ人物が主役として登場する。片や鈴木貫太郎大将と昭和天皇とグルー大使、方や日本陸軍である。一九三六（昭和十一）年を開幕、一九四五（昭和二十）年を閉幕と見立てれば、この十年の日本の悲劇の構図はいかにも判然とする。

ところで私が渡米した当時、日本の降伏決定について米国側の標準研究は *Butow, Japan's Decision to Surrender* であったが、この書物には鈴木貫太郎首相の果たした役割が把握されておらず、それでいかにも物足りない。(1) 著者のビュートウは *Tōjō and the Coming of the War* をすでに一九六一年に出して東大国史科に一本送ってきた。当時は東條と聞くだけでわが国の歴史学会関係者はおそれをなして書評すら引受け手がいなかった。それで比較の大学院生の私にまわってきたから『日本歴史』に書いた。生れて初めて書いた書評だが、ビュートウがどの程度の学者かそれで見当がついていた。米国ではスズキが降伏受諾を遅延し、――その遅延が米国では原爆投下を正当化する口実にもされてきた――そんな関係もあって鈴木貫太郎は無能扱いされてきた。その名誉を回復したく思い、鈴木首相の平和への意図がどれほど米国側に伝わっていたかを私は本書第一部の二章三章を調べて発表したのが Signals of Peace Not Received : Premier Suzuki Kantarō's Efforts to End the War である。後になって、入江昭の勧めで米国の史学雑誌に投稿したが、私の見方は「あり得ない」とあっさり否定され却下されてしまった。しかし鈴木首相がルーズベルト大統領の死に際し米国に弔意を表したのは日本が発した和平のシグナルで、フーヴァーやグルーは鈴木の意図を察した（五百旗頭《いおきべ》真《まこと》の用語を借りれば「感取した」）、それだからこそ日本に対しては天皇制の維持を保証すれば平和は回復する、と五月二十八日にその両人はトルーマン大統領に勧告したのである。二〇一二年、フーヴァー元大統領回顧録の封印が解かれたが、あの時の勧告が生かされていさえいれば原爆投下もせずにすんだ、死者も少なくて、戦争はもっと早く終結できたものを、とフーヴァーは痛憤している。しかし米国側としては日本には原爆投下を含む力を加えたからこそ降伏したのだという見方にこだわりたい心理が歴史解釈をも支配したのである。それでも日本の降伏決定については、より正確に知る必要を感じたからであろう、私がアメリカにいた一九七八年ごろは日本学科がある大学では三船敏郎が阿南陸軍大臣を演ずる『日本のいちばん長い日』の映写会が頻繁に行なわれていた。

鈴木貫太郎首相の平和への努力にふれたペーパーが（ハーン関係を除くと）私が外国で発表した最初の論文で、私の英語の主著 S. Hirakawa, *Japan's Love-Hate Relationship with the West* (Brill) に収めてある。その英語発表を基に米国の首都で調べて日本向けに書いたのが本巻第一部の二百五十枚の文章である。その経緯は第一部「あとがき」また「原本あとがき」にすでに記したが、日本で掲載誌の『新潮』十一月号が売切れたこととは二十カ月続けて在米したためについぞ知らなかった。誰も教えてくれなかったのである。評判となったのは江藤淳が『毎日新聞』一九七八年十月三十日月曜日の「文芸時評」上の全紙面をあげて『平和の海と戦いの海』を「巻措くあたわざる思いで一気に読了した」と絶賛してくれたからである。しかし戦後日本精神史上の一問題とされるほどの話題になっていたのか、と知って驚いたのは、廣木寧『江藤淳氏の批評とアメリカ』(二〇一〇年、慧文社)を読んだからである。江藤氏にもっときちんと礼を述べるべきだった、という思いを禁じ得ない。

私が渡米したについては推薦者や招待者は複数いた。一九七七年度、私はすでにプリンストンから招かれていたのである。それなのにウッドロウ・ウィルソン・センターへ行ったのは、センターへ行く予定だった江藤淳が父君が重篤になり渡米を中止したからである。江藤が代りに私を推薦してくれた。それでプリンストン行は一九七八年度に延期し、まずウィルソン・センターへ一九七七年八月末、私が赴いたのである。それまで滞欧六年、外国語が達者と思われて選ばれた私だが、英語圏では延べ五ヵ月も暮らしていない。センターのビリントン所長が人選のため来日し、面接をかねて江藤家で私たち夫婦に会いたいと言ってきた。その時の話は『江藤淳とアメリカ』(『平川祐弘著作集』第三十巻所収予定)に書いた。食卓で江藤が「漱石は私の **cup of tea** だが平川さんが出した『夏目漱石——非西洋の苦闘』はすぐれている。それは保証する」などと言ってくれた。面接は無事にすんだが、しかしアメリカの知識人に向かってソーセキとかオーガイとか言ったところで話は通じない。それでウィルソン・センターで期末にする発表はハーンを中心とすることにし、渡米前からペーパーはあらかた用意しておいた。ハーンならばまだしも米国人に通じやすいはずの英語作家である。もっともそのハーンにしても太平洋戦争の勃発によって評価は急落した。米英では「軍国主義の日本を美化して宣伝した日本政府の御用作家」とみなされてしまったからである。戦後はほぼ無視された。現にセンターで知り合ったアメリカ人でハーンを読んだことのある人はほぼ皆無だった。それだけでない、ハーンの名を知っている日本が専門のアメリカ人も「ハーンの研究などよした方がいい」と真顔でいう。

それが揃いもそろって善意から出た忠告であるだけにこたえた。しかし私は中学の内申書に「自己自身に忠実」と自己申告したような人間だから、英米本国の評価を気にする東大英文学科の英才たちと態度が違う。日本の庶民の間における小泉八雲の高評価と第二次大戦後の米英におけるラフカディオ・ハーンの低評価のギャップにこそ比較研究の意義はあると信じる自己本位の学者だったのである。それでセンターの期末の発表には警察と民衆の関係の日米比較をハーンの『停車場にて』を用いて論じることとした。（ハーンについては『平川祐弘著作集』に計六冊研究を収録してあるから、彼がいかに興味深い存在であるかは、そちらを見ていただくことにする）。そしてこの際、センター・フェローの特権を生かして次の研究に進もうとひそかに考えていたのである。

しかしそんなウィルソン・センターは私には辛かった。私のような外国馴れした者にも米国生活の第一年目は気楽ではなかった。ただ隣の部屋にいたフランス人フェローのラファイ教授は英語が私以上に不自由であったためか、私とも家人とも親しくなり、両家の交際は後年の私のパリ教授時代まで続いた。そんな付き合いもあったことはあったが、ウィルソン・センターでは翌年のプリンストン大学に比べて intellectual companionship に欠けるところがあり、私は心に重圧を受けていた。もっともはたにはそう見えなかったらしく「あのころは辛かった」といっても、家内からして信じてくれない。私が辞めるころセンターに着任した田久保忠衛の目には女性スタッフに大事にされていた私がそれとは別人のように見えたのであろう。五百旗頭真は本巻に再録した講談社学術文庫版解説でアメリカで出会った「平川氏は私にとっては異文化体験であった」などと異人種扱いしている。氏は私のことを「日本文化の名誉のために奮闘していた」と解説したが、本来知識人としてするべき仕事をしていただけの私がもし例外的に見えたとするのなら、それは戦後長いあいだ、相手の国の言葉で自国にまつわる誤解をきちんと解こうとする日本人があまりにも少なかったからではあるまいか。当時の私は日米関係は日欧関係と違い、多数の日本人が関係している以上もっとずっとである。

強いきずなで結ばれているのだろうと錯覚していた。まさか自分ごときに国際関係について発表する出番が次々にあろうなどとは思わず、当初はすこぶる遠慮がち、というかなにしろ英語もしどろもどろだったのでしかしそれでも出来るだけ学問的対話につとめた。私は日米同盟関係を重視する者だが、米国側の日本についての誤解は解きたい――それについて平川の言い分を述べる機会があるならば述べたい、とつねづね思っていた。米国へ学習というか御説御拝聴に出かけただけではない。自分からも語りかけたいと思っていたのである。米国到着早々、ウィルソン・センター以外からも「なにかお話になりませんか」と新来の私に声がかかった。ここでその誘いにすぐ応ぜねば糸は切れる。よかろう、日米関係で米国側の誤った認識について学術的に調べ、日本側の知識を生かして、英語で上手に説得的に反論すること――それも東大教授の務めだと思い、調べ出したのが『平和の海と戦いの海』なのである。私はまずメリーランド大学カレッジ・パークへ出向いた。

そんな私が米国人社会に馴染めたのは、ワシントン周辺には土地柄日米関係に関心を寄せるアメリカ人が多くいたおかげである。私は性、積極的だから、次々とパーティーや学会に出向き、講演会では前方に座り、多少は発言もしたから、じきに国務省や大学関係者と知り合い、そのネットワークの中にはいったが、その人脈でもって次第に招いたり招かれたりの交際となったのである。それに米国の首都には日本の選ばれた人々――東大卒が多かったが、それも日比谷高校と教育大付属出身者が多かったのはその人たちの英語能力が他の日本人よりは優れていたせいだろうか――が派遣されていたから、毎月一度の外交官、学者、新聞記者、商社員など十家族でのまわりもちのパーティーもまことに楽しかった。一九七八年のワシントン日本人社会を調べればそれこそ研究としても読物としても面白い一冊になるに違いない。

米国生活に馴れるに従い、特に二年目からは毎月のように飛行機で方々へ出向いてペーパーを読んだ。それらの多くは後に学会誌や大学紀要に発表してある。一九七八年の十月末、ライシャワー講演に対するディスカサントとしてのスピーチも *The Yearbook of Comparative and General Literature*, 1979 に印刷されている。日本文化をいかに近代に適応させるかについて論じたのだが、インディアナ大学でそのディスカサントをつとめたちょうどそのころ、江藤淳の『毎日新聞』の「文芸時評」は日本で出たのである。今度孫が国会図書館からコピーをとってきてくれたので丁寧に読んだが当時の私がなつかしい。ややドラマタイズされた紹介となっているが、その一節をここに掲げる。これもというか、これこそ本巻の欠くべからざる解説であろう。江藤は私の「あとがき」の《……いま四十代の半ばを過ぎて初めてアメリカに長期滞在し、以前二十代の半ばに仏、伊、独などの諸国に留学した時とはまったく違う、やや重苦しい意識にとらわれたのである。——どうも米軍占領下の日本で自分が当時フランス文学を選んだのは、日本が米国と戦って敗れた、という苛烈な現実を直視することがいやで、それで交戦関係のなかったフランスの言語と文化を自分の第一志望に選んだのではなかったか、という反省であった》という告白に着目してそれを引用した後こう書いた。

平川氏の名前をはじめて知ったのは、私がアメリカに留学するちょうど一年前に読んだ『ルネサンスの詩——城と泉と旅人と』という著書によってであった。そのとき私は、ダンテからデュ・ベレエ、ロンサールにいたるルネサンスの文人に新しい光を当てた同世代の比較文学者のすぐれた業績に、文字通り瞠目した。

それは平川氏の、ヨーロッパ留学の成果であった。……そしてアメリカから戻って数年後に、平川氏と知り合い、篤学誠実な人柄にいつも尊敬の念を抱いていた。

その平川氏が、ウッドロウ・ウィルソン・センターに招かれて渡米したのは昨年の秋である。爾来半年目に、ワシントン郊外の平川氏の自宅を訪れて再会したとき、平川氏は私にはっきりと、

「フランス文学などやっていたのは、ごま化しだった。戦後の日本人が問題にしなければならない外国とは、なによりもまずアメリカだったのだ。そのことがこちらに来てみてよくわかった」

といった。

この言葉を聴いたときの電撃に打たれたような感銘を、私は忘れない。この人もやっぱりそう思ったのか、アメリカという国は、それを正面から受けとめようとする人にとっては、今もなおそういう「重苦しい」存在であるのか、という思いが、そのとき私の胸中にこみ上げて来たからである。

十六年前、私がはじめて留学した頃も、アメリカはそういう「重苦しい意識」を強いる国であった。だからこそ平川氏が、同じ名状しがたいものを全身全霊で受けとめ、傷つきつつ、悩みつつ思索している姿は、私の心を深く揺り動かしたのである。

そのとき私は、この平川氏にしてこの言あり、と思った。そして、ひそかに心の中で、悪意からでなく氏にもっと傷つき、もっと悩んでほしいと願った。その血の滴《したた》りによってのみ、真実をおおうものを拭い去ることができる、と思われたからにほかならない。


もっともプリンストンに着いて旧知の噂をしたときジャンセン教授は「江藤はナショナリストになった」とやや不快気な様子だった。しかしそう話しかけた平川もまた日本のために弁ずる人となったかと私の『新潮』記事を読んで心中苦々しく思ったのかもしれない。それというのは『読売新聞』の「文芸時評」で『平和の海と戦いの海』について秋山駿が悪口を書いている、とジャンセンはやや嬉しそうな顔をして言ったからである。私は――そうあからさまに書いては失礼かもしれないが――日本で文芸評論家と称する人がなぜか小物まで大物のような顔をするのか理解しかねていたので、秋山が何を書こうが読もうとも思わなかった。ただジャンセンが日本の新聞にきちんと目を通していることには感心した。それというのはもうそのころから反ベトナム戦争世代の米国の日本研究者の中にはそれだけの労を取らずに主義主張を掲げ、上からの演繹で日本を糾弾する、ラディカルな論者がすでにふえつつあったからである。

江藤は右に続けて秋山駿の平川評を逆に批評してこう書いた。

この作品について秋山駿氏が、「充分に不愉快」な「奇怪な戦争や敗戦のロマン化」と評しているのを見て、私はすこぶる奇異の念を覚えざるを得なかった。

秋山氏は、いっている。

《奇怪なのは、なぜこのようなエッセイを書いたのかを告白する、作者の「あとがき」である。彼は日本が米国と戦って敗れた、という現実を直視するのがいやだったから、「交戦関係のなかったフランス」の文学を選んだという。おかしいではないか。ドゴールの自由フランスは、真珠湾の翌日直ちに宣戦を布告している。日本軍と戦い「インドシナ半島に流されたフランス人の血」と、ドゴールは言っている》

「おかしいではないか」といわなければならないのは、秋山氏に対してである。開戦前から戦争の末期にかけて、日本が外交関係を結んでいたのは、ヴィシーに所在するペタン元帥のフランス政府であって、フランス本土に何らの実効的支配を有しないドゴールの亡命政権でもなければ、ジローの亡命政権でもなかった。つまり、平川氏のいう通り、日仏間に「交戦関係」はなかったのである。

そして江藤は南北仏印進駐がほぼ平和裏に行なわれた過去の事実を列挙し、

秋山氏が、ドゴール一流の美辞麗句に眼を奪われて、故意か偶然からかこれらの事実を無視しているのは、それ自体「感傷的な視点」からの「誇張化された語法」というほかないであろう。

平川氏の言葉を借りれば、このような「感傷」と「誇張」の背後に潜む精神こそ、敗戦という「苛烈な現実を直視すること」を「いや」がる精神にほかならない。その証拠に秋山氏は、事実を曲げてまで勝ったほうのドゴールとサルトルに身を寄せ、その言葉を得々と引用しながら、自己の個人的感覚を絶対化して能事足れりとしているかのように見えるからである。

そのようにねじ曲がった自己欺瞞にあぐらをかいていられるのは、戦後日本の文壇の一隅にぬくぬくと収まりかえっている人士だけにすぎない。アメリカという「苛烈な現実」は、そんなまやかしを容赦なくこそぎ落としてしまう。平川氏はそのような現実にしっかりと足を踏まえて、『平和の海と戦いの海』を書いたのである。

これは、昭和十一年二月二十五日、二・二六事件の前夜、駐日米国大使ジョセフ・グルーの夕食会に集まった斎藤実夫妻と鈴木貫太郎、それにグルー自身を中心にして、これらの人々が第二次大戦中に行った平和への貴重な努力を、克明な史料の裏付けによって跡づけようとした作品である。

内大臣斎藤実は、もとよりその翌朝、叛乱軍に射殺されて第二次大戦中にはすでに在世しなかったが、その見識と人格はグルーの心にいつまでも生きつづけ、知日少数派の一人である彼の対日和平策を支えた。平川氏は、太平洋の両側にわかれて交流する日米両国指導層のなかに存在した彼我の文化への深い理解を、平静な筆で手にとるように描き出している。

これが文學でなければ、平川氏が作中に引用しているエドマンド・ウィルソンの名作『憂国の血糊』も文学でないことになる。この作品が文学とどういう関係があるのかわからないなどと、とぼけた顔をしている匿名子などは、鈴木貫太郎の名言を借りれば、「畢竟するに人間の弱点として洵《まこと》に劣等な感情である嫉妬と憎悪とに」とり憑かれたあわれむべき輩といわざるを得まい。

この江藤意見に同感した人が多いからこそ『平和の海と戦いの海』を掲載した『新潮』誌は売切れたのであろう。故斎藤実夫妻・鈴木貫太郎とグルー大使の間に存在した彼我の文化への理解と信頼――私たちはそんなはずはないと思いがちだが、実はそれこそが過去一世紀半に及ぶ日米関係の中でかつて存在したもっとも深い信頼関係だったのではあるまいか。何をいうか、当時の日米は敵対関係にあったではないか、と読者は平川に疑義を呈されるであろう。しかし異論がある方は、なにとぞ戦前なり戦後なりの歴史から、斎藤実夫妻・鈴木貫太郎とグルー大使に代わるような深い信頼関係によって結ばれた日本の宰相と米国大使、あるいは米国大統領と日本大使の名前をあげていただきたい。見つからないのではないか。

第二部『「人間宣言」の内と外』についてはその主役たちである山梨勝之進大将もブライス先生も共に存じあげているのは自分だ。自分が書くべきだ、という気持もあった。こちらは日本語版が先で簡略化された英語版は後にエディンバラで発表した。私の英語発表をどこかで聴いたことのある英国人学者の誰方かが蔭で平川を推薦してくれたのではないかと思う。Global Oriental 社から思いもかけず声がかかり、右にあげた筆者の英文主著やハーン研究を次々と外国世界でも世に問うことができた。もっとも私の日本語著書と同じで、英語著述もフランス語著述も、毀誉褒貶がはなはだ激しかった。その点は苦笑している。

注

(1) その後 Herbert Feis, Waldo Heinrichs, Martin Sherwin, Robert Messer なども研究を公刊したと Akira Iriye の書評にある (*The Journal of Asian Studies*, 1989)。しかし米国側の研究は日本側の資料や研究をきちんと利用しきれていない憾みがあるという。

【著者略歴】

平川祐弘（ひらかわ・すけひろ）

1931（昭和6）年生まれ。東京大学名誉教授。比較文化史家。第一高等学校一年を経て東京大学教養学部教養学科卒業。仏、独、英、伊に留学し、東京大学教養学部に勤務。1992年定年退官。その前後、北米、フランス、中国、台湾などでも教壇に立つ。

ダンテ『神曲』の翻訳で河出文化賞（1967年）、『小泉八雲——西洋脱出の夢』『東の橘　西のオレンジ』でサントリー学芸賞（1981年）、マンゾーニ『いいなづけ』の翻訳で読売文学賞（1991年）、鷗外・漱石・諭吉などの明治日本の研究で明治村賞（1998年）、『ラフカディオ・ハーン——植民地化・キリスト教化・文明開化』で和辻哲郎文化賞（2005年）、『アーサー・ウェイリー——『源氏物語』の翻訳者』で日本エッセイスト・クラブ賞（2009年）、『西洋人の神道観——日本人のアイデンティティーを求めて』で蓮如賞（2015年）を受賞。

『ルネサンスの詩』『和魂洋才の系譜』以下の著書は本著作集に収録。他に翻訳として小泉八雲『心』『骨董・怪談』、ボッカッチョ『デカメロン』、マンゾーニ『いいなづけ』、英語で書かれた主著に *Japan's Love-hate Relationship With The West*(Global Oriental, 後にBrill)、またフランス語で書かれた著書に *A la recherche de l'identité japonaise－le shintō interprété par les écrivains européens*(L'Harmattan)などがある。

【平川祐弘決定版著作集 第6巻】
平和《へいわ》の海《うみ》と戦《たたか》いの海《うみ》
——二・二六事件から「人間宣言」まで

2016（平成28）年12月26日　初版発行

著　者　平川祐弘
発行者　池嶋洋次
発行所　勉誠出版 株式会社
〒101-0051　東京都千代田区神田神保町3-10-2
TEL：(03)5215-9021(代)　FAX：(03)5215-9025
〈出版詳細情報〉http://bensei.jp

印刷・製本　太平印刷社
ISBN 978-4-585-29406-1　C0095

二・二六
弱者救済という「叛乱」

平成五年に公開された裁判記録を丹念に読み取くことで、処刑された青年たちの行動と思いを、事件前から裁判・処刑まで丹念に追う。

小林亮 著・本体二八〇〇円（＋税）

日米戦争を起こしたのは誰か
ルーズベルトの罪状・
フーバー大統領回顧録を論ず

フーバー自身が蒐集した資料に基づき、つぶさに検証した大著＝第二次世界大戦史の内容を紹介、討論する。東京裁判の無効を明らかにし、自虐史観を完全に払拭する。

藤井厳喜・稲村公望・茂木弘道 著・本体一五〇〇円（＋税）

昭和天皇の戦い
昭和二十年一月〜昭和二十六年四月

戦後、昭和天皇をはじめ、宮中、政府、軍中枢はどのように動き、未曽有の事態に対応したのか。綿密な取材によって、日本最大の危機に立ち向かった人々の姿を克明に描きだす。

加瀬英明 著・本体二八〇〇円（＋税）

昭和天皇の教科書　国史
原本五巻縮写合冊

少年皇太子に不可欠な帝王学の特製教科書。博識の碩学が執筆・進講した貴重本を完全公開！　この一冊で、歴代天皇・日本歴史の急所がわかる。

白鳥庫吉 著／所功 解説・本体二四〇〇円（＋税）

決定版　東京空襲写真集
アメリカ軍の無差別爆撃による被害記録

東京空襲の全貌を明らかにする決定版写真集。一四〇〇枚を超える写真を集成。戦争の惨禍を知り、平和への願いを新たにする。詳細な解説と豊富な関連資料を付す。

早乙女勝元 監修／東京大空襲・戦災資料センター 編・本体一二〇〇〇円（＋税）

東京復興写真集 1945～46
文化社がみた焼跡からの再起

敗戦直後から活動を開始した幻の出版社「文化社」。撮影された大量の写真から復興する東京を活写し八〇〇枚超を集成。未公開写真、充実の解説・地図を収録する。

東京大空襲・戦災資料センター 監修／山辺昌彦・井上祐子 編・本体一〇〇〇〇円（＋税）

決定版　広島原爆写真集
The Collection of Hiroshima Atomic bomb Photographs

七〇年前、八月六日八時一五分、広島――未公開写真も含めた三九八点が、人類史上かつてない惨劇を克明に語り伝える。決して忘れてはならない恐怖と悲しみの記憶。

「反核・写真運動」監修／小松健一・新藤健一 編・本体二五〇〇円（＋税）

決定版　長崎原爆写真集
Collection of Nagasaki Atomic bomb Photographs

七〇年前、八月九日一一時二分、長崎――初公開となる写真をはじめ三四三点が蘇らせる、当時の衝撃と阿鼻叫喚の惨状。永遠に伝えていかなければならない惨禍の記録。

「反核・写真運動」監修／小松健一・新藤健一 編・本体二五〇〇円（＋税）

平川祐弘 決定版 著作集

全34巻

A5判上製・各巻約三〇〇〜八〇〇頁
月一冊配本予定

古今東西の知を捉える

日本は外来文明の強烈な影響下に発展した。「西欧の衝撃と日本」という文化と文化の出会いの問題を西からも東からも複眼で眺め、鷗外・漱石・諭吉・八雲などについて驚嘆すべき成果を上げたのは、著者がルネサンス人にも比すべき多力者であったからである。複数の言語をマスターし世界の諸文化を学んだ比較研究者平川教授はその学術成果を芸術作品として世に示した。

この見事な日本語作品は
わが国における比較文化史研究の
最高の軌跡である。
奇蹟といってもよい。

各巻収録作品　＊は既刊

第1巻　和魂洋才の系譜（上）
第2巻　和魂洋才の系譜（下）◎二本足の人森鷗外◎鷗外の母と鷗外の文學◎詩人鷗外◎ゲーテのイタリアと鷗外とイタリア【森鷗外関係索引】
第3巻　夏目漱石——非西洋の苦闘
第4巻　内と外からの夏目漱石【夏目漱石関係索引】
＊第5巻　西欧の衝撃と日本
＊第6巻　平和の海と戦いの海——二・二六事件から「人間宣言」まで
第7巻　米国大統領への手紙——市丸利之助中将の生涯◎高村光太郎と西洋
第8巻　進歩がまだ希望であった頃——フランクリンと福沢諭吉
第9巻　天ハ自ラ助クルモノヲ助ク——中村正直と『西国立志編』

第10巻 小泉八雲――西洋脱出の夢
第11巻 破られた友情――ハーンとチェンバレンの日本理解
第12巻 小泉八雲と神々の世界
第13巻 オリエンタルな夢――小泉八雲と霊の世界
第14巻 ラフカディオ・ハーン――植民地化・キリスト教化・文明開化【ハーン関係索引】
第15巻 ハーンは何に救われたか
第16巻 西洋人の神道観
第17巻 竹山道雄と昭和の時代【竹山道雄関係索引】
第18巻 昭和の戦後精神史――渡辺一夫、竹山道雄、E・H・ノーマン
第19巻 ルネサンスの詩――城と泉と旅人と
第20巻 中世の四季――ダンテとその周辺
第21巻 ダンテの地獄を読む
第22巻 ダンテ『神曲』講義【ダンテ関係索引】
第23巻 謠曲の詩 西洋の詩
第24巻 アーサー・ウェイリー――『源氏物語』の翻訳者【ウェイリー関係索引】
第25巻 東西の詩と物語◎世界の中の紫式部◎袁枚の詩◎西洋の詩　東洋の詩◎留学時代の詩◎平川祐弘の詩◎夏石番矢讃◎母国語で詩を書くことの意味
第26巻 マッテオ・リッチ伝（上）
第27巻 マッテオ・リッチ伝（下）【リッチ関係索引】
第28巻 東の橘 西のオレンジ
第29巻 開国の作法
第30巻 中国エリート学生の日本観◎日本をいかに説明するか
第31巻 日本の生きる道◎日本の「正論」
第32巻 日本人に生まれて、まあよかった◎日本語は生きのびるか――米中日の文化史的三角関係【時論関係索引】
第33巻 書物の声 歴史の声
第34巻 自伝的随筆◎金沢に於ける日記

西洋列強の衝撃と格闘した
近代日本人の姿を、
学問的かつ芸術的に描いた
不朽の金字塔。

公益財団法人東洋文庫 監修

東洋文庫善本叢書［第二期］欧文貴重書◉全三巻

［第一巻］ラフカディオ ハーン、B.H.チェンバレン往復書簡

Letters addressed to and from Lafcadio Hearn and B.H. Chamberlain. Vol.1

世界史を描き出す白眉の書物を原寸原色で初公開

日本研究家で作家の小泉八雲（Lafcadio Hearn, 1850-1904）は、
帝国大学文科大学の教授で日本語学者B.H.チェンバレン（B. H. Chamberlain 1850-1935）の斡旋で
松江中学（1890）に勤め、第五高等学校（1891）の英語教師となり、
のち帝国大学文科大学の英文学講師（1896 ～ 1903）に任じた。
本書には1890 ～ 1896年にわたって八雲がチェンバレン
（ほか西田千太郎、メーソン W. S. Masonとの交信数通）と交わした自筆の手紙128通を収録。
往復書簡の肉筆は2人の交際をなまなましく再現しており、
西洋の日本理解の出発点の現場そのものといっても過言ではない。

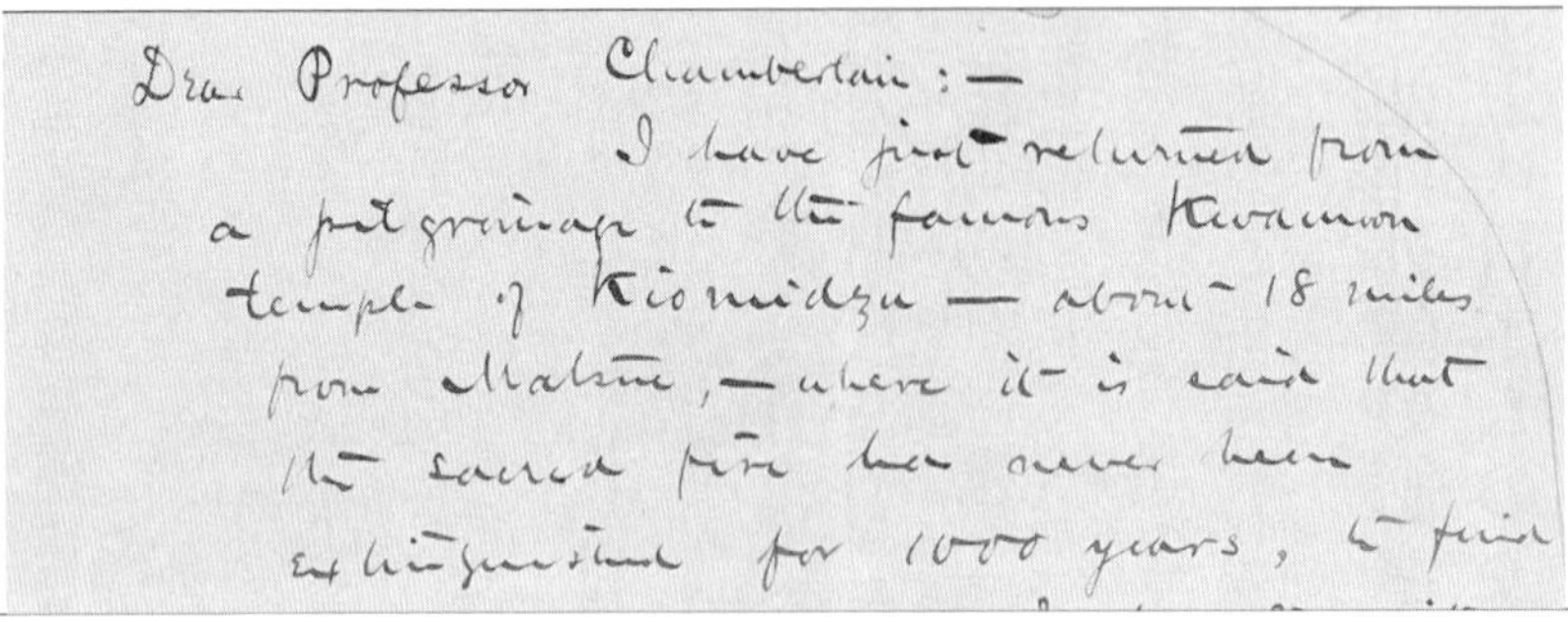
Dear Professor Chamberlain:—
I have just returned from
a pilgrimage to the famous Kwannon
temple of Kiomidzu — about 18 miles
from Matsue, — where it is said that
the sacred fire has never been
extinguished for 1000 years, to find

ハーンから
チェンバレン
に宛てた書簡

平川祐弘

東京大学名誉教授

［解題］

本体140,000円（＋税）・菊倍判上製（二分冊）・函入・884頁

ISBN978-4-585-28221-1 C3080